贺雪峰 著

乡村的视角

RURAL
PERSPECTIVE

乡村振兴与共同富裕若干问题解读

中央党校出版集团
大有書局

图书在版编目（CIP）数据

乡村的视角：乡村振兴与共同富裕若干问题解读 / 贺雪峰著 . —北京：大有书局，2024.1
　　ISBN 978-7-80772-145-1

Ⅰ.①乡…　Ⅱ.①贺…　Ⅲ.①农村-社会主义建设-研究-中国　Ⅳ.①F320.3

中国国家版本馆 CIP 数据核字（2023）第 183274 号

书　　名	乡村的视角——乡村振兴与共同富裕若干问题解读
作　　者	贺雪峰　著
责任编辑	孟宪爽　西　茜
责任校对	李盛博
责任印制	袁浩宇
出版发行	大有书局
	（北京市海淀区长春桥路 6 号　100089）
综 合 办	（010）68929273
发 行 部	（010）68922366
经　　销	新华书店
印　　刷	中煤（北京）印务有限公司
版　　次	2024 年 1 月第 1 版
印　　次	2024 年 1 月第 1 次印刷
开　　本	710 毫米 ×1000 毫米　1/16
印　　张	15.75
字　　数	227 千字
定　　价	56.00 元

本书如有印装问题，可联系调换，联系电话：（010）68928947

乡村振兴要眼里有农民

贺雪峰

一

乡村振兴是新时代"三农"工作的总抓手。"三农"之首为农民，乡村振兴必须要将服务农民放在首位，任何脱离了服务农民的"三农"工作都是要不得的。

之所以说乡村振兴首先要服务于农民，是因为农民是中国式现代化进程中最大的弱势群体，他们缺少社会资本，正在艰难进城。过去20多年以及未来20年是中国城市化最快的阶段，也是市场进一步深化的阶段。2000年中国城市化率只有36%，目前中国城市化率已达65%，未来中国城市化率可能要达到80%。城市化也就是农民进城变成城市市民，农民从农业农村进入更加市场化、拥有更多机会也涌动更大风险的城市二、三产业的过程。

农民进城通常不是一家人一次性搬到城市居住，而是家庭中的青壮年劳动力先进城。留守农村的父母务农，年轻子女在城市务工，全家一起努力，最终获得在城市安居的条件。问题是，农民进城并不总是成功的，在很长一个时期，很可能农户家庭年轻子女在城市务工，年老父母还得留村务农；经济繁荣时期进城，经济下行时返乡。即使已经在城市安居的农民也可能经不住风险，所以还愿意保留农村的退路。进城农民仍然是脆弱的，他们很清醒和理性，要为自己保留农村退路。

当然，并非所有进城农民都是弱势群体，也有越来越多进城农民融入城市，在城市有了稳定就业与收入。他们成为中国式现代化进程中的主体性力量，也成为城市化和市场化的主体。他们积极参与了现代化、城市化与市场化，并从中获取了各种机会、各种成功。这部分人是农民中的强势群体，他们从8亿户籍农民中脱颖而出，将命运掌握在了自己手中。随着中国式现代化的不断推进，有越来越多进城农民可以在城市体面安居，成为新市民。他们逐步让渡之前在农村的获利机会，从而缓解了农村紧张的人地关系，留守农村的农民获得这些机会，就可以扩大经营规模、增加收入。

留守农村的农民主要有两个群体。一是缺少城市就业机会的老年人，他们有承包地、有宅基地、有住房。村庄集体经济的特征、村庄熟人社会传统，以及仍然保留的自然经济，使具有劳动能力的留守老年人不仅可以解决温饱问题，而且可以有丰富的生命主体性实践，这同漂泊流浪在城市不可同日而语。二是不愿或不能进城的青壮年夫妻，他们通过获取进城农民让渡出来的获利机会而增加收入。进城农民越多就可以让渡出越多获利机会，也就为留守农村的青壮年夫妻提供了越多扩大经营规模、增加副业收入的可能。留守农村的青壮年甚至可以在保持家庭生活完整的同时，获得不低于外出务工的收入，成为农村的新"中农"，成为"中坚农民"。从村庄社会结构上讲，他们是村庄的中坚力量，从村级治理来看，他们是村组干部的最好来源，是村级治理中的积极分子。正是留守老人和"中坚农民"，耕种了全国90%的耕地。这个结构是一种自生自发出来的极具生命力的稳定结构。

再过20年，绝大多数进城农民都有能力在城市体面安居，让渡出的农村获利机会会为仍然留村的农民提供进一步扩大经营规模、推进农业现代化的条件。随着中国跨过中等收入阶段，城市现代化优先取得进展，农业农村现代化跟进，中国将进入现代化的高级阶段，"强富美"的新农村终将到来。

二

问题是现阶段的工作重点是什么。

农民深度参与市场体系，为中国式现代化创造了财富，打下了扎实基础。为农民提供无差异的市场机会，是对他们最大的尊重与保护。市场体系机会多风险也大，农民是中国式现代化进程中最大的弱势群体，进城可能失败的农民与仍然留守农村的农民尤其是农村老年人则是农民中的弱势群体，需要有基本保障和最后退路。因此，当前时期乡村振兴的主要目标应是将有限的国家资源用于为农民提供底线式的保障与服务；当前比较重要的事情，如农村基础设施建设、基本公共服务供给、小农户社会化服务、互助养老服务等，都是基础性、底线式的；当前乡村振兴的目标也不是要将农村和农业建设成为比城市更美、机会更多、更能成功的地方。

简单地说，乡村振兴实践和"三农"工作重点是要服务于农民，政策设计、财政支持都要向农民倾斜；这种服务更多是底线式的，却极为重要；这个底线要逐步提高，却绝对不可能高到比城市更高。

以此来反观当前乡村振兴实践和"三农"工作，很多地方值得讨论和商榷。例如，某些地区将乡村振兴等同于美丽乡村建设，投入巨额财政资金打造无法复制的"强富美"示范村；部分地方政府不顾当前小农户农业的实际，片面推进土地规模经营，推进农业现代化、推进现代农业；个别政策研究者不顾实际推崇农村生产要素进一步市场化，推崇农民土地入市，鼓励增加农民财产性收入，实质则切断进城农民与农村的血肉联系；一些地区盲目经营县城，鼓励农民耗尽积蓄到县城买房却并无就业，等等。

本书从乡村的视角比较系统地讨论了乡村振兴、共同富裕等战略，指出了目前工作中出现的一些偏差，以及在当前阶段为何、如何为农民提供服务。希望本书的出版有助于推进对当前"三农"工作的认识，深化乡村振兴实践。

是为序。

2023 年 9 月 5 日晚于庐山

目 录

乡村振兴要眼里有农民　/ 001

总论——乡村振兴与共同富裕

第一节　乡村振兴：战略本质与实践误区　/ 003
一、三个角度：解读乡村振兴的战略本质　/ 004
二、三个误区：审视乡村振兴的实践探索　/ 011
三、五项工作：实现乡村振兴需要关注的重点　/ 014
结语：乡村振兴不同阶段应遵循不同规律　/ 017

第二节　共同富裕：不平衡现状与现代化未来　/ 019
一、发展不平衡现状：要具体问题具体分析　/ 020
二、中国式现代化未来：从中国制造到中国创造　/ 025
结语：共同富裕和乡村振兴工作切不能用静态思维　/ 030

第一章　城乡差距和城乡差异——调整偏差，推动中国崛起

第一节　城乡差距：主流意见和建议偏差　/ 035
一、主流意见：中国城乡差距的现状判断和对策支招　/ 036
二、讨论基础：谁是农民及如何理解农民的收入　/ 037
三、"三农"政策：不理解城乡差距实质易导致政策建议偏差　/ 041
结语：合理的城乡差距是中国式现代化的巨大动力　/ 045

第二节　城乡关系变动：从索取型、保护型到一体化　/ 047

一、中国城乡：关系阶段划分与二元结构　/ 047

二、小农农业：保护型城乡二元结构与三轮驱动的中国式
　　现代化　/ 052

三、城乡一体化：前提、核心及不同阶段　/ 055

结语：新的城乡关系将最终建立　/ 057

第三节　城乡差异：中国可以快速崛起的秘密　/ 060

一、实现共同富裕必须缩小三大差距　/ 060

二、城乡差异：反映了中国城乡的辩证关系　/ 068

三、发展极和稳定器：通过城乡差异支持农村发展　/ 072

结语：缩小城乡差距，要具体问题具体分析　/ 076

第二章　全国市场和区域差异——中国乡村的不同走向

第一节　三大全国性市场：推动农村融入全国体系　/ 081

一、全国性农产品市场：小农户是生产主体　/ 082

二、全国性劳动力市场：增加农户家庭获利机会　/ 084

三、全国性婚姻市场：性别资源跨省区定向流动　/ 086

四、三大全国性市场的联系及对乡村秩序的影响　/ 089

结语：中国原有乡村秩序面临挑战　/ 092

第二节　区域差异：透析中国城市化的未来　/ 093

一、沿海+中西部：当前中国经济格局与城市格局　/ 093

二、一手规划、一手防范：县域经济与中国城市化　/ 098

三、人的现代化：区域差异与共同富裕的根本　/ 101

四、一个讨论：关于农村的产业兴旺　/ 103

结语：通过不平衡达到高水平的平衡　/ 105

目 录

第三节　三大经济地带：农户收入机制的区域差异　/ 107

一、三大经济地带与农民收入区域差异　/ 107

二、半市场中心地带的农民与农业　/ 111

三、三个例外：经济带内的特殊情况　/ 114

结语：农民富裕程度与所处地带密切相关　/ 116

第四节　核心与边缘：中国区域差异中的文化　/ 118

一、文化区域差异的两个样本：陕南秦岭和滇东南农村　/ 118

二、文化核心区与边缘区：儒家基因与自由基因　/ 120

三、村庄社会结构与社会分层角度的区域差异　/ 125

四、城市化与市场经济的拉平作用　/ 126

结语：真正理解区域差异才能更精准理解中国乡村　/ 127

第三章　县域经济——战略支点抑或过渡阶段

第一节　中西部县域：大城市的"脚"还是乡村的"脑"　/ 131

一、中西部县域经济，需要服从农业逻辑　/ 132

二、县域城镇化：顺应农民进城和乡村振兴战略的目标　/ 135

三、县域治理：以公共服务有效供给为核心　/ 139

四、县乡村体制：稳健、简约，消极行政　/ 142

结语：中西部县域经济发展和治理本质是农村的　/ 143

第二节　强县改革：偏离县域经济定位的扩权赋能　/ 145

一、郡县治、天下安？扩权强县的依据难以成立　/ 146

二、扩权强县，不能一刀切　/ 148

三、中西部县域经济发展的逻辑　/ 152

四、三个层次：未来中国区域经济的布局　/ 158

结语：未来中国经济区域格局设想　/ 163

003

第三节　县城安居：农民进城与县域城市化的风险　/ 166

一、三个原因：户籍城市化率缘何低于实际城市化率　/ 166

二、买房并非安居，农民进城必须有就业　/ 167

三、返乡种田——农民进城留下的后手　/ 169

四、农民上楼不等于农民城市化　/ 171

结语：乡村振兴战略的近期重点在于保底　/ 172

第四节　农村宅基地：是否堪当拉动乡村振兴重任　/ 174

一、农村宅基地，真的是"沉睡"资本吗　/ 174

二、宅基地入市，并没有创造财富　/ 176

三、三重困境：以宅基地筹措乡村振兴资源难以实现　/ 178

结语：世界上没有无缘无故的财富　/ 181

第四章　乡村养老——如何应对农村人口老龄化

第一节　未富先老——超龄农民工路在何方　/ 185

一、清退令：保护还是伤害超龄农民工　/ 186

二、农民超龄还打工的三大原因　/ 187

三、谁为超龄农民工养老　/ 188

四、保留农民工自由返乡的空间　/ 190

结语：从战略角度解决农民工的养老保障难题　/ 191

第二节　多元福利观："低消费、高福利"何以可能　/ 193

一、留守老年人的多元福利观　/ 194

二、围绕多元福利观，调整乡村振兴战略重点　/ 199

结语：乡村振兴应为农村留守者服务　/ 201

第三节　实践与应对：农村养老模式新探索　/ 203

一、三种机构类型：宜丰县机构养老探索　/ 204

二、互助养老和家庭养老　/ 208

三、农村养老实践的几个辩证关系　/ 210

结语：农村互助养老具有五大优势　/ 215

第四节　村社互助：积极应对农村老龄化　/ 218

一、应对农村老龄化的中国思路和智慧　/ 219

二、初级阶段的村社互助养老　/ 222

三、高级阶段的村社互助养老　/ 235

结语：村社互助养老，为应对老龄化提供战略性选择　/ 237

总 论
乡村振兴与共同富裕

第一节 乡村振兴：战略本质与实践误区

习近平总书记在十九大报告中提出实施乡村振兴战略。乡村振兴战略目标是到2050年"乡村全面振兴，农业强、农村美、农民富全面实现"。2018年9月21日，习近平总书记强调，乡村振兴战略"是关系全面建设社会主义现代化国家的全局性、历史性任务，是新时代'三农'工作总抓手"。在二十大报告中，习近平总书记提出"全面推进乡村振兴"。

作为战略，乡村振兴不只是具体的策略问题，还具有四个重要特点：其一，与第二个百年奋斗目标（在新中国成立100年时建成富强民主文明和谐美丽的社会主义现代化强国）相一致，乡村振兴战略的最终目标是，到2050年"乡村全面振兴，农业强、农村美、农民富全面实现"。其中原因很简单，没有乡村振兴最终目标的实现，全面建成社会主义现代化强国的第二个百年奋斗目标就不可能实现。其二，乡村振兴战略是全局性、历史性任务，必须从全局和长期来考虑，而不能仅就乡村振兴谈乡村振兴，也不能将乡村振兴战略策略化。其三，"三农"是一个整体，不能将农业、农村和农民问题人为分割开来。其四，应当在城乡关系中讨论乡村振兴，离开城乡关系，离开城市化，就无法讨论清楚乡村振兴的战略与策略。

抓住乡村振兴的战略本质，并以此观照当前全国各地乡村振兴实践，才能发现误区，提出有效的对策建议。

一、三个角度：解读乡村振兴的战略本质

（一）中国式现代化视野中的乡村振兴：从次要矛盾到成为目标本身

乡村振兴战略是新时代"三农"工作总抓手，服务和服从于中国第二个百年奋斗目标，乡村振兴应当置于中国式现代化视野之下进行分析讨论。

中国建成现代化强国的目标是既定的，是必须实现的，且这个目标必然包括农业农村现代化，必须全面振兴乡村。没有全面振兴乡村，就不可以说在新中国成立100周年时建成了现代化强国。同时，中国要在2050年建成社会主义现代化强国的目标，是不容易的，要经过长期艰苦卓绝的努力，要经历伟大的斗争。

当前中国正处在中等收入阶段，面临国内国际两方面的压力。从国内来看，随着中国经济发展进入新常态，经济发展产生的增量减少，经济剩余如何分配越来越受关注。国际经验是，中等收入阶段正是国内阶层冲突甚至阶级冲突加剧的阶段。中国因为有农村这个现代化的稳定器，避免了全世界发展中国家几乎都存在的大规模城市贫民窟，从而大大降低了国内阶层分配冲突的压力。

从国际来看，地球资源是有限的，体量巨大的中国式现代化必然会遭遇到西方国家的阻扰，中国必须集中资源进行突围，尤其是通过科学进步、产业升级来突破西方科技围堵，以及通过"一带一路"倡议来突破美国贸易孤立。

无疑，当前阶段中国式现代化中的主要矛盾和战略重点在城市，在科技进步、突破西方围堵中，顺利进入高收入阶段。按中央部署，这一阶段大概要持续到2035年，也就是说，中国式现代化突围还需要十多年时间。

在这个时期，乡村振兴的重点就包括两个方面：一是通过乡村振兴缓解国内可能加剧的阶层冲突矛盾，继续让农村充当中国式现代化的稳

定器与蓄水池；二是将国家主要资源用于支持科技进步和产业升级，以尽快实现中国式现代化的突围。

也就是说，在当前及未来相当长的一个时期，中国式现代化的主要矛盾或矛盾的主要方面是城市，农业农村现代化则是次要矛盾或矛盾的次要方面，农业农村现代化要服务和服从以城市为核心的中国式现代化大局。

到2035年，中国已经突破西方围堵，现代化基本实现之后，以"强富美"为目标的乡村振兴将开始纳入日程，乡村全面振兴将成为目标。

中央部署乡村振兴战略，将2020~2050年分为两个阶段，2020~2035年为第一阶段，2035~2050年为第二阶段。这两个阶段不只是接续关系，更是在中国式现代化强国建设进程中扮演不同角色、服从不同逻辑、具有不同地位。第一阶段，乡村振兴是配合以城市为主体的中国式现代化的手段，是中国式现代化中的次要矛盾。到了第二阶段，乡村振兴本身成为目标，国家将强大经济能力用于建设"强富美"的新乡村，乡村振兴全面实现。到那时，中国式现代化战略大局已定，中华民族伟大复兴已不可阻挡。中国式现代化的重要方面就是补乡村振兴的短板，使"农业强、农村美、农民富"全面实现。

（二）城市化背景下的乡村振兴：从身份农民到职业农民

乡村振兴是一个动态的过程。2050年乡村全面振兴时"农民富"中的"农民"与当前时期的"农民"会有很大差异。主要差异有两个方面：第一个方面的差异是乡村全面振兴时的农民主要是指作为职业的农民，而目前农民更多是一种身份；第二个方面的差异是目前中国仍有包括农民工在内的近8亿农民，到2050年，职业农民人数也许只有不到1亿。

由身份农民到职业农民，从8亿农民到不足1亿农民，都与城市化有关。当前中国正处在史无前例快速城市化的进程中，农民从农村进入城市，从农业进入二、三产业。不过，当前农民进城往往并非完全进城，而是表现出很强的半城半乡特征[①]：年轻时进城，年老时返乡；家

[①] 参见陈文琼：《半城市化农民进城策略研究》，社会科学文献出版社2019年版。

庭中的年轻人进城,中老年人留村;经济形势景气时进城,进城失败返乡。农民之所以进城不完全,与当前中国式现代化所处阶段密切相关,即在当前中国经济发展阶段,进城农民很难在城市获得体面的安居条件,农民又不愿在城市漂泊,他们就保留了农村退路,而正是这种农村退路避免了中国城市出现大规模贫民窟。

2035 年中国基本实现现代化以后,随着科技进步与产业升级的完成,中国产业向全球产业价值链中高端攀升,城市可以提供更多高收入就业机会,国家也更有财力为所有进城农民提供相对健全的社会保障,绝大多数进城农民都具有了在城市体面安居的就业收入与保障条件,他们也就不必再留下农村退路,也就从农业和农村中彻底退出来了。农村土地向少数职业农民集中,职业农民通过适度规模经营实现农业现代化,也可以做到靠农业致富。

农民进城是一个历史性进程,不能急于求成。唯有通过科技进步、产业升级,城市产业收入支撑得起庞大的高价值服务业,农民进城才可以安居,农民也才会真正从农业农村退出来。

在中国城市无法提供充分的、较高收入的就业机会之前,农民不会割断与土地的联系。土地和农业不仅要为全国人民提供农产品,还要为全国 8 亿农民提供农业收入、农业就业以及心理安全和社会保障。

至少在 2035 年中国式现代化基本实现之前,农业与作为身份的农民的关系是不可以割裂的。

(三)作为战略的乡村振兴:兼有全局性、动态性和历史性

基于上文的分析,我们要在中国式现代化与城市化背景下讨论作为战略的乡村振兴。战略不同于策略,就在于战略具有全局性、历史性。作为战略,乡村振兴应当在以下层次展开讨论。

全局性。乡村振兴战略要服务和服从于中国式现代化大局,而中国式现代化不同时期是有不同主要矛盾的。在基本实现现代化之前,中国式现代化面临着国际国内的各种复杂局面,主要矛盾是突破国际围堵和实现产业升级,相对来讲,农村应当是中国式现代化的稳定器。这个阶

段的乡村振兴，很大程度上要服务于以城市为基地开展的以经济发展为中心和以科技进步、产业升级为核心的大局。只有当中国式现代化已经取得决定性进展，现代化已基本实现，国家才会将工作重点转向重整山河，转向乡村振兴，也才可能使"农业强、农村美、农民富"全面实现。

动态性。不同阶段的乡村振兴战略具有不同的逻辑，2035年前的乡村振兴服从于中国式现代化大局，2035年后中国式现代化的重点在于乡村振兴。不同时期，乡村振兴遵循不同的逻辑，具有不同的重点，要满足不同的要求，不可以将复杂的乡村振兴战略简单化。

历史性。要站在历史高度看待乡村振兴，遵循历史规律。城市化是当前中国式现代化的一个基本体现，越来越多的农民进城，城乡关系正在重组，由8亿身份农民到不足1亿职业农民的转变，将是极其巨大的历史性过程，任何急躁情绪，任何想一天建成共产主义的想法，都是错误的。

缘于以上特性，乡村振兴应当避免线性思维、静态思维、片面思维，而要真正在战略层面思考。明确乡村振兴本身的战略本质，最重要在于不同时期有不同重点。当前乡村振兴实践中存在的问题就是不对其两个不同阶段做区分，从而形成了误区。

按中央部署，2050年"农业强、农村美、农民富"全面实现。2050年，中国城市化早已完成，绝大多数农民都已进城，并从城市二、三产业获得就业与收入。他们不再从事农业或农业兼业，农村土地由留守农村的职业农民耕种，农业也变成职业农民的农业。职业农民通过农业现代化，实现较高农业生产率并因此可以获得社会平均水平的收入，实现"农民富"的目标。

"农民富"和"农业强"必须以"农民少"为前提，如果到2050年仍然有数亿农民在从事农业生产，越来越少的农业GDP是不可能为其提供高收入的，农业也是不可能强的。

"农村美"，一方面要重整山河，让祖国每个地方都空气清新、环境宜人；另一方面要让农村"生态宜居"，对村庄进行规划、整治、建设。问题是，2050 年的农村，尤其是 2050 年的村庄，与当前村庄可能不再是同一个概念。农民进城去了，很多村庄都会消逝，现在就要通过美丽村庄建设将"农村美"固定下来，显然是不可能的。

乡村振兴战略 20 字总要求"产业兴旺、生态宜居、乡风文明、治理有效、生活富裕"，不能仅局限在农村，更不能局限在当下。当前农民正在进城，农户家庭收入主要来自在城市务工经商，因此，农民的生活富裕并不等于农民只能从农业获得收入，也不等于农民主要靠农村产业获得收入。农民进城了，有条件的农民才可能从农村完全退出，从而不再是身份农民了。正是有农民从农村退出去，留守农民才有扩大经营规模的可能，才有越来越多农民可能由兼业变成职业，真正做到适度经营，变成家庭农场主，从农业获得收入就可以达到生活富裕。

农村中的"产业兴旺"显然不是要违背经济规律，将本来应当在城市的产业搬到农村，而是发展农村具有比较优势的产业。总体来讲，越是现代化，越是经济发展，城市 GDP 占比越高，农业 GDP 占比和农村 GDP 占比就越低。无论如何，仅靠农村产业是不可能让当前仍然有 6 亿之巨农村居民生活富裕的。农民生活富裕，就业和收入往往要来自城市，且正如前述，实际上目前农户家庭收入最大部分已来自城市务工经商收入。这个意义上讲，农村产业兴旺并非要违背经济规律在农村发展缺少比较优势的产业，而是要遵循经济规律，发展适合农村的产业。

而且，产业必须与特定阶段相联系。比如当前阶段，中国还有 2 亿多农户，几乎所有农户家庭中都存在"以代际分工为基础的半工半耕"模式。半耕是指缺少城市就业机会的老年人留守务农，这导致中国绝大多数耕地仍然由小农户耕种，"老人农业"是当前农村最为普遍的情况。"产业兴旺"显然不是要消灭小农户经济和"老人农业"。反过来，小农户经济和"老人农业"不仅为中国 14 亿人口提供了充足的农产品，而且增加了农户家庭收入，提供了农业就业，为农民保留了农村退路，从而起到了与农业产品供给同等重要甚至更重要的社会政治功能。

这样的小农户经济和"老人农业"当属"产业兴旺"的一部分,我们不能以为只有现代大规模农业才是"产业兴旺"。

"生态宜居"有一个很重要的前提是谁来居?这里显然是指仍然居住在农村的6亿农民。问题是,农民正在进城且最终绝大多数农民都是要进城的,目前,农民家庭中的大多数年轻人早已进城务工经商,还有相当一部分已在城市买房。这时候的"生态宜居"究竟是为了谁?谁来建设"生态宜居"的环境?让即将进城甚至正在进城的农户投入资源建设"生态宜居"的农村环境,他们既无积极性,也缺少资源,但如果他们不参与,那些不准备进城的农民怎么可能参与到环境建设中来?如果农民都不参与,而是由国家来为农民提供"生态宜居"的环境,这似乎也不可想象。

作为"三农"工作总抓手的"乡村振兴",是一项重大战略,其战略本质来自全局性、历史性,必须深入中国式现代化内在规律,在城市化背景下,讨论乡村振兴的策略或战术问题。

从中国式现代化的角度来看,当前中国式现代化的主要矛盾是通过科技进步、产业升级来突破中等收入阶段可能的困难,农村要为中国式现代化提供助力,继续成为中国式现代化的稳定器与蓄水池。只有当中国式现代化已经突破重重困难,取得决定性进展,基本实现现代化,国家才能重整河山,建设"强富美"的新乡村。

从城乡关系来看,当前中国式现代化的重心在城市,经济成长、科技进步、产业升级的关键在城市,城市是中国式现代化的发展极,农村是中国式现代化的稳定器。城市快速发展、效率优先,农村相对稳定,在城市效率优先中保持更多底线公平,为占中国最大多数人口的相对弱势农民提供农村基本保障的兜底与进城万一失败的退路。在这个阶段,也就是现代化的第一阶段,城乡之间的关系更多是一快一慢、一动一静、一阴一阳、一发展极一稳定器、对立统一、相反相成的关系。这个阶段,往往是农村越慢、越静、越稳定、越多公平与保障、越有退路,就越可以支撑起一个讲求效率、快速发展与重点突破的城市,从而就越可以将中国推进到现代化的第二个阶段，就越可以顺利实现第二个百年奋斗的伟大目标。

当前乡村振兴实践显然应当服从第一阶段的规律。具体来讲，当前"三农"工作应当有以下四个共识。

第一，小农户经济很重要，"老人农业"很重要。中国农业不仅是要解决粮食安全和农产品供给问题，而且要为缺少城市就业机会的数亿农民提供农业收入和农业就业。

第二，农村产业发展存在瓶颈。在目前阶段，农村不再有制造业发展的空间，农村产业主要依靠农业和以农业为基础的乡村旅游。农业GDP占比还会持续下降，乡村旅游发展空间亦极为有限，且要以区位、环境条件为基础，其对农村产业发展和农民增收起到的作用几乎可以忽略。

第三，保障比富裕更重要。在市场条件下，城市完全向农民开放，农民是市场中最积极的主体①，在市场上寻找最大获利机会，成功了他们独享，失败了责任自担。当城市向农民开放，农民积极寻找市场机会时，富裕就是农民自己的事情。保障则是制度必须进行的安排。农民是弱势群体，他们进城和进入市场可能会失败，农村是农民进城失败的退路，土地是农民的基本保障。正是有农村退路和土地保障，农民才敢于在市场上打拼，也才会成为中国市场经济中最为活跃和最有主体性的力量。

第四，"生态宜居"不能由国家包办代替。国家投资建设美丽乡村，只应当为农村提供基本公共服务和基础设施，宜居条件应由农民自己来创造。在城市化背景下，要建设比在城市更好的农村宜居环境，很不现实。

以此来对照当前全国各地正在进行的乡村振兴实践，就可以发现存在的误区。

---

① 参见夏柱智、贺雪峰：《半工半耕与中国渐进城镇化模式》，《中国社会科学》2017年第12期。

二、三个误区：审视乡村振兴的实践探索

作为"三农"工作总抓手，各地都在乡村振兴方面做了探索，也存在若干误区，甚至可以说，当前全国地方进行的乡村振兴实践，教训远远多于经验。以下择要讨论。

（一）产业发展误区：盲目推动和调整

乡村振兴地方实践中出现的第一个误区就是人为推动农村产业发展，并因此造成了很多问题。产业发展误区集中表现在三个方面：一是盲目推动农业现代化，二是盲目发展休闲农业、乡村旅游等所谓新业态，三是盲目调整产业结构。

地方政府理解的农业现代化，基本上都是以规模经营为基础，装备现代技术，具有很高商品化率，又具有很强盈利能力的现代农业主体。最典型的有两个：一是资本型农业企业，二是适度规模经营的家庭农场。地方政府对农业产业的支持也集中在对所谓现代农业主体的支持上。

地方政府之所以偏爱所谓现代农业主体，有两个原因：第一个原因是现代农业主体有更高的劳动生产率，具备更多现代农业的形式，符合农业产业兴旺的预期；第二个原因是相对于分散小农户，现代农业经营主体容易管理，支持起来也很便利。

为实现农业现代化，地方政府更倾向推动土地流转，通过对规模农业经营主体的支持，将小农户从农业中排斥出去。这不仅表现在种植业上，也表现在养殖业上。很多农业产业政策的结果就是政府支持规模经营主体，将小农户从农业领域排斥出去。

问题在于，当前阶段，中国仍然有6亿农村居民，有2亿多农户，有包括农民工在内的8亿农村户籍人口。对于农户来讲，农业和土地不但是收入来源之一，而且是缺少城市就业机会的中老年农民的主要就业渠道，是进城可能失败农民的退路。因此，至少在当前2亿多农户并未完全进城，还要依托农业与土地获取农业收入与就业的情况下，地方政

府就不应当人为支持规模农业经营主体而排斥小农户，就不能盲目发展现代农业，就不能将农业与农民割裂开来。中国当前阶段的农业不仅要为全国14亿人口提供农产品，而且要为2亿多农户提供农业保底。农业既是基本保障，又是商品。小农户甚至"老人农业"还将长期存在，并具有合理性。农业产业发展既不能排斥小农户，也不能排斥具有农业生产能力的老年人。

地方政府发展农村产业的第二个误区是盲目推动发展休闲农业。在第二产业已不可能在农村发展、农业GDP占比又有限的情况下，地方政府产业兴旺的思维惯性就是发展第三产业，尤其是发展基于农业的第三产业。乡村旅游和休闲农业就被寄予厚望，各地有没有条件都支持发展休闲农业，结果就是，政府支持发展的休闲农业没有发展起来。地方政府一哄而起大力支持的休闲农业分散了有限游客，形成挤压之势，之前确有区位和环境优势的、业已发展起来的乡村旅游、休闲农业"成功地"凋敝了。

地方政府发展农村产业的第三个误区是盲目推动产业结构调整，通过政策支持、资金扶持甚至强制手段，要求农民调整产业结构，以发展农村富民产业，提高农民收入水平。但实际上，在充分市场条件下，农业高利润往往与市场高风险和资金高投入直接相关。地方政府推动产业结构调整的结果，一般都是好心办坏事，个别成功案例被广泛宣传，却也很难持久。在市场经济条件下，农户对自己经营负责，地方政府通过资金扶持甚至强制农民调整产业结构，是错误的。目前，乡村振兴中地方政府也存在盲目推动所谓农业产业转型和产业结构调整的问题。

（二）环境整治误区：过高、过快、过急

在当前乡村振兴地方实践中，最为重要的一项工作就是村庄环境整治。因为历史欠账太多，全国农村普遍存在基础设施太差、环境卫生条件恶劣的问题。在全国推进村庄环境整治，为农民提供一个基础设施良好、环境干净卫生的条件，非常有必要。

不过，当前在实践中普遍存在对环境整治要求过高、过快和过急的问题，很多地区都花费巨资打造乡村振兴示范点，对村庄进行高投入——不仅国家高投入，而且动员农民高投入——造成了浪费。

前面已经讨论过，当前中国正处在史无前例的快速城市化进程中，农民正在进城，城乡关系正在重组，大量村庄甚至大部分村庄都会消失。这个时候对村庄进行过度投资，建设过高标准基础设施，搞超越发展阶段的示范村，不仅浪费了国家和农民的资源，而且造成了错误示范，偏离了乡村振兴的方向。

未来十几年仍将是农民进城的高峰时期。农民进城，就要在城里买房，他们在家庭收入有限的情况下，不会愿意为改善村庄居住环境和住房而过多投资。同时，农民进城也要看时机。根据收入情况，农民不会随意舍弃农村住房，而总是先在城市安居下来再割断与农村的联系。计划进城的农民不愿在美丽乡村建设上投入，其他农民当然也就不会投入，美丽乡村建设就变成国家单方面投入。因为缺少农民参与，国家投入不能转化为农民的获得感，农民自然不珍惜国家投入建设的美丽环境。

农民进不进城、什么时候进城、哪几个村庄的农民进城，进而哪些村庄会保留下来、哪些村庄会消失，这都取决于具体的情景，是一个自然而然的历史进程。

基于此，目前村庄环境建设应当注重实际，重在基础设施和基本环境卫生条件的改善，注重农民的投入，避免国家财政资源的无效投入。目前有些地方政府进行村庄环境整治，竟然不允许农民喂猪养鸡，就更加荒唐了。

(三) 农民增收误区：土地承包权变财产权

乡村振兴最重要的目标是让农民生活富裕，中央每年一号文件也将农民增收列入首要任务。正是要让农民增收，才要发展农村产业，让农民获得更充分的农村就业。

问题在于，农业 GDP 占比下降是铁律，农民从农业中可以获得的收入是有限的。乡村旅游收入不仅有限而且十分局限，只有具有区位和资源优势的地区才有可能获得。

实际上，改革开放以来尤其是进入新世纪以来，农民一直从农业以外甚至农村以外获取收入，这就缓解了农村人地关系紧张的格局。随着越来越多的农民进城并在城市安居下来，农村就可能出现大量适度规模经营的职业农民，职业农民靠经营农业也可以获得不低于城市水平的收入，真正达到"农民富"的状态。

在目前阶段，即使进城农民也大都保留了与农村和农业的关系，农户家庭收入越来越依靠农业以外的务工经商收入，农民则成为市场中最为活跃的主体，哪里有收入机会，他们就会去哪里。

最近几年增加农民收入的一个流行说法是要增加农民财产性收入。所谓财产性收入，就是地租和利息，其中关键的是一些人主张应当让农民土地承包权变成财产权，让土地财产价值显化，从而提高农民收入。

这种主张显然很荒唐。世界上没有无缘无故的财富，所谓土地价值显化，本质上不过是希望以土地为媒介进行财政转移支付。显然，当前阶段中国绝对不可能通过财政转移支付来让农民生活富裕。

在市场经济条件下，农民是最积极能动的主体，他们有能力和动力从市场上获得收入机会。这个意义上，农民生活富裕是他们自己的事情。现在的问题是，农民是中国社会中经济资本、社会资本和文化资本比较少的弱势群体，他们在市场上可能失败。因此，为农民保留农村退路，不让农民失去土地这个最后保障，就显得特别重要。

这个意义上讲，不要折腾农民的土地，包括承包地、宅基地，就特别重要。要防止当前一些地方政府在增加农民财产权的幌子下，打农民土地主意的行为。

三、五项工作：实现乡村振兴需要关注的重点

乡村振兴的现阶段与最终乡村全面振兴，不仅有着30年的时间距离，而且要遵循不同的内在逻辑。现阶段乡村振兴战略的本质在于服从和服务于中国突破西方围堵、真正走出中等收入阶段，以在2035

年基本实现中国式现代化的目标。当前乡村振兴的主要工作有以下若干。

(一) 将小农户与农业现代化衔接好

如前所述，当前阶段，农业不仅为14亿人口提供农产品、保障粮食安全，而且为缺少城市就业机会的中老年农民提供农业就业与收入，为进城失败的农民提供退路。正是农业和农村为中国式现代化进程中应对各种风险提供了最强有力的稳定器，也是中国式现代化不会落入中等收入陷阱的前提条件。

也就是说，乡村振兴中讲到产业兴旺、农业发展，不能就产业讲产业，就农业现代化谈农业现代化，而必须将农业问题与农民问题结合起来，将农业产出与就业问题，将劳动生产率与土地保障功能联系起来讨论。

从全国来看，当前接近90%的耕地仍然由2亿多农户在耕种，小农户农业和"老人农业"占比极大，这个占比会随着农民进城安居慢慢变小，但肯定还会持续很久。这是中国的优势，因为正是小农户农业和"老人农业"，使农村成为缓解中国式现代化进程中各种紧张问题、应对现代化进程中各种危机的好办法。

因此，农业现代化不是要消灭小农户经济，也不是要消灭"老人农业"，而是要将小农户与农业现代化衔接好，为小农户和"老人农业"提供基本的生产秩序和支持保障。

在2035年前，中国农村产业发展一定要亲农而非亲资，支持资本发展农村产业却排斥小农户的政策，即使可以发展出看起来很现代的农业，也绝不是这个阶段乡村振兴中农村产业发展的重点。

(二) 解决农村养老问题

中国未富先老的问题必将是重大挑战。在家庭越来越不足以承担养老责任的情况下，中国如何应对老龄化危机，是一个非常需要讨论的问题。

农村养老实际上有三条出路，一是当前以家庭为主的养老，二是市场化的养老，三是社区基础上的互助养老。未来很长时间，家庭养老仍将是农村养老的主渠道，不过，因为城市化造成的家庭分离，使家庭养老越来越困难。市场养老即通过进入养老机构来养老，在农村却很困难。原因很简单，就是机构养老费用昂贵，大多数农民出不起钱，国家也难以提供足以让农民享受到市场化养老的基本养老金。

不过，村庄是熟人社会，农村老年人在村庄很容易与土地结合起来。他们只要具有劳动能力，就可以从土地上获得收入。农村低龄老年人，身体健康、具有生产能力，若能组织起来照料村庄高龄老年人，且国家可以提供低偿（象征性工资），并将其照料时间记录到时间银行，换取之后被照料的凭据，则村庄就可能通过志愿服务、低偿服务和时间银行，形成村庄熟人社会内部成本较低的互助养老。村庄熟人社会中的信任为互助养老提供了润滑剂，与大自然的亲近则为村庄老年人提供了最好的养老环境。

假设国家要担负一部分养老责任，无非有两种办法：一是通过为农民提供退休金，让农民年老之后有钱养老。显然，在可见的未来里，国家不可能负担得起数以亿计农民的退休金。二是通过支持农村互助养老来担责，借助经济支持、制度设置、基础设施建设，充分调动村庄低龄老年人参与互助养老的积极性，可以在很大程度上缓解老龄危机。

农村可以成为中国应对老龄化的主阵地，这方面应当成为乡村振兴实践的重要内容。

（三）乡村文明建设与移风易俗

在城市化背景下，传统秩序难以维系，社会风气受到侵蚀，赌博泛滥、人情繁多、仪式攀比、铺张浪费、薄养厚葬、高额彩礼、地下宗教甚至封建迷信等，都造成了对农民物质和精神上的极大损害，甚至有不少地方农民之所以在村庄待不下去，就是被人情债所逼。

丰富的文化活动，良好的民间习俗，和谐的邻里关系，亲密的熟人社会，对于提高农民获得感、幸福感，增加农民社会资本，减少农村浪费，"低消费、高福利"，都是极为重要的。

当前的乡村振兴实践中，地方政府亟须对天价彩礼、薄养厚葬进行治理，倡导勤俭节约、健康休闲的娱乐方式。要将传统文化和农村现实生活相结合；政府提供的文艺汇演、送戏下乡、艺术节、运动会等文化项目，要和引导农民群众组建广场舞队、腰鼓队、锣鼓队、舞蹈队、乐队、篮球队、老年人协会等群众性组织相结合；要将发挥党建引领的作用与党员在思想道德和移风易俗中期待模范带头作用相结合；要大力支持草根组织，凡是群众自发组织且有活力的，只要不违法违规，都应积极引导和支持[1]。

（四）真正将农民组织起来

在乡村振兴中，如何通过党建引领，真正将农民组织起来，自己建设美好生活，这里大有文章可做，其中关键是，要将自上而下转移到农村的资源与农民自下而上的组织能力提升结合起来，要让农民成为乡村振兴的主体，由他们自己来建设自己的美好生活。

（五）解决土地细碎化问题

当前农业生产中，农民遇到的最大困境是承包耕地地块分散，无法容纳先进生产力。尤其留守农村的"中坚农民"将进城农民承包地流入形成适度经营规模，却因为地块分散、地权分散，无法形成规模效益。目前农村耕地细碎化和地权过于分散，已经成为影响农民生产和农业发展的重大问题，亟待解决[2]。

结语：乡村振兴不同阶段应遵循不同规律

乡村振兴是事关全局性、历史性的重大战略，其战略本质是服务和服从于中国第二个百年奋斗目标即建成富强民主文明和谐美丽的社会主义现代化强国的目标，依此，中国乡村振兴战略就有两个逻辑不同的阶段，第一个阶段是通过乡村振兴来为中国式现代化提供纵深、提供后

---

[1] 参见吕德文：《当前农村精神文明建设的思路与任务》，《田野来风》（咨询报告）2022年。
[2] 参见王海娟：《农地调整的效率逻辑及其制度变革启示——以湖北沙洋县农地调整实践为例》，《南京农业大学学报》2016年第5期。

方、提供支撑、提供缓解，这个时候的乡村振兴是要将农村建设成为中国式现代化的稳定器与蓄水池，以应对未来一个时期中国式现代化必将面对的风高浪急的险恶形势。这个阶段的逻辑延续改革开放甚至新中国成立以来的农村发展服务于中国赶超型现代化的逻辑。

到 2035 年，中国基本实现现代化，现代化建设已经取得决定性进展，这个时候，国家就要将现代化中还不完整的农村农业现代化的短板补齐，全面乡村振兴就将成为工作重点。到 2050 年，中国乡村全面振兴，中国建成富强文明民主和谐美丽的社会主义现代化强国。

当前地方乡村振兴实践中出现的部分问题是错将 2035 年以后乡村振兴最后一个阶段的逻辑前置到现在，从而在当前的乡村振兴实践中犯了急躁冒进的错误，其结果必将是欲速不达，不仅没有将乡村振兴，反而破坏了中国式现代化的后方基地。

当前地方乡村振兴实践的方向需要调整。

第二节　共同富裕：不平衡现状与现代化未来

2021年8月17日，习近平总书记主持召开中央财经委员会第十次会议，会议强调："共同富裕是社会主义的本质要求，是中国式现代化的重要特征，要坚持以人民为中心的发展思想，在高质量发展中促进共同富裕。"① 当前中国正处在现代化的关键时期，也处在高速城市化进程中，中国能否顺利越过中等收入阶段，进入高收入国家，实现共同富裕，可以说任务十分艰巨，面临诸多挑战。当前中国发展不充分、不平衡问题十分突出。发展不充分，所以经济还要增长，产业还要升级；发展不平衡主要表现在区域发展不平衡和城乡发展不平衡方面。当前中国发展不平衡的主要矛盾在农村，尤其是中西部地区农村发展程度比较低，农村基本公共服务不足，农村居民收入低。正因如此，国家在中西部地区实施脱贫攻坚战，并在2021年消灭了绝对贫困。国家实施乡村振兴战略，将"农业强、农民富、农村美"全面实现作为全面乡村振兴的标准。没有农业和农村的现代化，就不可能有中国式现代化的全面实现。

作为社会主义本质要求的共同富裕，难点在农村，重点在农民，只有当农民富裕了，城乡收入差距缩小了，中国才具备实现共同富裕的条件。共同富裕目标的达成显然还有一个艰苦奋斗的过程，在这个过程中，如何理解共同富裕目标与其他一些重要目标或变量因素之间的辩证关系，对于最终实现共同富裕，具有重要作用。

---

① 《在高质量发展中促进共同富裕　统筹做好重大金融风险防化解工作》，《人民日报》2021年8月18日第1版。

一、发展不平衡现状：要具体问题具体分析

（一）城乡差距：差距偏高并非一定是坏事

共同富裕面临的首要挑战是目前中国存在的收入不平衡。"目前，我国收入基尼系数仍然高达0.465，在全球经济体中和南非、美国等高收入差距国家差不多。其实，我国收入差距较大的原因主要来自于城乡差距。"[①]"我国城乡居民收入倍差从2008年起连续13年下降，2020年下降到2.56，但从世界范围来看仍然属于较高水平"，"我国城乡收入差距仍然显著偏高，占全国收入差距的比重达27%左右，而一些发达国家如瑞士、芬兰、加拿大等还不到10%，发展中国家如菲律宾、印度均不超过20%"[②]。那么，我们应该怎样认识中国城乡差距及其对共同富裕的影响呢？

之所以中国城乡收入差距占全国收入差距的比重比菲律宾、印度等发展中国家还要高，一个关键原因是当前中国农村的集体土地制度，使中国农村不存在大土地占有者，所有农民都几乎均等地承包土地，而且国家为了保护农民的退路，将农村土地当作农民基本保障，禁止土地不可逆流转，限制城市资本下乡。经济条件好的农户进城了，且当前几乎所有农户家庭青壮年劳动力都进城了。中国农村没有大地主，也不允许城市富人下乡，农户家庭都在农村有承包地、有宅基地、有住房，以及有村庄熟人社会关系，村庄就成为基本保障，是他们进城的基地。在当前中国高速城市化的背景下，经济条件好的农户进城成为城市居民，一般农户家庭青壮年劳动力也进城务工经商，被统计为城市人口，留在农村的大多是相对弱势的农户家庭和农村相对弱势、缺少城市就业机会的老弱病残群体。这些留守农村的老弱病残群体因为仍然有土地、有住房、有村庄这个熟人社会，有自己的家乡，可以获得并不低质量的生

[①] 李实等：《共同富裕路上乡村振兴的问题、挑战与建议》，《兰州大学学报》2021年第3期。
[②] 叶兴庆等：《为什么说共同富裕最艰巨最繁重的任务，仍然在农村》，载马建堂主编：《奋力迈上共同富裕之路》，中信出版社2022年1月版。

活。实际上，全国农村农民生活质量一直是在改善的。留守村庄的农民不进城，是因为他们缺少进城的能力，以及他们仍然有待在村庄的能力与权利。

从农村居民收入平均数来看，因为限制城市资本下乡而没能提高。农村经济条件好和在城市就业机会多的群体进城，进一步提升了城市居民平均收入，但降低了农村居民平均收入。这样来看，当前中国限制城市资本下乡的政策和快速城市化本身，造成了当前城乡居民收入差距的拉大。从世界比较来看，中国城乡居民收入差距偏高的原因大概就来自这里。

不过，中国限制城市资本下乡，以及农村经济条件好的农户进城，对于农民来讲却并不一定是坏事。有能力进城的农户和农民不是因为在农村待不下去了，而是因为城市有更多机会。农户进城后，就会让渡出之前在农村的获利机会，缺少进城能力的农户就可以借此扩大经营规模，从而提高农业和农村收入水平。限制城市资本下乡，给了缺少进城机会的农户更多留村获利的机会，这些农户也就不必被迫进城。尤其是农村中老年人缺少在城市就业的能力，他们与土地结合起来，不仅有农业收入，而且有农业就业和因此产生的意义感与人生价值。劳动让人充实，与土地结合起来才可以让农村老年人的生活变得充盈。

这样看来，城乡居民收入差距偏高，却给了留守农村的相对弱势农户和农民更多机会，这是好事并非坏事。

再来看菲律宾、印度等发展中国家的城乡居民收入差距。与中国不同，世界上绝大多数发展中国家，农村地权都是严重不平等的，绝大多数土地都是地主占有的，且国家并不限制包括城市资本在内的一切资本对土地的集中（或买卖）。地主所有制和土地集中将农村最弱势农民驱赶进城，流落在贫民窟中。因为富人下乡和穷人进城，这些国家城乡居民收入差距可能没有中国高，却并没有值得中国学习的优势，因为这些国家的穷人丧失了家园，城市大规模贫民窟也成为社会发展之癌。

在城市化进程中，农村经济条件好的农户优先进城，缺少进城能力的农户和农民群众仍然要依托农业和农村获取收入机会。这个时候，保护缺少进城能力的农户和农民群体在农村的获利机会，限制城市资本下乡与农民争利，就是一个大智慧和大优势。越来越多的农户有能力进城且进城去了，从而使留守农户与农民增加了获利机会，收入水平就可能逐步提升，最终城乡居民收入差距就开始缩小。

当前中国城乡居民收入差距偏高或是中国的制度优势，因为这有利于农村相对弱势的群体。

(二) 区域差距：借助高速城市化缩小差距

共同富裕还要缩小区域差距。目前中国不同地区发展水平差距巨大，缩小区域发展差距任重道远。"我国不同地区农村之间收入差距显著，而且地区间农村居民收入差距程度超过了区域发展的整体差距程度。将农村居民人均可支配收入最靠前的五个省份和最靠后的五个省份进行比较，可以发现2020年两者城镇居民人均可支配收入倍差为1.75，而农村居民人均可支配收入倍差达到2.43"。[1]

毫无疑问，中国经济最发达的地区集中在东部沿海，尤其集中在珠三角地区和长三角地区。广东、江苏、浙江、山东、福建、上海、北京是当前中国经济最发达的地区，面积仅占全国的5%左右，GDP却占据全国半壁江山。

中国经济最不发达地区则集中在西部，按农村人均可支配收入排序，最后5名分别是甘肃、贵州、青海、云南和陕西。

沿海地区在有限土地上创造出巨额GDP，也就是说，沿海地区已经形成沿海城市经济带，其农村已是城市经济的内在组成部分——看起来仍然是农村的体制，实际上早已工业化了。典型的是中国百强县大都集中在沿海地区，沿海县域经济发展水平甚至高过西部地区的省会城市。

正因为沿海地区形成了规模极其庞大的城市经济带，乡村早已工业

---

[1] 叶兴庆等：《为什么说共同富裕最艰巨最繁重的任务，仍然在农村》，载马建堂主编：《奋力迈上共同富裕之路》，中信出版社2022年1月版。

化，就使这些地区具有巨大的规模优势和聚集效应。良好的基础设施和产业配套让沿海城市经济带不仅是中国的经济重心所在，而且成为世界工厂的核心区域。

相对来讲，广大的中西部农村地区已没有工业化的可能。甚至中西部县域经济已基本丧失了发展现代制造业的空间。在对接沿海地区转移落后产能的基础上，中西部地区集中发展省会城市和以地级市为主的区域中心城市，就可能发展出一批经济成长中心。

也就是说，当前中国的区域经济，实质上是沿海发达地区已经形成的一个包括农村在内的城市经济带，这里的农村已是城市经济的内在组成部分，已经城市化了。而广大的中西部地区，即使县城也缺少发展现代制造业的条件，县域经济底层逻辑仍然是农业和农村经济。当前中国已形成以沿海城市经济带、包括中西部省会城市在内的区域中心城市，这些地区是中国经济增长极，是广义上的中国城市。而包括中西部地区部分相对较弱地级市在内的县域以下经济，核心逻辑仍然是农业、农村经济，这是广义上的中国农村。

以此为背景来理解东部沿海地区与中西部地区农村居民可支配收入，就很容易理解差距所在。

作为城市经济带内在有机组成部分，东部沿海地区农村已经实现工业化，农民在家门口有大量二、三产业就业机会，农户家庭一家三代都可以从中获利。因此，农民不再种田，而是将土地流转给外来农民耕种。因为乡村实现了工业化，农地非农使用产生土地增值收益，村集体建厂房出租，农户也可以出租住房，从而农户就有较高的财产性收入。家门口就业，不用租房甚至也不用到城市买房，家庭更不用分离，农户从地方经济发展中获益，家庭收入比较高。

中西部地区农村不再有乡村工业化的可能，农业能为农户提供的收入有限，所以，该地区农村开启了快速城市化进程——农村劳动力到沿海地区和大中型城市务工，到县城买房。从农户家庭策略来讲，年轻人进城、中老年人留村，为了跃升阶层地位，还在县城买房以便子女读书。农户家庭收入中，农业收入有限，务工经商收入主要依靠年轻人，子女在县城读书往往需要家长陪读。

中西部地区农村显然不可能从土地非农使用中获得财产性收入。因为存在自给自足经济，其农村生活成本相对较低，农民住自己家房也不花钱。

从农户家庭可支配收入来讲，虽然中西部地区青壮年劳动力也可以且实际上大部分都进城务工经商，获得了全国劳动力市场的平均收入，但却只是家庭的一部分劳动力进入全国劳动力市场中获利。而对于东部沿海地区的农户而言，家门口的充分就业机会，让家庭几乎所有劳动力都可以从市场上获利，家庭收入自然较高。同时，本地的社会资本更多，以及密集的地方经济带来的劳动力市场之外的各种商业机会，都使东部农村地区农户可支配收入水平远高于中西部农村地区。

东部地区与中西部地区农户可支配收入类似于城市地区与农村地区的差异，这就是"不同地区农村之间的收入差距超过了地区间的整体差距和城镇差距"的原因。这也是"农村内部不同群体的收入差距超过城镇居民"的重要原因，因为在东部沿海发达地区农村产生了大量的农民企业家，而中西部农村仍然有不少完全依靠农业收入的农户家庭。

由此看来，当前东部地区农村并非中西部农村地区的未来。正因为前者先行发展了，就使后者丧失了再工业化的机会。中西部地区农村只有通过高速城市化，才可能真正进入共同富裕的行列。

当前浙江正在进行共同富裕示范区建设的试验。浙江是中国东部沿海城市经济带的核心区域，几乎全域城市化了，在省域内的农村可以就近享受到二、三产业发展带来的各种机会，比如三产融合的机会。浙江省内不同市县以及城乡之间，经济发展差距比较小，居民收入差距也比较小，城乡居民收入在全国都是最高之一，原因是浙江工业化走在全国前列，已成为沿海城市经济带的核心部分。因为沿海城市经济带已经发展起来，中西部地区乡村就失去了工业化的可能，也就不可能再学习浙江经验。

二、中国式现代化未来：从中国制造到中国创造

（一）农业农村现代化：基本前提是适度规模经营

共同富裕不是要均贫富，而是要在高度现代化的基础上实现共同富裕。高度现代化必然要有农业农村的现代化，否则不可能最终实现共同富裕。

不过，共同富裕只是未来的目标，是现在努力的方向，并非当下立即就可以成为现实的。农业农村现代化也有一个长期的过程。

不算进城农民工，中国农村当前仍然有6亿多居民。总体来讲，这些居民主要收入来自农业与农村，农业和农村现代化与他们有着密切关系。

从致富来讲，2亿多农户要靠20亿亩耕地上的有限农业收入致富，当然是不可能的。不过，从为农民提供基本保障上讲，农业收入却十分重要。当前中国绝大多数农户都存在"以代际分工为基础的半工半耕"模式，即缺少城市就业机会的中老年人仍然务农，从农业获得收入。此外，还有一部分青壮年农民通过流转外出务工农户的土地成为村庄"中坚农民"，他们有了适度农业经营规模，农业收入不低于外出务工收入。

农业收入不仅为缺少进城机会的农民提供了基本保障，而且为进城居民提供了一条进城失败的退路。

当前中国正处在快速城市化进程中，农民进城有一个过程。在农民城市化没有完成，还有大量农民仍然要依托农业收入，农业和农村仍然是农民的基本保障时，农业不可能让农民致富，农业农村现代化也不可能立即实现。

农业现代化的一个基本前提是适度规模经营，即使按一个家庭农场经营200亩土地来计算，中国20亿亩耕地最多也只能容纳1000万个家庭农场。如果由资本下乡经营农业，农业可以容纳的农村劳动力就更

少，可以为农民提供的致富机会也更少。农业规模经营和农业现代化，一定要以农民不再依托农业为前提。农业现代化不能变成驱赶进城，而应当走在农民进城的后面，且农民进城后所留下来的农业获利机会，应当首先让渡给仍然缺少进城机会或不愿进城的农民，而千万不能通过政策支持城市资本下乡，用农业现代化的名义剥夺农民的利益。农业现代化要水到渠成，不能急于求成。

农民从农村转移出来是一个漫长的过程，从目前来看，农民转移进城并在城市安居大概还需要 20 年。这 20 年间，农业不仅是收入来源，而且要为 2 亿多农户提供基本保障、提供就业。中国农业不仅生产了农产品，保证了粮食安全，而且为中国 2 亿多农户提供了收入、就业和保障。人们常说，中国农业效率低，由 6 亿多农民来养活中国是个大问题，其实这个问题可以反过来看，就是 20 亿亩耕地的农业为中国接近一半的相对弱势、缺乏城市就业机会的农民提供了保障，这是多么了不起的事情。

越多农民进城并在城市安居，他们就让渡出越多农业和农村获利机会，留守农村的农户就可以扩大经营规模，增加获利机会，并因此可以采用更加现代化的农业生产手段，推进农业农村现代化。到了一个时点，农民城市化完成了，留守农村的农民有了适度经营规模，在国家支农惠农政策下，农业农村现代化就能快速发展并最终实现。有了农业农村现代化，我们才能宣布中国终于建设成为社会主义现代化强国。

有一些地区农业农村现代化会走在全国前列，典型的就是沿海城市经济带内的农村。乡村工业化后农民就有大量家门口的二、三产业就业机会。农业不再是农民的保障，农民将承包土地流转出去，村集体往往邀请外地农民来耕种土地。因为本地农民不再种地，外来农民就可能形成适度经营规模，采取现代农业技术，容纳更多现代农业生产力，结果就是农业劳动生产率大幅度提升，农业机械化程度高，农业现代化自然而然就实现了。

现在的问题是，苏州农村早已工业化，农民不再种田，农业几乎与当地农民没有关系，这样的农业现代化就变成了政治。这种政治上的农业现代化，在上海、北京都存在。

发达地区有余力率先实现农业农村现代化并非坏事，但若以此来推动全国农业农村现代化，甚至将农业农村现代化纳入对地方政府的考核之中，就有急于求成之嫌。

我们必须充分认识到中国东部沿海城市经济带的农村，实质上已是城市经济内在有机组成部分，其农业农村现代化方案，与中西部地区是两个完全不同的逻辑，是两码事，不能混为一谈，也不能并列比较。

当前阶段，沿海发达地区农业农村现代化示范已经对中西部地区造成负面影响，国家相关政策部门在推动中西部农业农村现代化的过程中要切实防止照搬东部地区的做法。

（二）三轮驱动的中国式现代化：关键在于科技进步和产业升级

共同富裕是社会主义本质要求，是中国式现代化的目标，又以中国式社会主义现代化的全面实现为前提。

当前中国式现代化进入深水区，面临着复杂的国际国内形势。中国发展正处在中等收入阶段，众所周知，该阶段存在着诸多不确定性，世界上有很多国家到了中等收入阶段就落到陷阱中，并没有顺利变成高收入国家。

改革开放以来，中国经济得到持续成长，创造了经济发展的奇迹，其关键是充分利用了中国廉价劳动力的优势，参与国际分工，将整个中国变成世界工厂，从而分享了国际繁荣，也创造了国际繁荣。

与一般发展中国家不同，改革开放以来，中国在高速发展过程中保持稳定，其中原因之一是中国农村充当了中国式现代化的社会稳定器与劳动力蓄水池。中国农村这个劳动力再生产基地为"中国制造"提供了几乎无限的、廉价又高素质的劳动力，让中国成为真正的世界工厂，这是改革开放以来中国奇迹的关键。同时，农业又为2亿多农户提供了收入就业与基本保障。正是有农村这个稳定器，中国才有应对各种经济周期的法宝，才比世界上任何国家更有办法变危机为发展机遇。简单地说，改革开放以来，正是以小农户为基础的中国农业农村，为中国制造提供了强大保障，中国借经济全球化的机遇，实现了由低收入国家向中等收入国家的伟大转变。

中国经济发展到现阶段，人口红利减少，劳动力成本上升，西方对中国围堵升级，中国经济发展进入新常态，仅低端制造已无法为中国经济成长提供持续动力。中国要由中等收入阶段顺利成为高收入国家，必须提升产业价值链和产品附加值，推动产业升级和科技进步，推动中国经济由"中国制造"向"中国创造"转变。

中国是一个巨型国家，地域广阔，不同地区之间发展不平衡。科技进步和产业升级肯定首先发生在城市，尤其是沿海发达地区的城市，也就是当前中国制造的核心区域，表现就是东部沿海地区产业上的"腾笼换鸟"和国家快速增加的科技投入。中国产业升级，由"中国制造"向"中国创造"转换，并非就不再有"中国制造"的空间，而是将部分"中国制造"向中西部地区转移，从而一方面保持中国"世界工厂"的地位，另一方面又通过产业价值链的升级，实现从"要素推动"向"创新驱动"的转换。

也就是说，中国产业升级并非要消灭"中国制造"，而是在保留中国"世界工厂"地位的同时实现产业价值链的向上攀升，通过"创新驱动"获得产业高附加值，改变核心技术受制于人的局面。

科技进步，产业升级，核心技术的掌握，都需要长期巨额投入，短期可能回报较少。因此，中国就需要将"中国制造"中的利润更多投向"中国创造"，经过一个较长时期的高投入，必定会有全产业链的高回报。那时候，中国就可以不再受制于人，就可以走出中等收入阶段，真正迈向高收入阶段。

从"中国制造"到"中国创造"是一个艰难的转换期，成功转换，中华民族就实现了伟大复兴。这个转换中，中国同时存在着三种经济模式，即仍然以小农户为主的传统农业模式，以低端制造业为主的"中国制造"，和以科技进步为基础的"中国创造"。

目前阶段，中国主要财富仍然来自"中国制造"。现在的问题是，"中国制造"创造出来的财富，在改造传统小农户经济和推动科技进步之间，如何分配？

中国优势就在于，小农户经济仍然具有活力，中国目前仍然可以有更大力度来支持科技进步。等到科技进步取得决定性进展，再来改造传统小农，建设美丽乡村，实现乡村振兴，就是顺理成章的事情。

按照中央部署，中国式现代化分为两个阶段，第一阶段为2035年基本实现现代化，这个阶段目标的实现必定以科技进步取得决定性进展，核心技术不再受制于人，"中国创造"变成主流为前提。到了这个时期，中华民族伟大复兴的步伐就不可阻止了。中国也就开始进入重整河山，建设美丽中国的新阶段。再经过若干年努力，到2050年，中国一定可以顺利实现第二个百年奋斗目标，将中国建设成为富强民主文明和谐美丽的社会主义现代化强家。

现在的关键就是到2035年能否顺利实现基本现代化的目标，而能否顺利实现的关键在于科技进步和产业升级，也就是"中国创造"能否取得决定性进展。

"中国创造"要取得决定性进展，就是要从国际上进行艰苦突围，就是要超越欧美，这不再是量变而是质变，是决定性的战役，因此要有长期而巨大的投入，是要担很大风险的，是真正的决战。

这个时候，"中国制造"的利润或国家资源投入的重点，就要用到科技进步上来。没有一分钱可以被浪费，每一分投入都增加一分中华民族崛起的希望。

相对来讲，当前中国农村的体制，为农民提供了进可攻退可守的基地，保护型城乡二元结构使中国农村可以继续保持活力，农业本身的保障性与经济性并存，也使中国经济具有应对危机的能力。

从这个意义上讲，未来15年，一个相对不那么现代化的农村和农业，为整个中华民族的伟大复兴提供了稳定的基础，小农户经济仍然具有很强的合理性。中国经济发展中保持小农户经济、中国制造和科技进步、产业升级的三轮驱动,等到科技进步取得决定性进展,中国产业链高级化取得决定性进展时,建设"强富美"的中国新乡村,就正当其时。

结语：共同富裕和乡村振兴工作切不能用静态思维

共同富裕的难点在农村。十九大报告提出乡村振兴战略,全国形成了五级书记抓乡村振兴的格局,全国各级地方政府也加大了投资力度,按照"产业兴旺、生态宜居、乡风文明、治理有效、生活富裕"的20字总要求,真金白银投入,真抓真干真开展,已经取得了初步战果。

不过,当前地方政府实施乡村振兴战略时,存在着将战略策略化的危险,尤其在当前强调共同富裕目标的语境下,存在急于求成的思想。

作为战略,乡村振兴目标的最终实现要到2050年,中国第二个百年奋斗目标达到时,"农业强、农民富、农村美",乡村全面振兴。从现在到2050年还有近30年时间,要经历六个五年规划,急于求成显然是不行的。

如前已述,农业现代化是以适度规模经营为前提的。当前中国20亿亩耕地为2亿多农户提供收入就业和意义,耕地与农业可谓负担沉重。中国完成城市化以后,进城农民不再依托土地,中国20亿亩耕地将容纳不到1亿农民。这就是说,乡村振兴战略"农民富"的农民,要由目前8亿身份农民下降到不足1亿的职业农民,而农业也要从担负基本保障功能中解放出来,专注于农业生产,提高农业生产率,做强农业本身。

中国农民正在快速进城,"农村美""生态宜居"就存在一个问题,即我们究竟是在为了谁的"生态宜居","农村美"的主体是谁?农民是没有乡愁的,他们只有"城愁",他们希望能体面进城,目前已在城市买房了,还有房贷要还,之所以仍然保留了农村的土地和房屋,是为了防止进城失败而留下的退路。农民愿不愿意生态宜居呢?当然愿意,问题是他们不愿在上面花钱。他们正在进城,要还房贷,也确实花不起建设宜居村庄的钱。农民的收入水平无法支持他们在城市和农村的两边投资。因此，全国农村美丽乡村建设都出现了地方政府投资农民却袖手旁观的现象。

农民从农业农村中获得较高收入并变得富裕，是以留村农民数量大幅度减少、绝大多数农民都已进城为前提的。农民富，必须农民少。从8亿身份农民到1亿职业农民必定有一个漫长过程，这个过程中，农民进城或返乡或留村，是他们自己的选择，他们对自己的选择负责。乡村振兴目标中农民富，当然是指职业农民富，这并不是说要将职业农民以外的其他农民驱赶进城，让他们在城市漂泊流浪，而是在城市能容纳进城农民，让进城农民可以在城市体面安居时，农民因此进城而不再保留农村退路。这是一个自然而然的过程，是农民自愿选择产生的平衡。

乡村振兴是一个历史的过程。农民快速进城，城乡关系正在重组，一切都在变动中，乡村振兴切切不能形而上学、静态思维，更不能将国家宝贵的财政资源用在搞形式上。

第一章

城乡差距和城乡差异
——调整偏差，推动中国崛起

第一章　城乡差距和城乡差异——调整偏差，推动中国崛起

第一节　城乡差距：主流意见和政策建议偏差

当前中国发展不平衡主要表现在区域发展不平衡和城乡发展不平衡上。如何认识当前中国发展不平衡，以及采取什么样的政策缓解发展不平衡，对于中国实现现代化目标具有十分重要的作用。当前中国正处在史无前例的快速城市化进程中，2000年中国城市化率仅36%，2021年，城市化率已超过64%，20多年间城市化率竟然提高了近30个百分点。同时我们也要看到，在高速城市化的同时，我国的户籍城市化率却长期低于50%[1]，其中原因之一是农民进城往往是不完整的：农民家庭中年轻子女进城，而年老父母留村；农民年轻时进城，而年老时可能返乡；经济景气时更多农民进城，经济萧条时可能返乡。也就是说，中国城市化是未完成的城市化，是不离农的城市化。这样一种城市化并不完全是体制使然，而多是农户的主动选择，更为关键的是，这样一种城市化可能并非问题，而是中国式现代化的重要优势。[2]

目前，很多人认为中国城乡差距巨大，必须缩小城乡差距，初衷无可厚非，但是，在提及缩小城乡差距的办法时却有意无意指向"让贫困农民进城，让城市资本下乡"。不难理解这一思路：贫困农民进城了，城市人均收入就下降了；城市资本下乡了，农村人均收入提高了，结果就是城乡差距缩小了。值得警惕的是，这样一种缩小城乡差距的对

---

[1] 根据国家统计局发布的2021年《国民经济和社会发展统计公报》，截至2020年末，我国常住人口城镇化率为64.72%，比上年末提高0.83个百分点。参见国家统计局网站，《中华人民共和国2021年国民经济和社会发展统计公报》。公安部2021年5月10日新闻发布会的数据显示，截至2020年末全国户籍城镇化率为45.4%。

[2] 参见陈文琼：《半城市化：农民进城策略研究》，社会科学文献出版社2018年版。

策实质是将缺少城市化能力的农民赶进城市贫民窟。这样的城乡收入差距缩小当然不是我们所要的。

一、主流意见：中国城乡差距的现状判断和对策支招

总体来讲，中国目前城乡差距是比较显著的。李实等在其研究中使用基尼系数这个指标来阐述城乡收入差距，他们指出："目前，我国收入基尼系数仍然高达 0.465，在全球经济体中和南非、美国等高收入差距国家差不多。其实，我国收入差距较大的原因主要来自于城乡差距。单看城市和农村内部，两者的基尼系数都小于或等于 0.4，这个水平在国际上其实就是一个中等水平。可是，截至 2020 年，我国城乡收入比仍然高达 2.56，城乡差距在全球范围内都是较高的。"① 进一步，李实等认为："城乡发展不平衡是我国特有的经济现象。……从国际比较来看，发达国家如英国、加拿大的城乡收入比接近于 1，发展中国家印度的城乡收入比将近 1.9，即使是非洲的低收入国家，如乌干达的城乡收入比最高也只有 2.3 左右。但是根据国家统计局的最新数据，2020 年我国的城乡差距却高达 2.56。可见我国城乡差距在世界范围内都是偏高的。"

此外，从农村居民内部来看，不同群体之间的收入差距问题也十分突出。依然是按照可支配收入倍差的指标作对比，叶兴庆等指出："按人均可支配收入五等份分组，2020 年高收入组和低收入组的倍差，农村居民高达 8.23，显著高于城镇居民的 6.16，这表明农村居民的收入差距问题比城市居民更为突出。""我国不同地区农村之间收入差距显著，而且地区间农村居民收入差距程度超过了区域发展的整体差距程度。将农村居民人均可支配收入最靠前的 5 个省份和最靠后的 5 个省份进行比较，可以发现 2020 年两者城镇居民人均可支配收入倍差为 1.75，而农村居民人均可支配收入倍差达到 2.43。"

---

① 李实、陈基平、腾阳川：《共同富裕路上的乡村振兴：问题、挑战与建议》，《兰州大学学报》2021 年第 3 期。如无特别注明，本文所引李实言论均系出自该文。

毋庸置疑，当前中国城乡存在发展不平衡的问题，城乡居民收入差距很大，中国强农惠农政策方向不能变。不过，如何理解这一现象则涉及中国当前的政策对策。目前主流对策建议几乎都主张：发展农业产业，增加农民财产性收入，加快城乡要素市场化改革，鼓励资本下乡，加速农民进城等，实际上就是通过政策措施，改变当前农民进城中普遍存在的"半城半乡"格局。这样的对策建议是否合理？又有哪些偏差呢？将在下文展开讨论。

二、讨论基础：谁是农民及如何理解农民的收入

讨论城乡差距和城乡居民收入，很重要的一点是要搞清楚哪是城市哪是农村，谁是市民谁是农民。如果这个问题没有定义清楚，讨论就没有基础。恰恰在当前时期，城市与农村、市民与农民的边界十分模糊，往往难以区分。

中国地域广大，不同地区所处发展阶段和实际发展水平有很大的差异。当前中国农村实际上已经形成两个完全不同的产业结构板块。东部沿海地区农村，尤其是长三角地区和珠三角地区农村工业化水平高，多数农民早已从农业转移进入二、三产业，可以说，整个东部沿海地区都已属于沿海城市经济带。农民在家门口就可以轻松找到二、三产业就业机会，而且，因为农村已成为城市经济带内在组成部分，村庄工业化了，之前的农地用于二、三产业，可以产生出巨额土地非农使用增值收益，农民住房也变得值钱。大量外来人口流入不仅为当地农民提供了获取房租的机会，还产生出大量服务业机会。简单举例，农户家庭一家三代都可能有从二、三产业获取收入的机会：老年父母当门卫、开小店、清扫卫生，中年父母到工厂劳动，年轻子女就近工厂劳动或创业，再加上可能的房租收入和集体分红。值得注意的是，上述机会属于本地经营与劳动，农户社会关系很多、文化资本雄厚，收入往往就很高。因此他们可能不再种田，而是将土地流转给外来农民耕种，这样的农民显然不再是传统意义上的农民了。

受制于经济发展阶段、土地制度和面源污染防治，中西部地区农村不再可能复制东部沿海地区乡村工业化模式，有限的农业收入无法满足农户家庭再生产的需要，农村青壮年劳动力必须进城务工经商。也就是说，中西部地区农村缺少二、三产业就业，农村青壮年就要进城。我们要问的是，进城农民是城市居民还是农村居民？中西部地区大多数农户家庭都有劳动力在城市务工经商，家庭收入中工资收入普遍远超农业经营收入。一般来讲，全家留村务农的可以确定是农村居民，而如果"一家两制"——青壮年在城市，老年儿童留村，那他们是农村居民还是城市居民？按当前统计口径，一个人在城市居住半年以上就被统计为城市常住人口，在城市务工的农村青壮年劳动力很多是按城市常住人口来统计收入的。①

经过几十年的快速城市化，目前农民进城已不只是在城市务工经商，越来越多的农户家庭在城市买房，全家进城去了。能全家进城的农户，一定是村庄经济条件比较好的，而经济条件相对较差的则留了下来，据此推断农村居民平均收入似乎还是要下降的。但实际上，经济条件好的农户进城去了，他们将之前所占有的各种农村获利机会让渡出来，留守农村的农民反而有了更大增收空间。

从城乡居民可支配收入方面来看，农户家庭收入主要包括两个部分：一是农业经营性收入。这个收入水平全国相差不大，因为全国农村基本上都是"人均一亩三分田地、户均不过十亩田"，农业收入主要依靠家庭中缺少城市就业机会的农民尤其是老年人和妇女，这种收

---

① 在国家统计局的统计口径中，"从2013年开始，国家统计局正式实施了城乡一体化住户调查，统一发布全体居民可支配收入和按常住地区分的城乡居民人均可支配收入"，"农民工群体并没有简单归为城镇居民或者农村居民。判断居民的城乡属性主要是看居民是城镇还是农村的常住成员，按照《国家统计局住户收支与生活状况调查方案》中的规定，判定常住成员的标准有三个：1. 过去三个月或未来三个月居住时间超过一个半月的人；2. 在外居住在工棚、集体宿舍、工作场所、帐篷船屋等且每月都回本住宅居住的人；3. 本住户供养的在校学生。因此，若该农民工是城镇地区的常住成员，属于城镇居民，其收入纳入城镇居民收入；若该农民工是农村地区的常住成员，属于农村居民，其收入纳入农村居民收入"。参见国家统计局官网的"统计知识常见问题解答"栏目。

入不高，比较稳定，可以保证家庭的温饱。二是工资性收入。农户家庭的主要收入来自青壮年劳动力进城务工经商的工资性收入。在已经形成全国统一劳动力市场的情况下，劳动力工资收入水平实际上相差不多。当然，越是大城市，平均工资越高，但大城市的生活成本也高。在中西部县城买房的农民可以不离家就在当地找工作，但工资却往往很低。

如果将进城务工农民的收入算作城市居民收入，显然城市居民收入要远高于农村居民收入，因为农村居民主要是缺少进城就业机会的、相对弱势的农民。若只计算全家进城农民收入为城市居民收入，而将父母仍然留村的进城农民工收入算作农村居民收入，也会因为农村经济条件最好的农户进城了，使农村居民收入自然低于城市居民。

城市居民收入高于农村居民有很多原因，其一，是前面已讲过的农村富人进城了，穷人仍然留村，农村居民平均收入水平下降了，但这又带来一个后果，那就是农村穷人有了扩大耕种面积、增加获利机会的可能。其二，城市富人多，企业老板、社会精英、白领都住在城市，是城市居民。这些人接受更多教育、拥有更多经济资本、文化资本，所以有更高收入，也是被当前中国社会所普遍接受的。其三，城市居民有更多二、三产业就业机会，当然也有更大的消费压力，农村居民农业收入较低，消费相对也低，自给自足经济是存在的，住自己房子是不用花钱的。鉴于以上原因，城乡居民收入有差距就是很正常的事情。

当前中国已经形成了十分完善的农产品市场和劳动力市场。完善的农产品市场的意思是，农民在土地上只能获得平均利润，持续获得超额利润是不可能的。在经营面积有限的情况下，指望目前大约2亿农业劳动力经营20亿耕地，致富显然不可能。完善的全国劳动力市场意味着哪里工资高，哪里就会有更多求职者，并最终将过高工资水平降下来。之所以工资超过平均水平，无非生活成本高、风险大，干脏累苦活或工作有技术门槛。沿海地区农户收入高，因为一家三代人都在市场上赚钱，中西部地区大量年龄稍大的农民只能"在墙根下晒太阳"。也就是说，当前中国存在的城乡差距，根本上仍然是农业劳动力太多，而耕地太少和农业 GDP 太低，解决城乡居民收入差距的根本办法是有越来越多农民进城，从而让留守农村农业的劳动力有足够大的农业经营规模和足够多的农村获利机会。农民进城才是唯一且根本缩小城乡差距的办法。没有农民进城的决定性胜利，就不可能真正缩小城乡差距。

城市比农村有更多机会，农村精英家庭进城了，农户家庭青壮年进城了，他们不仅是到城市享受更好的公共服务，更是到城市寻找更多获利机会。无论是否将这两部分进城农民算作城市居民，城市居民收入都会比农村居民收入高，且城市一定比农村获利机会多。正是因此才能开启史无前例的快速城市化进程。如果农村机会比城市更多，农村居民收入比城市更高，农民又怎么会进城呢？

农民也并非盲目进城，而是相当理性地进城。他们不是一进城就割断与农村的联系，而是在进城过程中保留农村退路，他们亦城亦乡——年轻子女进城，中老年父母留村；年轻时进城，老年时返乡；经济景气时进城，经济萧条时返乡。当进城可以在城市体面安居时，他们进城；不能体面安居，他们绝不愿在城市漂泊流浪，而要落叶归根。

因此，我们必须对农民进城抱有历史耐心，不能急于求成。只有当中国城市化已经完成，依托农业的农民数量极大幅度下降，中国只有 1000 万职业农民时，每个职业农民的经营规模才可以达到 200 亩家庭农场的最低标准，农业收入才可能与城市二、三产业收入持平，城乡居民收入差距才会真正缩小。

在当前仍有 2 亿多农户依托农业的事实面前，奢谈缩小城乡居民收入，是相当奇怪的事情。尤其是将进城务工经商农民算作城市人，农村精英家庭正在进城，留守农村的几乎都是以农业和农村作为退路和保障的相对弱势群体的情况下，指望这 2 亿多农户在不再可能工业化的农村依靠农业致富，靠农业收入来赶上城市居民收入，显然是不可能的。反过来看，正是中国户均不多的耕地为所有农户家庭提供了农村生活的保证，农民家庭就敢于进城去打拼，成功了就进入城市体面安居，不成功就退回农村。中国城市也就没有发展中国家通常都有的贫民窟。这是中国巨大的体制优势，是中国式现代化之所以顺利的重要原因。

中国以外的发展中国家，如乌干达、印度、菲律宾，农村土地是地主的，穷人进城去了，城乡居民收入差距比中国小不奇怪。不过这并不是好事，因为缺少在城市体面生活能力的穷人进城，必然形成大规模城市贫民窟。城市贫民窟会成为社会治理之癌。

毫无疑问，同样的收入水平，在农村可以生活得体面，在城市却生活艰难。在当前中国发展阶段，在快速城市化进程中，对那些进城相对困难的农户保留更多耐心，让他们依据自己家庭策略与持续积累获得在城市体面安居的条件。那些不愿进城的农户也终会因为越来越多农民进城，而有了扩大农业经营规模的机会，从而有了增加农业收入缩小城乡居民收入差距的可能。离开当前中国仍然有2亿农户，中国正在快速城市化，且中国仍然为发展中国家的国情与农情，奢谈缩小城乡差距，是很危险的事情。

三、"三农"政策：不理解城乡差距实质易导致政策建议偏差

（一）"保护型城乡二元结构"与农民进城

讨论城乡居民收入差距，若缺少对居民收入实质内容的考察，而停在表面，就很难理解城乡差距的实质。

如前所述，当前中国8亿农民正在城市化的进程中，其中经济条件最好的农户家庭已经率先在城市买房并在城市安居下来，成为城市居民。虽然农户家庭越来越依赖年轻子女进城的务工经商收入，但至少在目前农村仍然有近2亿农业劳动力和2亿小农户。缺少城市就业机会的农村中老年人从土地上获得收入、就业与意义，耕地和农村的家对于农户家庭很重要。这种重要性一直伴随到农民全家进城安居，且因为有了足够多农户家庭进城，而为留守农村的农户家庭让渡出获利机会，让他

们可以从农村获得可观收入。

当前中西部地区农村工业化已经不再可能，农业 GDP 占比只会越来越低，农村可以提供的就业和收入机会只会越来越少。农业收入有限，农村收入也有限，缩小城乡收入差距的唯一办法就是农民进城。日本只有 180 万户农户，按此比例，中国未来农户数量应不超过 2000 万户，因此，中国农村绝大多数人口就还要进城去。

也就是说，当前阶段，一方面农民在进城，而且农民必须进城；另一方面，农民进城是一个艰难、长期的过程，农民进城时还要依托农村这个"基地"。现在千万不能让进城的农民还没有在城市安居下来，就将他们在农村的"基地"搞没了。目前仍然依托农村的有 8 亿农民，如果失去了农村这个可以依托的"基地"，在进城失败时就只能在城市漂泊流浪，就会形成几乎所有发展中国家都存在的规模巨大的城市贫民窟。这显然不是我们所要的，即使这样看起来城乡居民收入差距会大幅度缩小。

习近平总书记 2020 年 12 月 28 日在中央农村工作会议上的讲话中指出："应对风险挑战，不仅要稳住农业这一块，还要稳住农村这一头。经济一有波动，首当其冲受影响的是农民工。2008 年国际金融危机爆发，2000 多万农民工返乡。今年受新冠肺炎疫情冲击和国际经济下行影响，一度有近 3000 万农民工留乡返乡。在这种情况下，社会大局能够保持稳定，没有出什么乱子，关键是农民在老家还有块地、有栋房，回去有地种、有饭吃、有事干，即使不回去心里也踏实。全面建设社会主义现代化国家是一个长期过程，农民在城里没有彻底扎根之前，不要急着断了他们在农村的后路，让农民在城乡间可进可退。这就是中国城镇化道路的特色，也是我们应对风险挑战的回旋余地和特殊优势。"①

当前中国的城乡二元体制，实际上正是这样一种防止农民失去土地

---

① 习近平：《坚持把解决好"三农"问题作为全党工作重中之重　举全党全社会之力推动乡村振兴》，《求是》2022 年第 7 期。

与家园的体制：一方面，清除了几乎所有妨碍农民进城的体制机制障碍，城市完全向农民开放，农民可以自由进城；另一方面，却限制城市资本下乡，防止城市资本到农村不可逆地占有农民的耕地与家园。尤其是在当前城市住房货币化、城市人持有货币化财富的情况下，限制城市资本下乡就是对农民利益的保障。这样一种城市对农民开放，却限制城市资本下乡的体制就是"保护型城乡二元体制"，正是这个体制防止了中国城市贫民窟的产生，让农民可以有农村这个基本保障。

土地是农民的基本保障，农村是农民的家园，之所以土地和家园对农民特别重要，恰恰因为农民是我们这个社会的弱势群体，他们需要土地和家园的保障，这是不能够市场化的领域，也非仅仅收入多少的问题。当前国家实施乡村振兴战略，显然不是要支持城市资本下乡来经营现代农业，打垮仍然依托农业和农村的数量庞大的农民中的弱势群体。不分析具体情况、不做仔细评估的资本下乡有可能带来农村居民收入水平的提高、缩小城乡居民收入的差距，但也可能无法改善农民中相对弱势群体的处境，挤垮仍然要依托农业和农村的小农户和"老人农业"。这一点也是必须注意的。

（二）"三农"政策：不要急于打破土地和资本要素交易壁垒

许多人主张打破城乡要素市场壁垒，加快要素市场的流动，用以缩小城乡居民收入差距。当前时期劳动力要素市场已比较完善，因此，要打破的生产要素壁垒主要是土地和资本要素交易的制度壁垒。这种主张实际上就是要让城市资本与农村土地结合起来，从而提高资源配置效率，发展农业生产力，加快推进农业农村现代化。现在的问题是，城市资本与农村土地结合起来能否带来资源配置效率的提高，以及能否保证国家粮食安全，仍然存疑[①]。有一点却是确定无疑的，就是资本与土地结合一定会将农民中的弱势群体挤出农业和土地，一直建立在与土地相结合基础上的2亿多农户就会失去农业这个最后的保障。资本下乡与农

---

① 已有很多例证，资本下乡是"厌农"和"弃粮"的，所以资本下乡能否保证国家粮食安全存在不确定性。

民竞争有限的利润，即使可以提高农业生产率，其挤占农民作为基本保障的农业收入的副作用却是致命的。

当前农业、土地和农村显然不只是市场的组成部分，而且是2亿多农户的基本保障，是连同农民工在内的8亿农民生产生活和生命意义的场域，是中国式现代化的稳定器和蓄水池，是绝不允许完全市场化的。如果为了缩小城乡居民收入差距将农民的家搞没了，将进城农民的退路搞没了，将作为弱势群体农民的基本保障搞没了。

当前中国正处于现代化的关键时期，高速城市化尤其需要有一个稳定的农村，有一个让作为弱势群体的农民和农民中的弱势群体可以获得基本保障的"基地"。农民追求美好生活的愿望是无止境的，他们也的确是我们这个时代最为积极活跃的主体性力量，他们在这个时代获得多么巨大的成功都有可能。同时，也必定还有相当一部分农民会面临城市化的失败，他们尤其需要农村这个"基地"、退路或保障。虽然在有些人看来，农村居民收入低，没有实现美好生活，实际上，只要有了农村这个"基地"，每个农民就有了追求美好生活的出发点。只要有了这个"基地"，无论失败多少次，他们都可以在追求美好生活的道路中再次出发——不达目标誓不罢休。

农民是中国经济资本、社会资本和文化资本比较少的群体，农民数量又极为庞大。中国式现代化和城市化的成功是以农民能够成功实现现代化与城市化为前提的。我们必须时刻关注农民的命运，尤其要关注农民中相对弱势群体的命运。"三农"工作、乡村振兴、农业农村现代化，不能变成"资本的农业农村现代化，城市人的乡村振兴"。我们所有的"三农"政策都必须为农民这个弱势群体，尤其是农民中的弱势群体，提供"进可败退可守"的机会结构，其中关键一点是未来20年，不能让农民失去土地与家园。

"四化同步"的提法容易被误解为农民城市化与农业现代化齐步走。实际上，农民城市化是一个长期历史过程，一个并不现代的农业恰恰为农民进城提供了最重要的机会结构。

第一章 城乡差距和城乡差异——调整偏差，推动中国崛起

江苏省尤其是苏州市要在全国率先实现农业现代化，并因此对全国其他地区形成了农业现代化的示范或压力。苏州早已全域工业化了，苏州农民有大量家门口的二、三产业就业机会，所以苏州农民根本就不种田了，他们将耕地流转出去让外地农民耕种，形成规模经营，搞农业现代化是有条件的。问题是，苏州农民已不再依赖农业收入，苏州实际上已是城市经济带，并没有真正意义上的农民，其农业现代化对全国其他地区尤其是中西部地区的示范意义也是有限的。苏州发展到一定阶段，采用与这个发展阶段相适应的政策，并非先进经验，而只是适应性改革，如果全国一刀切地来学，未必能达到想要的效果。

当前全国还有一个很有共识的主张，就是要增加农民的财产性收入，这种主张也似是而非，因为财产性收入的实质就是租金利息收入，也就是食利性收入。在已经工业化的沿海地区农村或城中村，之前村集体土地非农使用产生了巨额增值收益，给农民分享，农户也可以通过出租房屋来获得房租，从而有了所谓财政性收入。对于广大的中西部地区，农民正在流出，农村空心化，土地上怎么可能产生财产性收入呢？而且，中国当前发展阶段，作为最弱势群体的农民都可以有不菲的财产性收入，也可以食利，则这个社会还能依靠谁来创造财富呢？

结语：合理的城乡差距是中国式现代化的巨大动力

当前关于城乡差距存在着某些误解，其核心问题是不理解当前中国农村和农民的复杂结构，也不理解关于城乡居民收入统计数字背后的复杂意涵，望文生义，只作表面联系，造成了对统计数字的误读和政策形势的误判，一些人甚至主张通过将缺少进城能力的农民赶进城去，而让城市资本下乡来缩小城乡收入差距，这种主意必须给予旗帜鲜明的批评。在中国快速城市化进程中，合理的城乡差距是中国式现代化的巨大动力。作为结语，我们有必要重申："全面建设社会主义现代化国家是一个长期过程，农民在城里没有彻底扎根之前，不要急着断了他们在农

村的后路,让农民在城乡间可进可退。这就是中国城镇化道路的特色,也是我们应对风险挑战的回旋余地和特殊优势。"[1] 乡村振兴战略无可厚非,但是"三农"政策不可激进,我们要拒绝当前一些人借乡村振兴话语弥漫出来的关于"三农"的各种浪漫想象。

---

[1] 习近平:《坚持把解决好"三农"问题作为全党工作重中之重 举全党全社会之力推动乡村振兴》,《求是》2022年第7期。

第二节　城乡关系变动：从索取型、保护型到一体化

一、中国城乡：关系阶段划分与二元结构

（一）城乡关系发展的三个阶段和未来走向

新中国的城乡关系可划分为三个阶段：改革开放前城乡分离阶段；分田到户以后取消农业税之前城乡关系松动阶段；进入新世纪城市快速发展、农村迅速衰落、城乡关系重组阶段。再过若干年，中国城乡将进入融合与均衡发展阶段。因此，当前城乡关系重组时期的农村政策主要是保底，即应对城市和市场所无力应对的各种乡村问题。

以上城乡关系阶段的划分还可以更进一步简化，即以取消农业税为时点，从新中国成立到取消农业税前大约50年是以城市向农村索取为主要内容的城乡关系，可以称为"索取型城乡关系"；2006年起国家不仅不再从农村收取农业税费，而且开始大规模向农村转移资源，却限制城市资本进入农村，典型的是不允许城市人到农村购买宅基地，以保护进城农民的"返乡权"，这个时期的城乡关系可以称为"保护型城乡关系"。无论是"索取型城乡关系"还是"保护型城乡关系"，都是以城乡二元结构为前提的，也就是说，国家通过将城市和乡村分开，实施两种不同的政策，从而适应国家不同发展阶段的需要，达到不同的政策目标。在前一个时期，国家从农村汲取资源重点建设城市和发展现代产业，以实现工业化和现代化。这个时候，农村为中国赶超型现代化提供原始资本积累，只有建立起来了现代产业，现代产业和城市才有能力回馈农村。后一个时期，国家通过限制城市资本下乡侵占农民"返乡权"，向农村投入大量资源建设农村基本公共设施，维持农村基本生产

生活秩序，从而为难以进城或进城失败农民保留农村这个退路。在这个时期，农村是中国式现代化的稳定器与蓄水池，是农民基本的社会保障，基本社会保障是不能通过市场化来解决的，因此城乡之间的制度是有差异的，城乡是二元结构而非一体化的。

取消农业税前城乡关系的重点是通过城乡二元体制来从农村汲取资源，因此形成了索取型城乡二元结构。取消农业税以后（也可以包括分田到户以后的部分时期），城乡二元体制仍然存在，不同之处是城市向农民全面开放，农村却未向城市全面开放，因为农村是缺少基本保障的农民的退路与保障，这样的城乡二元结构就是一种保护农民的保护型城乡二元结构。农民是中国最大的社会群体，也是收入相对较少、保障水平相对较低、应对市场资源禀赋相对较弱的群体，在未来相当长一个时期，农民仍然要依托农村和农业，进城农民也仍然可能返乡。因此，未来一个时期，保护型城乡关系仍然具有重要性，城乡之间的体制有所差异是应对中国当下仍然处在中等收入阶段国情的必要战略。

当中国跨过中等收入阶段可能的陷阱，真正实现了现代化的突围，国家就有能力为所有人包括农民提供体面就业收入机会，就有能力为所有人提供较高水平的基本保障，就不再需要农村为农民提供保障和进城失败的退路，这个时候，国家就不再需要为农民提供农村基本保障，城乡关系就可以由二元回到一元，城乡一体化，协调发展，中国城乡关系就由二元结构进入到一元结构阶段。

（二）城乡二元结构的合理性：从向农民索取到保护农民

新中国成立以来，中国选择了城乡二元体制，以适应不同时期中国式现代化发展的需要。具体来讲，中国城乡二元体制又可以分成两个阶段，即前述取消农业税之前城市向农村索取的阶段和取消农业税之后重在保护农民的阶段。

城市向农村索取，即城市从农村汲取资源，国家主要依靠农业剩余进行工业化原始资本积累。新中国选择了重化工业优先的赶超工业化战略，大量且长时期重化工业投入，很难给农村以反哺。也正是农村长时期为重化工业提供积累，中国用20多年时间建立了完整的国民经济体系，完成了工业化。20世纪70年代工业化成果开始回馈农业农村。正是工业对农业的回馈，加上分田到户调动了农户生产积极性，到20世纪80年代，农业问题基本解决，"饿肚子"成为历史。

工业回馈农业，分田到户调动农户积极性，将大量农村剩余劳动力从农业中释放出来。农村剩余劳动力转移到二、三产业，创造了20世纪八九十年代乡镇企业发展奇迹。到20世纪末，乡镇企业发展式微，越来越多农村剩余劳动力"离土离乡、进厂进城"，开启了中国高速城市化进程。2000年中国城市化率仅为36%，到2020年城市化率已达60%，每年城市化率竟然提高一个百分点。当前中国仍然处在高速城市化进程中。

作为后发外生型现代化国家，中国选择重化工业优先的工业化战略具有合理性，正是通过优先发展重化工业，中国仅用20多年时间就实现了由一个传统农业国向初步实现工业化国家的转变。新中国成立之初，中国农业产值超过60%，改革开放初期中国农业产值已下降到20%左右，工业产值已占到50%左右。

重化工业需要长时间的高投入，是资本和技术密集型产业，无法容纳大量就业，在城市就业机会有限的情况下，国家不仅从农业提取资源支持工业，从农村提取资源支持城市，而且限制农民进城。因此，分田到户前中国城市化速度很缓慢，新中国成立初的城市化率为10%左右，到1980年城市化率也只有18%。

某种意义上讲，正是借助城乡二元体制将有限农业剩余转移到城市投入到重化工业，农业为中国工业化提供了最为重要的原始资本积累，中国才能在短期内完成工业化，从一个农业国转变为一个初步实现了工业化的国家。又因为城市就业机会有限，限制农民进城，降低了城市压力，使中国式现代化可以保持良好的内部环境条件。

分田到户以后，大量农村剩余劳动力转移进入二、三产业，进厂进城，城市各种机会向农民开放，之前限制农民进城的各种体制机制障碍一一清除，从而迎来了中国高速城市化。

从分田到户到2006年取消农业税，这个时期是城乡关系转换的阶段，即由索取型城乡二元结构向保护型城乡二元结构过渡的阶段。一方面，国家继续向农民收取税费；另一方面，农民越来越从农业中转移出来，农民家庭收入越来越依靠二、三产业收入。分田到户以后，虽然国家对农村的汲取力度大幅度下降了，却因为人民公社解体，国家提取资源不得不与每个农户打交道，在农户的农业剩余很少的情况下，农业税费提取成本很高，"收粮派款"很快成为"天下第一难"的事情，因为收粮派款导致干群关系严重紧张，"三农"问题成为全党工作的"重中之重"。进入21世纪，国家开始农业税费改革试点，并最终在2006年取消农业税。

分田到户以后，相对于农业有限收入，农户家庭越来越从二、三产业获取收入，并且越来越通过进城务工经商来获取收入。农户家庭青壮年劳动力进城，属于家庭剩余劳动力。也就是说，农户家庭进城时并不放弃农业而是兼顾农业条件下获取城市二、三产业收入，并因此形成了"以代际分工为基础的半工半耕"家计模式。农村家庭剩余劳动力进城，刚开始只是为了从城市获取收入，而要在农村完成家庭再生产；年轻时进城务工经商，年龄大了回村务农养老。逐步地，一些进城青壮年劳动力在城市获得了稳定就业机会和较高收入条件，他们开始以在城市安居为目标，而不是将在城市务工收入拿回农村去。第一代进城农民工在城市务工，收入返回农村，农村变得更加繁荣。第二代农民工进城务工，千方百计要在城市安家，他们将留守务农父母不多的积蓄也拿到县城付了买房首付，结果就是农民进城了，农村衰落了。

毫无疑问，农民都是想进城的，他们希望在城市有体面的就业和收入，享受城市良好基础设施和公共服务，在城市过上体面而有尊严的生活。为了进城，农民家庭策略是中老年父母留村务农，年轻子女进城务工，农户家庭就不仅有务工收入，而且有务农收入，而农村生活成本低，农户家庭让进城年轻子女首先开始城市生活。农民家庭策略是以城市生活为重心展开的，留守农村务农的老年父母支持子女进城，帮衬子女进城，农村有限资源通过代际转移进城了。运气好的话，进城农民在城市安居了，他们将父母接到城市，全家完成进城任务。

大多数情况下，大部分农民家庭很难全家进城安居，而多是通过代际分工和代际分离，通过留村父母对进城子女的支持来完成家庭年轻一代的进城，因此，虽然当前中国农民进城人口数量巨大，却大多只是年轻人进城，中老年人留守农村。年轻人进城了，他们的父母仍然留守农村。而且，年轻人进城以后，他们年轻时比较容易在城市生活下去，随着年龄增长，城市就业机会逐步减少，城市生活吸引力下降，他们也开始考虑返乡养老。返回农村，与土地结合起来，即使收入不高，也因为农村生活成本不高，容易获得体面生活。

农民希望进城是希望在城市体面安居，而不愿意漂泊在城市，如果不能在城市体面安居，农民就宁愿返回家乡农村。相对来讲，年轻人在城市比较容易找到就业机会，所以年轻人进城打拼，中老年人缺少城市就业机会，进城农民到了中老年就随时可能返乡农村。对于农民家庭来讲，因为有农村返乡退路，万一进城失败，他们就可以返乡，所以他们在城市打拼努力进城时有安全感。也正因为农民有返乡退路，一旦发生经济周期或各种严重问题，城市就业减少，农民返乡就可以大大降低城市风险，农村成为中国式现代化的稳定器和蓄水池。

当前中国经济发展阶段，城市很难为所有进城农民提供稳定就业和较高保障，也就很难让所有进城农民家庭在城市获得体面的生活条件。因此，保留进城农民的农村退路，以及为仍然留守农村的农民提供基本生产生活秩序，建设城乡均等的基本公共服务，就十分重要。

因此，城乡二元结构是中国式现代化进程中的重要体制构建，正是通过城乡二元结构，中国实现了举世瞩目的工业化和现代化，城乡二元结构具有合理性。

二、小农农业：保护型城乡二元结构与三轮驱动的中国式现代化

20世纪以来，发展中国家真正实现现代化突围是很罕见的，现代化金字塔塔尖的发达国家几乎没有变过。例外的是亚洲"四小龙"在二战后的崛起，但也不能不说"四小龙"的崛起有很大偶然性和地缘政治的因素，且"四小龙"人口规模都很小，只有韩国人口超过5000万，中国台湾省超过2000万，中国香港和新加坡都是城市地区或城市国家。21世纪中也有一些国家一度发展到中等收入阶段，如拉美地区的阿根廷、巴西等国家，发展到中等收入阶段却落入了所谓中等收入陷阱。

新中国刚成立时，中国是世界上最不发达的国家之一，经过70多年的发展，中国已成功发展到中等收入阶段，即将进入高收入阶段。中国有庞大人口数量，中国崛起与"四小龙"具有完全不同的含义，即中国崛起将改变一直以来世界发展的金字塔结构，从而改变延续100多年甚至几百年来的世界基本格局。因此，中国崛起绝不是一件顺理成章、自然而然的事情，也绝不可能一帆风顺。世界发展金字塔中的现有利益结构也绝对不愿意中国这么巨大的体量进入塔尖，且很可能颠覆现存世界结构。

中国作为后发外生型现代化国家，在取得快速发展的同时，保持了政治社会秩序。作为一个中等收入国家，中国城市基础设施水平堪比发达国家，中国城市也没有一般发展中国家几乎都存在的难以治理的大规模贫民窟，其中很重要的一个原因就是中国保护型城乡二元结构为进城农民提供了进城失败的退路，农民可以在城乡之间选择最适合自己家庭与个人的发展策略，农民是中国式现代化进程中最具有主体性的群体之一。也正是因为农民可以在城乡之间自由选择，中国就具备强大的应对现代化进程中的经济周期和社会风险的能力。

保护型城乡二元结构显然是以保护农民在农村基本生产生活秩序为前提的。中国农村集体所有制使所有农户家庭都有承包地和宅基地，村

庄是农民祖祖辈辈生活的熟人社会。农业虽然不能让农民致富,却可以解决温饱问题,城市开放出来的各种二、三产业机会也为农民提供了增加收入的空间。农民期望进城,他们有足够的农业和二、三产业收入,他们就进城去,若收入不足以支撑他们现在进城,他们就仍然以农村为基地待机进城。

中国目前仍然有大约 2 亿农户,绝大多数农户仍然由留守老年父母耕种自家承包地。在机械化普及和国家为农村提供了相当完善基础设施的条件下,以中老年农民为主的小农农业不仅可以为农户提供收入,而且可以为缺少城市就业机会的中老年农民提供农业就业机会,也为城市提供丰富的农产品。

换句话说,中国 20 亿亩耕地不仅保证了农产品的供给,而且为 2 亿多农户提供了农业收入和农业就业。

当前中国农民进城往往只是农户家庭中的年轻子女进城,且进城农户家庭往往也没有在城市获得体面安居的就业收入条件,从这个意义上,小农农业就为 8 亿农民提供了重要的收入、就业、退路等基本保障。在中国仍然处于中等收入阶段,城市无法提供足够高收入且稳定就业机会,国家也不可能为所有进城农民提供高水平基本保障时,小农农业虽然难以让农民致富,却可以为农民提供基本保障,因此十分重要且还有很长一个时期存在的合理性。

因此,必须再次特别强调,现阶段的小农农业和农民返乡退路是基本保障而非致富途径,是用来为农民保底而非让农民创造比城市更高水平生活的,是要重在公平而非效率的。也正是在这个意义上讲,保护型城乡二元结构中,限制资本下乡具有重要意义。

缺少进城能力的农户和进城失败农户有农村这个基本保障的保底,中国就有能力应对经济周期或现代化进程中可能出现的各种不确定性,中国式现代化就有了农村这个稳定的根基,就可以避免出现各种可能的危机。

未来一个时期,中国仍然要保持以"老人农业"为代表的小农农业，三农政策的重点就是为小农农业提供服务。

仅靠"老人农业"显然是无法实现现代化的，改革开放以来尤其是加入 WTO 以来，"中国制造"快速发展，中国很快变成"世界工厂"。"中国制造"具有显著国际竞争力，是推动中国经济持续发展的主要功臣。"中国制造"有两个优势，一是廉价劳动力，二是廉价土地资源。当然还与中国体制优势、劳动力素质和工业技术管理能力的积累有关。当前时期，"中国制造"的劳动力廉价优势正在失去，不过，中国具有全世界几乎最好的基础设施和最为齐全的产业配套条件，这就使在未来很长一个时期，"中国制造"仍然可以在国际上保持高度的竞争力。

通过"中国制造"，中国将劳动力、土地甚至环境转化为外汇购买力，转化为基本生产力，转化为中国持续增长的 GDP。"中国制造"是中国快速发展的关键。

而决定中国式现代化能否突围的根本则在于中国能否通过科技进步实现产业升级，从而实现产业价值链由低向高的攀升，其中最典型的是能否突破卡脖子的关键技术，真正进入依靠科技进步来推动发展的轨道上来。

当前及未来一个时期，中国式现代化应当三轮驱动，即小农农业、中国制造和科技进步三个方面同时发展，以驱动中国快速现代化。小农农业、中国制造和科技进步三者之间不是排斥关系，也非替代关系，而是互补的关系。小农农业为中国发展提供稳定根基，中国制造为中国带来宝贵资源与财富，借小农经济保障的稳定社会条件，将中国制造创造财富的相当部分重点用于科技进步事业，科技进步带动产业升级，中国产业就可以从世界产业链价值低端向高端不断迈进，产业升级带来的高利润为第三产业提供了利润空间，第三产业的发展又大大增加了城市就业机会，也就为进城农民在城市安居创造了可能[1]。

---

[1] 关于"三轮驱动"的进一步讨论，可以参见贺雪峰：《城市化的中国道路》，东方出版社 2014 年版。

当前及未来一个时期，通过小农农业、中国制造、科技进步的三轮驱动，中国就可以实现产业升级，跨过中等收入陷阱，实现现代化，农民进城也就容易获得安居所需要的就业与收入机会，国家也才有能力为所有人提供保障，进城农民就不再需要返乡退路，留村农民也不必然要以农业作为基础保障，保护型城乡关系也就可以转向为城乡一体的关系。

三、城乡一体化：前提、核心及不同阶段

为了实现赶超型现代化，中国采取城乡二元划分的城乡二元体制，集中资源重点突破。一旦中国实现了赶超型现代化，再限制城乡互动与一体就没有必要了。这个时候就应当由城乡二元回归城乡一体，农村既不是城市汲取资源的地方，农村也没有必要通过限制城市资本来获得保护。城乡一体，自由流动，重整中国山河，让各种要素资源最优配置，也就有了可能。

城乡一体化的前提是，中国已经走出中等收入阶段，真正实现了不可逆的现代化，不仅在中国制造上仍然保持优势，而且通过产业升级，在产业价值链上持续上升，科技进步使中国在国际高新技术领域占有一席之地，不再会被卡脖子。因为经济增长，科技进步，中国人均收入大幅度增长，国力大幅度增强，进城农民都有获得较高收入的就业机会，从而可以在城市体面安居，国家也有能力为所有人提供较高水平的基本保障。这个时候，农村就不再需要作为进城农民的退路，留村农民也不是非得依靠农业来维持基本生存，则农村就可以向城市开放，城市资本就可以到农村去寻找有钱有闲的生活。

从目前国家的发展战略看，到2035年中国基本实现现代化，若能顺利实现，这个时候就也就到了可以城乡一体的时间点。不过，国家发展战略规划的实现还要依据具体的国际环境，以及这个过程中会出现的各种不确定性，不能急于求成。简单地说，当前阶段也是中国式现代化的关键且风险最高的时候，我们必须做两手准备，有最坏打算。农村作

为中国式现代化的稳定器，通过城乡二元体制来保护农民这个最大相对弱势群体的目的就是以防万一。因此，城乡一体化不是作为2035年中国基本实现现代化的前提，而是要反过来，只有中国已经基本实现了现代化，才应当开启城乡一体化的进程。

城乡一体化的核心是农村向城市开放，城市居民可以下乡获得亲近大自然的闲暇生活。这个阶段相当于欧美城市化完成以后的逆城市化阶段。随着城市资本下乡，农村逐步变成一个比城市更宜居更美好的场所，农村也不再需要为无法进城或可能进城失败农民提供保底，因为城市已经可以提供充分就业，国家也有能力为所有人建立基本保障。

按以上讨论，在中国基本实现现代化以前，中国崛起之路还会有很多风险，很大不确定性，有时候甚至会风高浪急。为应对中国式现代化进程中的这种不确定性，就需要有农村这个稳定器与蓄水池。只要中国大部分农民有退路和保障，中国就有了应对现代化进程中任何不确定性的缓冲，就可以克服现代化进程中的艰难险阻，就能够集中主要力量完成现代化的突围。一旦中国基本实现现代化，中国也就可以说已经完成了现代化的突围，有能力开展更加宏伟的蓝图，开启更加均衡的发展，以"强富美"为目标的乡村振兴也就是题中应有之义了。

因此，当前统领三农工作的乡村振兴战略，其实有两个完全不同的阶段：第一个阶段是保护型城乡二元结构末期的乡村振兴，这是乡村振兴的初级阶段；第二个阶段是城乡一体时期的乡村振兴，这是乡村振兴的高级阶段。

就初级阶段的乡村振兴来讲，乡村振兴显然不是要将农村建设得比城市更宜居、更有创业获利致富机会，而是为缺少进城机会的仍然留守农村的农民提供基本生产生活秩序，让留守农村的农民仍然可以获得基本收入。同时，农村还要为已经进城但可能难以在城市安居的农民保留返乡退路。在乡村振兴初级阶段，"三农"政策的主要目标服务于为缺少在城市安居条件农民的农村保底，而非要在农村创造出一种比城市更优越更高质量的生活。这个时期也是中国城市化快速进展时期，越来越多农民进城且越来越多农民在城市安居,农村人口越来越少,有些农村空心化、老龄化,农村显得衰落了。正是在大量农村人口进城以后,留守农村的农民有机会扩大耕种规模,获得较高农业收入。

乡村振兴初级阶段仍然有大量农民要依托农村作为基本社会保障,这些农民包括不能或不愿进城农户,留守农村的老年人,进城了却难以安居随时可能返乡的农民,当前中国几乎所有户籍仍然在村的人口都或多或少是以农村作为基本保障与退路,而当前农村户籍人口有大约8亿人,占到全国人口一半以上。在有如此巨大人口要依托农村作为退路和保障的情况下,无论是农业还是农村显然都是不应当市场优先,效率优先,而应当更加关注社会与公平。这个意义上讲,在乡村振兴初级阶段,将农民在农村发展产业致富作为目标是不现实的,片面发展规模农业现代农业是与仍然有数以亿计农民要依靠农业来获得就业与收入相冲突的,建设比城市更宜居的美丽乡村也是不可能的。

乡村振兴的高级阶段,随着越来越多农民在城市安居,需要依托农村和农业保底的农民数量大为减少,国家也有财力为所有人提供较好保障,城乡之间就可以采取更加开放的政策,允许城市资本下乡,农民自由进城、城市资本自由下乡,更加市场更讲效率的城乡一体格局逐步形成。因为大量农民进城了,农业规模经营就有了可能,现代农业的发展让农业变得强大;大量城市人口移居农村不仅带来了资源,而且必然会建设更加宜居的美丽乡村;农村居住人口不仅包括从事现代农业的农民,而且包括城市愿意亲近大自然的有钱有闲阶层,农村就自然不再是贫困的代名词。

简单地说,中国一旦越过中等收入阶段,突破围堵,基本实现现代化,农村就不再需要作为中国式现代化的稳定器与蓄水池,也不用再作为农民的保底和基本保障,农村就可以做更加自由的规划。

结语:新的城乡关系将最终建立

新中国成立以来中国都存在着城乡二元结构,这种城乡二元结构是国家为特定发展目标而采取不同城乡体制与政策所导致的，与一般城乡二元结构有很大差异。新中国成立后，国家为了尽快实现工业化，通过城乡分离，将农村资源转移到城市支持重化工业发展，从而在短期内实现了中国工业化，建立了完整国民经济体系。分田到户以后尤其是取消农业税以来，国家不再从农村汲取资源，也向农民开放了各种城市获利机会，却限制城市资本下乡，以保护农民在农村的这个基本保障和最后退路，正是2亿多户农民在现代化进程中有农村这个基本保障和最后退路，"进可攻、退可守"，农民成为中国城市化和现代化进程中最为积极主动的力量，中国式现代化也因为有了农村这个稳定器与蓄水池，而具有强大的应对各种风险与危机的能力，保持了现代化进程中的稳定。

区分城乡，每个阶段有每个阶段的工作重点与重心，对城乡采取不同的政策甚至实行不同的体制，是国家动员能力的根本。没有区分就没有政策，就无法通过政策来达到目标。只有区分没有实施政策的能力，也仍然达不成目标。新中国强大的国家能力，使中国通过城乡二元体制为工业化和现代化积蓄了巨大能量，快速实现了工业化，正在通向现代化的道路上。尤其可贵的是，新中国成立以后，中国区分城乡实行城乡二元体制，有两个相互联系却貌似截然相反的阶段，即新中国成立之初到分田到户直至取消农业税时期的索取型城乡二元结构（或体制），之后则是限制城市资本下乡却允许农民进城及进入二、三产业的保护型城乡二元结构阶段。正是对农民这个最大相对弱势群体的保护，为中国式现代化提供了应对危机和不确定性的巨大缓冲空间，保证了中国式现代化的顺利进行。

当前中国式现代化仍然在进程中，仍然有很多不确定性，仍然要应对各种可能的危机，还要做各种艰难的突围，这个时候农村就仍然是中国式现代化的稳定器与蓄水池，农民仍然要将农村作为基本保障与最后退路，保护型城乡二元结构就仍然要延续下去，乡村振兴战略的重点也就应当是服务于缺少城市体面安居能力的、仍然要依托农村和农业就业与收入的、占中国人口大多数的农民。

随着中国城市化的快速推进，现代化不断取得突破，中国走出可能的中等收入陷阱，以及基本实现现代化，包括农民在内的绝大多数中国人民都可以获得稳定收入与就业机会，也可以获得基本保障，农村不再是中国式现代化的稳定器，以及农民也不再依托农村和农业作为基本保障和最后退路，通过政策与体制来分离城乡就没有必要了，城乡也就逐步一体化，城乡二元结构就开始向在城乡一元变化，最终，一种新的城乡关系就建立起来了。

城乡一体阶段的乡村振兴与保护型城乡二元结构阶段的乡村振兴有本质的不同。后者的乡村振兴主要是保底，而不是要建设一个比城市更加宜居和更能获利的农村与农业，这个时期乡村振兴的本质仍然是服务于城市和中国式现代化事业的。前者的乡村振兴则是要建设一个作为城市生活补充却又比城市更宜居的有钱有闲的生活，这种生活因为亲近大自然，更为人性。当然，这种农村生活比城市更加昂贵，也可能更加服务于少数人而不是为所有人服务。

第三节　城乡差异：中国可以快速崛起的秘密

当前中国存在三大显著的差距，即发展不平衡带来的城乡差距、区域差距，和收入不平衡带来的阶层差距。要达到共同富裕，就必须缩小三大差距。

一、实现共同富裕必须缩小三大差距

（一）城乡差距：收入差距、景观差距、产业差距

新中国成立后，社会主义建设最重要的目标是消灭"三大差别"，即城乡差别、工农差别、脑体差别。人民公社后期开始兴办"五小"工业，此即乡镇企业的萌芽。分田到户以后，乡村进入快速工业化阶段，在城乡关系和工农关系上出现了一种乐观情绪，即农村可以就地工业化和城镇化，农民可以离土不离乡，进厂不进城。这种乐观情绪被一些学者视为中国式现代化不同于西方城市剥削农村的新路。进入20世纪90年代，全国乡镇企业发展不景气，纷纷关停，全国农村工业化发生显著分化，一是东部沿海发达地区农村（以长三角地区和珠三角地区为代表）成功实现了乡村工业化，之前小规模的乡村工业不断升级换代，变成世界工厂主要车间的核心部分，而全国绝大多数农村的乡村工业消失了。与此相关，全国绝大多数农村剩余劳动力离土离乡，进厂进城，包括进入已经工业化的沿海地区农村务工经商。因为乡村工业化，长三角地区和珠三角地区不仅创造了大量就业机会，而且之前农地用于二、三产业形成巨额土地增值收益，虽然不同地区因为工业化起点不同土地增值收益如何分配有很大差异，当地农民却都是受益者。结果

就是，随着长三角地区和珠三角地区乡村工业化，经济持续成长，整个东部沿海地区形成了一个区域广大、经济密集、活力充沛的城市经济带。虽然长三角地区和珠三角地区村庄在体制上仍然是农村，实际上这些农村的相当部分土地已用于工商业，当地农民基本上不再从事农业而进入二、三产业就业，且当地农民生活方式早已城市化了。与城市的差异除体制外，就是作为农村，之前有大片农田，这些农田属于村集体所有，分田到户时承包给农户耕种。在城市经济带内的大面积土地就意味着巨额财富，这些地区农民因此比城市人多了一份不容忽视的土地食利收入。

如果我们不是按体制而是按实际情况来讨论城乡差距，这里面就有两个特别重要的前提需要讨论：一是东部沿海城市经济带的农村是应当算作城市还是乡村？这些地区的农民是应当算作城市人还是农村人？二是中西部地区进入城市务工经商的农民究竟是应当算作城市人还是农村人？以及已经全家进城的农民如何才可以算作城市人？按国家统计局统计城市常住人口的标准，凡是在一个地方居住超过半年的即为当地常住人口。当前时期很少有城市人口到农村常住，却有大量农村青壮年劳动力进城常住，这就是为什么2021年中国城市化率已超过64%，城市户籍人口却不足46%。如果按居民居住地来统计居民收入，那么，进入城市农民工的收入就应当计算为城市居民收入。实际上当前不仅农民工进城务工经商，而且已经在县城买房，大量农户全家进城，在城市生活，虽然其中很多进城人口仍然是农村户籍，他们却已是地地道道的城市居民。

以上述两个前提为基础来讨论城乡差距，结果几乎必然是城乡居民收入差距还会进一步拉大。

20世纪90年代，城乡关系中发生了两个相互关联的重大变化，一是乡镇企业大量关停，工业向城市集中，包括向沿海地区集中。沿海地区全域工业化，可以视为农村成功就地城市化，或沿海地区城市快速全域拓展，形成了沿海城市经济带。二是随着乡镇企业的关停，吸纳主要农村剩余劳动力"离土不离乡""进厂不进城"的农村内部非农就业机会消失了,农村青壮年劳动力开始离开农村进入城市务工经商。农民进城了,他们也就离土离乡,成为城市人。

一开始是农村劳动力进城,然后是有进城能力的农户家庭进城。进城能力来自两个方面:之前进城的青壮年劳动力在城市获得了稳定就业与收入机会,然后全家进城,以及在农村经营致富有了全家进城的条件。无论哪种情况,进城农户肯定是农村资源比较充沛、经济收入比较高的家庭。经济条件不好的农民家庭自然不可能进城,他们最多处在积累进城资本的阶段。

当前阶段,中国城市化进程如火如荼,农村经济条件比较好的农户和劳动力比较强的青壮年继续进城,留在农村的大多为缺少城市就业机会的老年人和缺少进城能力的相对弱势的农民。

随着农民持续离开农村进入城市,离村农民就让渡出他们之前在农村的获利机会,从而为留守农村的农民提供了增加收入的可能。当前留守农村的主要有两类人群:一类为留守村庄养老的超过60岁的农民,他们虽然在城市缺少就业机会(城市劳动力市场不要他们了),在农村却仍然是农业生产的好手,只有当年龄大了,丧失生产能力,他们才退出农业生产。另一类为不愿进城或无法进城的青壮年夫妻,他们通过扩大经营规模,增加农村收入,成为农村的"中农"。当前时期,农村"中农"数量不多,因为农村获利机会还比较少,不可能容纳较多"中农"。农村"中农"就是不离开农村即可以获得不低于外出务工收入的农村青壮年劳动力家庭,"中农"在村庄社会结构上十分重要,是地地道道的村庄社会结构的"中坚农民"。可以认为,越多农民进城,农村就越是可以容纳比较多的"中农"。

如果我们以居住地来统计城乡居民收入差距,并且将沿海发达地区城市在内的农村算作城市人口,那么,在整个城市化的绝大多数时间,城乡居民收入差距都会持续扩大,而不可能缩小,原因很简单,城市有着比农村多得多的二、三产业就业机会,以及农村青壮年劳动力、经济条件好的农户家庭持续进城，留守农村的大多是农民中相对弱势的群体，城乡居民收入差距当然会持续扩大。

改革开放最早是通过农村分田到户来开始新阶段的，加之随着乡镇企业发展风起云涌，农村剩余劳动力离土不离乡，进厂不进城，就业充分，农民收入增加很快，改革开放之初的20世纪80年代，城乡居民收入差距迅速缩小。到20世纪90年代，城市国有企业改制，城市聚集经济和规模效应形成了城市经济对农村的压倒性优势，乡镇企业关停，农村劳动力大规模进城，包括到沿海外向型企业务工。20世纪90年代一直到21世纪前十年，农村劳动力进城，他们将城市务工经商收入寄回农村，建新房，扩大农村人情开支，而留守在农村的中老年父母仍然种田，农业收入并未减少。农村劳动力进城了，他们将在城市务工经商收入源源不断地寄回农村，农村因此变得更加繁荣。

进入21世纪的第二个十年，越来越多进城农民工开始在城市（首先是县城）买房，要一劳永逸地在城市安居。在城市买房，仅靠务工收入还不够，因此将农村中老年父母务农收入用于城市买房。农民工进城了，农村不仅人力资源流入城市，而且农户家庭务农收入也用于城市买房消费，农村迅速变得萧条起来。

未来十年甚至更长一段时间仍将是中国快速城市化的阶段，也就意味着有更多农村劳动力进城，更多农村资源流入城市，城乡差距还会进一步拉大。

随着大量农村人口进城，进城农户让渡出越来越多农村获利机会，就为留守农村的"中农"提供了扩大收入的可能。随着"中农"规模的扩大、"中农"收入的提升，以及农业经营规模扩大带来的农业现代化水平的提升，城乡居民收入水平和生活水平的差距开始缩小。

这里要特别注意，统计上的城乡收入差距与实际之间是不同的，造成这种不同的主要原因有三点：一是沿海城市经济带内的农村究竟应当算作城市还是农村，该地居民应当算作城市居民还是农村居民。二是如何计算城乡居民。是按国家统计局进行人口统计的居住地原则，还是按户籍？或者是按买房？目前看起来唯一比较可靠的统计是按居住地，而按居住地，农民进城务工经商就成了城市居民，留守农村的农村居民收入与城市居民自然会越来越大。三是如何计算农民家庭收入，这个很关键。城乡居民收入显然不能计算为城乡居民个人收入，而应当是城乡居民家庭收入。农户家庭中，年轻人进城务工经商了，他们的收入是计算到农村的家庭吗？反过来，留守农村的老年父母是应当计算到进城务工经商的子女家庭？或就是应当分开计算？分开计算的话，明明一度进城的农村劳动力是将他们的收入寄回到农村使用的，以及当前农村留守父母用他们的养老钱为子女在城市买房。中国农村到目前为止，养老责任仍然是家庭承担，子女与父母无论是否住在一起，是否存在形式上的分户，实际上的经济联系仍然是共财的。这就造成了当前从统计上看的农村居民收入的难题，以及计算城乡居民收入差距的难题。

总体来讲，改革开放以来，城乡居民收入差距大概只有一个缩小的阶段，大概到 20 世纪 90 年代初期为止。其后一直到现在，城乡居民收入差距都有不断扩大的趋势。党的十八大以来，国家加大向农村转移支付力度，尤其举全国之力进行扶贫攻坚，城乡居民收入差距一度有微小的缩小，然后，随着越来越多农村劳动力和经济条件相对较好农户的进城，城乡收入差距还会继续扩大。一直到 2035 年前后，随着城市化趋近完成，农村"中农"趋于定型，城乡居民收入差距就有望逐步缩小。

城乡差距中，除居民收入差距外，还有两个差距也应当讨论，第一个就是城乡景观差距，第二个是城乡产业差距。

从景观差距上看，随着农村人口进城，以及农民越来越少在农村建房、越来越多在城市买房，农村人财物资源均流入城市，农村变得萧条、破败，农村出现了老龄化和空心化，这几乎是不可改变的规律。同时也要注意，这个规律下面也具有很多生机，比如农村"中农"的萌生与壮大，以及农村原生态条件对于老年人养老的重要性、适配性，这为中国提供了应对未富先老的战略可能性。

从产业差距上看，城市产业现代化正快速推进，尤其是城市基础设施，产业升级、科技进步，各个方面可谓日新月异。实际上农村基本公共服务的进步也很大。农村存在的比较大的问题是农业，虽然机械化水平大幅度提升，以"老人农业"为主的农业现代化却似乎还遥不可及。因此，有人主张，要缩小城乡差距，必须加快推进农业产业现代化。问题是，也许正是没有很现代的农业产业为仍然数以亿计的小农户提供了重要的农村收入来源。因此就存在一个重要的政策选择问题，即中国未来一个时期，到底是应当选择以资本为主的大规模农业，还是要选择亲农、友农、容农型的以小农户为主的农业现代化——城乡之间的关系很可能是相反相承的关系。

（二）三大差距：城乡差距、区域差距、阶层差距

当前中国区域差异集中表现在东中西差异上，其中，正如前文所述，东部沿海发达地区农村实际上已成为沿海城市经济带的内在组成部分，农民早已非农就业，农村工业化，农民生活方式城市化，城乡一体化。而广大的中西部地区农村不再可能工业化，农村人口正在进城，农村出现了空心化。相对于东部地区形成的城乡一体的庞大城市经济带，中西部地区城市就只是点缀在农村的几个点，在这个意义上，我们可以将东部地区与中西部地区的区域差距视为另一种类型的城乡差距。

中部地区与西部地区也存在差异。如果以地处边疆、高山大川或辽阔草原、沙漠戈壁来形容西部地区，那么西部地区最重要的特征是地广人稀，整体经济发展水平可能不太高，人均占有资源甚至人均收入上并不一定比中部地区差。当然，西部地区也有不少资源贫乏、生存条件恶劣的地方，典型如三州三区，也是国家扶贫攻坚的重中之重。不过通过大量国家资源投入，"三州三区"生产生活条件都大为改善。

国家统计局所统计的西部地区中，大部分农村地区实际上与中部地区没有差异，比如四川、陕西、广西、重庆的大部分地区与中部地区在发展水平、经济结构、资源条件以及文化特征方面都无本质差异，这些农村地区可以算作大中部农村地区。其最重要的特征有以下几点：一是农村已丧失工业化的可能；二是农村劳动力进城务工经商，农户家庭进

城买房，农民正在快速城市化，农村正在空心化；三是村庄有较多高质量农田，农业生产能力强；四是缺少城市就业机会的老年人愿意留村，与土地结合起来，既有收入和就业，又可以在村庄熟人社会中享受人生意义；五是村庄开始出现适度规模经营的"中农"。

如果将东部沿海城市经济带内的农村算作城市，农民算作市民，那么当前中国农民就集中在中西部地区，仅上述中部地区就集中了全国80%的农民和70%以上的农业生产力。

中国区域差距中的东中西部差距在城市发展上当然也有体现，但更大的差距却表现在农村。简单地说，东部地区农村已经城市化了，城乡一体，不再有农村和农民，而中西部地区农村不再可能工业化，农民正在离村进城。东部地区与中西部地区存在的这个差距是不可能再缩小了的，即东部地区乡村工业化之路已经不再可以被中西部地区复制。中西部地区农村未如东部沿海城市经济带内农村已完成工业化，所以是发展不充分的，这种发展不充分已不再可能通过乡村工业化实现，而只能靠越来越多农民进城之后，中西部农村人地紧张关系得到极大的缓解，从而培育出大批"中农"来达到。这还要很长一段时间。

从这个意义上讲，我们可以将中国区域发展不平衡的差距，看作一种特殊的城乡差距。

我们再来看阶层差距。当前中国基尼系数比较高，据说已属于收入严重不平等行列，这样的收入不平等在世界上各个国家都会造成严重的社会不稳定。比较奇怪的是，一方面中国基尼系数高于世界上的很多国家，另一方面中国又是全世界最稳定及安全的国家。

进入信息时代，全世界财富的聚集都在加速。改革开放以来尤其是进入新世纪，中国造富的能力也是极强的，同时，随着中国经济持续成长，全面小康社会的建成，中国经济发展成果是惠及所有人的。也就是说，改革开放以来，中国几乎所有家庭和个人都受惠于经济持续成长，家庭财富与收入大幅度增加，另外财富增加速度在不同阶层和不同群体又是不同的，总体来讲，社会财富的分配相较过去更为不均。先富问题已解决，现在要考虑如何带后富的问题。国家因此提出在首次分配的基础上进行二次分配和三次分配。

如何分配更公平，如何降低基尼系数，这是当前国家政策的重点，也是共同富裕目标的必然要求。要有效降低基尼系数，我们得先理解当前阶层收入差距的结构性原因。

显然，统计收入差距时，不能按个人，而只能按家庭，因为按个人的话，就有大量未成年人实际上是没有收入的，以及中国大量老年人是靠家庭养老的，也是几乎没有任何收入的。农村老年人收入往往仅限于国家按月发放的每月100元左右的基础养老费。

按家庭收入来统计，在中国又会遇到一个很麻烦的问题，即目前中国家庭中存在着很复杂的分户关系。子女进城去了，父母留守，是算一户还是两户？算两户吧，父母与子女之间存在着经济上的密切往来，父母支持子女或子女支持父母都是按需分配的。算成一户，则父母与子女不仅户籍不在一起，而且也是分开居住与分开生活的，经济上也是相对独立的。无论如何都是不好计算的。

有人计算中国区域差异时，发现不同区域城市居民收入差距比较小，而不同区域农村居民收入差距更为显著[1]，但如前述，如果将沿海城市经济带农民算作市民，则不同区域农村居民收入差距就不大甚至可能还小于城市居民收入差距。

同样，计算阶层差异或基尼系数时，如果按广义家庭收入来计算，则基尼系数就会相对比较低；如果按狭义的家庭收入来计算，基尼系数就会比较高。

因为目前中国社会养老保险并不完善，仍然有数以亿计的农村老年人未纳入社会养老保险，而靠家庭养老。因此，按狭义家庭来计算基尼系数，中国基尼系数就会显得特别高。

无论如何计算，当前中国阶层分化都是比较严重的，基尼系数都是

---

[1] 参见李实、陈基平、藤阳川：《共同富裕路上的乡村振兴：问题、挑战与建议》，《兰州大学学报》2021年第3期。

比较高的。其中一个根本性的原因就是5亿农村居民收入比较低，农业收入有限，农村老年人养老主要靠子女，国家基本养老保险收入十分有限。

反过来看就是，要缩小阶层差距，降低基尼系数，最重要的一条就是增加农村居民收入，包括提高农村老年人的养老保险。也就是说，缩小阶层差距中最重要的一条就是缩小城乡差距，城乡差距缩小了，阶层差距自然会缩小，基尼系数自然会降低。

不过，阶层差距与城乡差距所统计的对象与范围是不同的，阶层差距是在全社会范围统计不同收入等级之间的差距，而城乡差距只是分城乡进行收入统计。缩小城乡居民收入差距的一个经常被学者以及政府官员所主张的办法，就是所谓鼓励生产要素自由流动，实际上是鼓励资本下乡和农民进城。鼓励资本下乡发展现代农业，资本因此占有了农村有限的生产资料。农民本来已在进城，又因为资本下乡，造成本来缺少进城机会的农民也不得不进城。这样的结果就是富人下乡，农村居民平均收入提高了；农村穷人进城，城市居民平均收入降低了。表现出来的是城乡居民收入差距缩小了，实际上却并非农民收入提高了，反过来倒是因为收入有限，进城农民在城市生活更加艰难。这样的城乡收入差距缩小一点儿都不会缩小阶层差距以及降低基尼系数。

从以上讨论可见，缩小城乡差距对于缩小区域差距、缩小阶层差距、降低基尼系数，都是至关重要的。没有城乡差距的缩小，共同富裕目标是不可能实现的。

然而，如果我们不理解城乡差异，以为缩小城乡差距只是缩小城乡居民收入差距，不理解城市与乡村其实仍然是两种不同的生活方式，我们就不可能真正理解中国的城乡差异，也不可能理解为什么中国基尼系数很高，社会却仍然稳定、安全，更不可能找到最终达到共同富裕的良方。

二、城乡差异：反映了中国城乡的辩证关系

无论是从居民收入还是从基础设施和产业现代化角度，当前中国城

乡之间存在着巨大差距,当是无可争辩的事实。正是城乡差距推高了区域差距和阶层差距,不缩小城乡差距就不可能实现共同富裕。

同时,我们又要看到城乡差距本身的复杂性甚至合理性。正是农村强势群体进城、相对弱势群体留村这样一个城市化进程,造成城乡居民收入差距持续扩大的事实。只有当大多数农村人口进城了,农村人地关系大为缓解,留守农村劳动力才可能成为"中农",农业现代化才有希望,城乡差距才可以缩小,共同富裕才能最终实现。目前国家要实现共同富裕目标,不可能消除城乡差距,反过来要深刻理解城乡差距,尤其是要利用城乡差异缩小城乡差距,最终实现共同富裕。

在城市和农村之间,有一个所有人都熟知的现象,就是前面讲过的,当前中国正处在快速城市化进程中,农村青壮年劳动力进城务工经商和农村家庭经济条件好的农户进城买房安居,而缺少城市就业机会的中老年农民留守农村,农村人财物资源流向城市。这个现象中最重要的一点是,缺少城市就业机会的中老年农民留守农村。为什么缺少城市就业机会的中老年农民留守农村?因为城市缺少就业机会,而留守村庄,与土地结合起来,是可以有收入的。恰恰农村消费比较低,生活成本比较低,留守农村,与土地结合起来,解决温饱是不成问题的。进城去了,没有就业机会,城市消费又高,在城市就很难生活得下去。除老年人外的村庄中还有年轻人不愿进城或不能进城(要留家照看年老父母或年幼子女),他们留在村庄也可能通过俘获进城农民让渡出来的获利机会,而在农村生活得下去。

也就是说,正是农村为农民中的弱势群体提供机会与保障。城市是高度竞争的市场体系,农村则仍然保留有传统的自给自足经济。

实际上,不仅村庄中有老年人和"中农"留守,而且进城农民几乎都会相当理性地保留农村退路,万一将来进城失败,还可以返回农村生活。实际上,当前时期第一代进城农民工正在返乡。换个角度,同样收入水平,在城市生活可能相当艰难,在农村生活可能还比较宽裕,原因是城市生活样样要花钱,农村生活很多都是可以自给的,不用花钱。

这也是农村老年人宁愿与在城市生活子女分开，也愿意在农村生活的一个原因。

以上讨论小结一下就是，中国城乡差异，很大程度上是因为城市与农村是两种不同的经济社会文化系统，城市是高度市场化、高度异质性、高度功利且快节奏的系统，脱离自然，没有节气，缺少人情的社会，是高度功能性的，高度异化的。乡村则具有一定自给自足、同质熟悉、相互了解、不完全功利且节奏比较从容的系统，生产随季节展开，有忙闲，可以相对自由安排生产时间，礼尚往来，有情有义。与自然的亲近和与人之间长期共同生活所产生的认同，都是农村生活中的美好。

具体展开城乡差异，可以归结为以下几点。

第一，城市是高度市场化的，农村市场化程度没有城市高，仍然保留有大量自给自足经济成分。

第二，城市是消费的场所，任何消费都要花钱购买，农村很多消费是不用花钱的。

第三，城市是远离自然的，农村则是亲近自然的。

第四，城市工作是枯燥的，农业生产则可以产生意义。农民与土地结合起来，不仅可以获得农业收入，而且可以获得就业，获得劳动的意义与价值感。

第五，老年人在城市没有就业就闲下来，到农村与土地结合起来就可以变成有用的劳动者。

第六，城市是陌生人社会，农村是熟人社会，熟人社会产生安全感和归属感。

第七，城市无法产生归宿感，农村可以落叶归根。

第八，城市是人工的，农村是自然的。

第九，城市是高度异化的，农村仍然保留了比较多的本真。

第十，城市是快节奏无节气的，农村是慢节奏有节气的。

第十一，城市是喧嚣吵闹的，农村是宁静的。

第十二，城市是现代的、资本的，农村是传统的、保守的。

第十三，城市是发展极，农村是稳定器。

总之，城乡是有差异的，这种差异中，最关键一点是，对于缺少城市就业机会和生存能力的相对弱势的农民和农户来讲，他们留在农村，与土地结合起来，就可以生活得还不错。虽然这些没有进城农民的经济收入并不高，他们却有自家住房，有大量未算作收入的自给自足经济（摸鱼摸虾、养鸡喂猪、种菜疏水果等），有种种不需要付钱的娱乐（比如邻里打麻将），有亲朋邻里，有安全感、归属感、归宿感，有自己可以掌控的自由时间，这些未进城农民生活质量并不低。反过来，如果在要城市获得同等生活质量，靠他们现有收入水平是远远不够的。

从城乡居民收入差距来看，城乡居民之间的差距是相当大的。而从真实的生活质量来看，城乡居民之间的差距却没有那么大，其中原因是，农村有大量未被货币化从而未计入收入的生活质量，包括住自己房子不出钱，自给自足收入，大量闲暇，与自然亲近，熟人社会的社会资本，从而实现了"低消费、高福利"。以留守农村农民经济收入进城，他们在城市生活会十分艰难，要在城市达到现有农村生活质量，经济收入倍增也未必可以达到。反过来，留守农民在当前农村所达到的生活质量与福利状态，是远高于城市同等收入群体的。按现行统计方法，当前留守农村农民的收入是被系统性低估的。

正是因此，农村的自然经济成分、传统社会关系、社会主义的集体所有制，都为农民中最为弱势群体提供了在农村获得较好保障和较高福利的可能。农村是中国最弱势群体的基本保障，是进城失败农民的最后退路，正是从这个意义上讲的。

既然农村是中国最弱势农民群体的基本保障与最后退路，这个基本保障就不能够市场化。城乡之间的最大差异是：城市是高度竞争性和市场化的，农村则是非完全市场并带有很强社会保障性质的。所以，应当限制城市资本下乡。

实际上，正是当前中国城乡之间这样一种复杂的辩证关系，为中国式现代化提供了巨大优势。

中国城乡之间的辩证关系是：城市是高度市场化和高度竞争的，农村则是低度市场化和低度竞争的；城市是发展极，农村是稳定器，城市快速发展，农村稳步前行；城市高度现代化，农村相对传统。在一定阶段中国城乡之间的关系保持一快一慢、一动一静、一正一反、一阴一阳、相反相成的辩证关系，是理解中国城乡关系乃至理解中国共同富裕目标的关键。

三、发展极和稳定器：通过城乡差异支持农村发展

城市是发展极，农村是稳定器；城市重在发展，农村重在保障；城市是高度竞争的，农村是相对从容的；城市是优胜劣汰的，农村是保护弱者的；城市将所有东西都标定价格，农村很多东西仍然无价。这既是城乡之间的差异，也可以是城乡之间不同的功能定位。

共同富裕战略意味着国家要用更多资源来支持和帮助社会上的弱势群体。无疑，当前中国社会中收入最低、保障最差、机会最少的是中国农民群体，尤其是农民群体中的弱势群体。

怎样支持弱势群体才可以达到最好效果，这既是策略问题又是战略问题。

农民是中国最大的弱势群体，同时，农民又是分层的，农民中也有弱势群体。尤其需要高度关注的是农民中的弱势群体。因此，为有能力进城的农民强势群体创造进城条件，为进城失败的农民留下退路，为缺少进城能力的农民弱势群体提供基本保障，就应当是当前时期国家政策的重点。具体地，我们可以从四个方面进行讨论。

（一）城乡均等化：改善农村基础设施和基本公共服务水平

国家提出城乡基本公共服务均等化目标很重要，现在农村基础设施和基本公共服务水平都已大为改善。基本公共服务的重要性在于，缺少基本公共服务，农村基本生产生活秩序就会受到影响。基本公共服务因其基本而重要。正因为基本所以就应当无条件保障。

同时要注意，当前时期农民正在快速进城，农村空心化加剧，超出

基本公共服务的高标准公共服务和基础设施投入就可能产生浪费。当前乡村建设中存在着比较普遍的浪漫化倾向，试图通过国家财政投入，为农村建设比城市更好更加宜居的环境，这显然是不可能的。美好生活要靠自己努力去追求。

(二) 人地结合：为农村老年人提供养老保障

农村最大弱势群体是老年人。一方面，中国农村老年人，绝大多数是没有养老金的，他们一般只有国家下发的每月100元左右的新农保（基础养老保险）；另一方面，他们的子女绝大多数都已进城甚至已经在城市买房安居下来了。

除非特殊情况，农村老年父母一般都不愿与进城子女一起到城市生活，原因很简单，与子女一起在城市生活，同一屋檐下，难免会有冲突，老年人没有收入，有强烈的寄人篱下之感，看子女脸色，日子过得提心吊胆，不自在，不自由，受拘束。因此，只要农村还有可以回去的地方，老年人基本上都是"义无反顾"地抛弃城市生活，离别城市子女，回到农村过"安贫乐道"的"艰苦生活"。

全国几乎所有老年父母都不愿随子女在城市生活，而愿意到农村生活，原因就是前面所讲城乡存在差异。

农村老年人的村庄生活大体可以分为三个阶段，第一个阶段就是从帮子女带孙子再回到农村，一直到丧失农业生产能力阶段的年龄大概在60~75岁，这个阶段是在村老年人人生的第二春，是黄金般美好的日子，因为他们一般"上无老下无小"，生活负担没有了，他们与土地结合起来，劳动既获得收入又产生价值，有大量闲暇时间，自由自在，快意生活。第二个阶段是丧失劳动能力却生活能自理的阶段，这个阶段生活质量显然不如前面一个阶段，因为一旦失去劳动能力，就很难再与其他人一起有建立在劳动基础上的社会关系，就有点"混吃等死"的感觉了。这一阶段年龄一般在75~80岁，或70~80岁。第三个阶段为高龄老年人，生活逐步不能自理，需要有人照料。此阶段为老年人人生最困难的阶段，也是当前农村养老的难点。

本来，农村老年人是农村最弱势群体，他们回到农村，绝大多数却可以将人生过得精彩。因此，为农村老年人保留农村这个家就无比重要。

国家要支持帮助农村老年人，显然不是要将农村老年人从土地上分离出来，进入城市，由国家通过养老金来养老。在未富先老的中国，国家财政没有为所有进城农村老年人提供在城市体面养老的能力。不过，国家财政如果支持农村老年人与土地结合起来的养老，则可以花小钱办大事。比如，即使每个月给农村老年人 100 元基本养老保险，也可以为农村老年人带来很大福利改善。如果国家拿出一定财政资金支持农村互助养老，应当可以在极大程度上缓解当前农村失能老年人的糟糕处境。

允许农村老年人种田，甚至支持农村老年人与土地结合起来，虽然从农业现代化的角度来看并非良策，而从保障中国最弱势农民群体基本利益方面却功莫大焉，甚至从粮食生产量上，"老人农业"并不比现代农业低。计算农业劳动生产率则没有意义，因为老年人种自家承包地，并不计算劳动投入。他们种地如绣花，他们看到的并不只是利益而是将种田当作一门艺术。

只要农村老年人与土地结合起来，国家要支持帮助老年人就可以有抓手，就可以想办法，就可以花小钱办大事。

（三）控制资本下乡：精心培育农村中的"中农"

村庄有一部分青壮年农民夫妻因为不愿或不能进城务工经商，而留守农村，他们仅靠种自家承包地无法维持家庭简单再生产，因此他们一定要在农村寻找各种获利机会。正好有越来越多农民进城而让渡出越来越多获利机会，就让留守农村的青壮年农民夫妻有了扩大农业经营规模，甚至经济收入不低于外出务工收入的农村新"中农"，村庄进城农民越多，就可以滋养出越多新"中农"。

"中农"的重要性在于，他们是村庄中不愿或不能进城的群体，不愿进城可能是恐惧与陌生人打交道，不愿夫妻分开，不愿受到工厂严格纪律束缚。"不能"是因为父母太老或子女太小，或就是在当村干部等。他们如果能从村庄寻找到新的获利机会，从而可以在村庄完成家庭再生产，就可以顺利成为"中农"，也就会选择留下来。这些土生土长的所有利益都在村庄的"中农"，必定是在当前农村人财物流出条件下面的中坚力量，对于农村发展与稳定，对于乡村建设，都是极端重要的。

精心培育"中农"，首先要防止当前农村政策中普遍存在的由国家支持资本下乡去打败"中农"的错误做法。其次是国家政策要对"中农"有耐心，要为"中农"的产生创造条件，以及要解决"中农"和"老人农业"普遍存在的创新意识不足和社会化服务能力不够的问题。

（四）保留选择机会：为进城失败的农民留下退路

农民进城存在着风险。一方面，越来越多农民进城并在城市体面安居下来，另一方面，几乎所有进城农民都会保留农村的宅基地和承包地，以防万一进城失败时再退回农村。正是有农村退路，农民进城时就敢于冒风险去搏一搏。农民当然也不希望进城失败，他们很清楚城市基础设施、公共服务以及各种市场机会都比农村多得多。问题不是农民不想进城，而是当他们在城市收入无法保证在城市体面生活时，退回农村过比城市体面生活要差却比城市不体面生活要好的生活，就是最佳选择了。进城失败的农民当然也是农村中的弱势群体。保留弱势群体有更多的选择机会，就是保护他们的基本权利。

缩小城乡差距、缩小阶层差距，达到共同富裕，有两条相当不同的道路：一条是通过更加城市与更加市场的道路，一条是通过保留乡村与保留非市场的道路。这两条不同的道路是可以共存的。仅以农民这个群体来说，鼓励农民强势群体进入城市更加竞争的市场体系，就不仅可以增加中国经济的活力，而且可以为这些强势农民提供无限获利机会，他们中的大多数会成功。另外，进城失败的农民还可以退回农村，且农村这个市场化程度不高竞争不激烈且保留有大量自给自足经济的地方，为中国绝大多数农民中的弱势群体提供了保障。从收入上看，这些群体收入比较低，从生活质量来看，他们生活质量还相当不错，因为农村生活中还有大量未被货币化（或未统计为经济收入）的、对农民却极其重要的活动，这些活动提高了农民的福利水平。因此，从经济收入上看，城乡差距很大，从实际福利水平看，城乡差距却没有那么严重。这就是为什么当前中国基尼系数很高，中国社会却仍然稳定安全。

结语：缩小城乡差距，要具体问题具体分析

因此，在缩小城乡差距方面往往习惯于大词和道德判断，缺少对"三农"问题的具体分析。大词判断诸如城乡融合，生产要素自由流动，农民权利这样的大词，却很少对这些大词内在矛盾进行分析。道德判断如增加农民财产性收入，给农民国民待遇等。增加农民财产性收入？财产性收入实际上就是食利收入，当前中国农村弱势群体可以从哪里去食利？抽象地讲给农民国民待遇，问题是到底应当如何给？是给那些已经从城市发展中获利的土地食利者，还是给到最弱势的农村老年人群体？具体又能怎么给呢？

不理解城乡差异，也就不可能真正理解城乡差距，就更不可能找到缩小城乡差距的办法。

处在发展阶段的国家如何回应共同富裕的命题？显然，不能完全从经济统计的角度来理解共同富裕，而需要从具体对中国实践的分析中找到中国通向共同富裕的道路。

当前影响共同富裕的最大变量是城乡差距，要真正理解城乡差距，就必须首先理解城乡差异，正是借助城乡之间存在的差异，中国在快速城市化进程中为农村弱势群体提供了农村这个基本保障，也使国家有了帮助支持农民弱势群体的抓手，从而为将来缩小城乡差距提供了过渡或缓冲。利用城乡差异为中国最为庞大的农村弱势群体提供保障，从而缓解城乡差距、区域差距和阶层差距，也就为中国赶超型现代化赢得了宝贵时间。

中国式现代化有两个十分关键的节点，一是 2035 年基本实现现代化，这个时候的中国，城市化基本完成，GDP 应该早已超过美国，中国就有了可以从容安排自己经济与社会发展节奏的能力。二是 2050 年

全面建成社会主义现代化强国，农村进入"农业强、农民富、农村美"的乡村全面振兴阶段。

从现在到 2050 年还有接近 30 年时间，这是一个很长的历史阶段。至少在 2035 年前，国家要继续采用保护型城乡二元体制，限制城市资本下乡，而随着越来越多农民进城并在城市安居，农村出现了越来越多且越来越巩固的"中坚农民"群体，留守农村老年人也开始从"低消费、高福利"转向对更加完善美好田园生活的追求，农村越来越凭借其与大自然亲近的优势，成为比城市生活更为让人向往的乌托邦。这个目标大概要到 2050 年才能全面实现。

第二章

全国市场和区域差异
——中国乡村的不同走向

第一节　三大全国性市场：推动农村融入全国体系

要理解当前中国乡村秩序，就必须理解当前中国农村在全国市场中的定位，因为中国农村早已不再是一个封闭的自给自足的社会，而是同时被卷入全国性市场体系中。只有理解了三大全国性市场体系，才能理解当下和未来中国农村的秩序机制。

依据形成的先后，这三大市场分别是全国性农产品市场、全国性劳动力市场和全国性婚姻市场。改革开放以前，中国实行城乡分割的计划经济体制，农民缺少流动，农产品受到国家较为严格的计划管制，并大都延续数百年的传统通婚圈，通婚半径最远不过几十公里。分田到户以后，农户具有了生产经营自主权，全国性农产品市场逐步形成，其中最重要的是农户有了种大宗粮食作物与种经济作物的选择。农民获得生产经营自主权后，生产积极性大幅度增长，之前隐性农村剩余劳动力大量出现。除被乡镇企业吸收外，大量农村剩余劳动力在全国范围内"盲流"，寻找各种务工经商机会。

到 2000 年中国加入 WTO 时，全国劳动力市场基本形成。农村劳动力全国流动，农村青壮年劳动力进城，这就打破了之前的传统婚姻圈，越来越多老少边穷地区女性嫁入富裕地区，越来越多农村女性嫁入城市，以及越来越普遍的跨省婚姻发生，就逐步形成了一个遍及全国的婚姻市场。在当前中国农村本来就存在性别不平衡的现实下，全国婚姻市场的形成进一步加剧了性别资源的单向流动，造成特定地区更加严重的性别失衡，从而导致严酷的婚姻竞争，这种竞争改变了农村传统的代际关系，以及改变了农民家庭的策略模式，最典型的是农民家庭为了娶媳妇，而不得不到县城买房。当在县城买房成为农村婚姻的刚需时，在三大全国性市场压力下，传统农村秩序也就解体了。

传统农村秩序解体了，农业仍然是刚需，农村仍然是大量无法体面进城农民尤其是中老年农民的刚需，未来很多年仍将有数以亿计人口生活在农村。因此，如何建立新型农村秩序是当前需要特别讨论的问题。

一、全国性农产品市场：小农户是生产主体

传统中国农村具有很强的自给自足性质，农产品主要是作为租税上缴，农民生产的农产品主要供自己家庭消费。除生产粮食外，农户家庭普遍开展多种经营，多种经营的目的一是更好地利用农闲时间获利，二是获得基本生活资料和生产资料而进行交换。

人民公社时期，农产品纳入国家计划体系，种什么、怎么种、种多少，大多由自上而下的计划来确定，农户和生产队都缺少自主权，统购统销政策保证了中国工业化中城市农产品的供给，也为工业化提供了通过工农产品价格剪刀差获得的原始资本积累。农民和生产队经营自主权受到抑制，全国农产品市场即使存在，也受到了计划经济体制的强大抑制。

分田到户以后，农户重新获得生产经营自主权，种什么怎么种，农户自己说了算。国家为了保障农产品的供给，采取了提高农产品收购价，对粮食等涉及国计民生的大宗农产品以保护价收购，引导农户调整产业结构等办法。分田到户以后的短短数年，中国农产品市场供给充足，无论是粮食还是经济作物，以及肉禽蛋奶产品供给，都大幅度增加。农产品供给大幅度增加，供给大于需求，农产品市场出现了过剩，农村出现卖粮难，以及与此相一致的谷贱伤农，粮食丰收了，农民收入反而下降。地方政府为了增加农民收入，强迫农户调整种植结构，"逼民致富"在一些省市频频上演。在中国八九亿农民为三四亿城市人搞饭吃的背景下，必然出现农民种什么产品，什么产品就会过剩的问题。过去农户进行农业生产主要是自给自足，农业剩余主要作为租税上缴，

第二章　全国市场和区域差异——中国乡村的不同走向

现在全国8亿农民都为市场而生产农产品，就几乎必然会出现普遍的农业产品供给过剩的问题。8亿农民靠农业是不可能致富的，即使有全国农产品市场以及有全国农户的生产经营自主权。

仅就大宗粮食作物和经济作物来讲，大宗粮食作物具有相对稳定的市场价格，尤其是国家为了保障粮食供给而对粮食进行保护价收购，因此，农户种植粮食作物，收入比较有保障，但这个收入十分有限。在人均较少耕地面积的情况下，靠种粮致富是完全不可能的。相对来讲，种经济作物更有可能赚钱，因为经济作物可能有超额利润。不过，凡是有超额利润就一定会有更多农户进入，从而消除农业领域中的超额利润。经济作物投入比较大，劳动更加密集，市场价格波动更加剧烈。因此，相对于粮食作物的经济作物利润是以其更高的市场风险和更大经济投入为前提的。

在中国农村人口众多，而土地又基本上按人均分的国情下面，全国农产品市场的存在并不意味着农民可以通过自主生产经营进入农产品全国市场而致富。反过来倒是，因为存在数以亿计同构的小农户，而使中国农业具有强大的农产品供给能力，农业中的几乎任何超额利润空间都迟早会被蜂拥而来的农户填平。因此，尽管中国屡屡有各种社会资本下乡务农，但全军覆没的情况居多。

当前数以亿计的小农户农业不仅为中国提供了供给充分、品种丰富、物美价廉的农产品，而且为数以亿计的小农户提供了保底的农业收入。中国农业无法保证数以亿计农户的致富，却可以为数以亿计农户提供农业收入的保底，以及14亿中国人民物美价廉的农产品供给。

既然农业无法致富，农村青壮年劳动力就大量转向二、三产业，转移进入城市，农村因此普遍形成了"以代际分工为基础的半工半耕"家计模式——中老年父母务农，年轻子女进城务工经商。因为城市可以提供越来越多高收入就业机会，就有越来越多青壮年农民乃至农户家庭进城，这些进城农民家庭不再种地，而将承包土地流转给仍然留村务农的亲朋邻里。有一些或因为父母太老子女太小无法进城或者就是不愿进城的青壮年农民通过流入土地形成适度规模经营,从而在不离村的情况下获得不低于外出务工收入的家庭收入。这些人可以保持完整的家庭生活,又年富力强,就成为当前农村的"中坚农民"。

以"老人农业"和"中坚农民"为主体的小农户构成了当前中国农产品市场绝对的生产主体,提供了中国绝大多数农产品。他们的共同特点都是家庭经营,尤其是缺少城市就业机会的中老年农民从事农业生产的机会成本几乎为零,具有极为强大的竞争优势,这正是中国资本农业发展不起来的原因。

二、全国性劳动力市场:增加农户家庭获利机会

分田到户以后,农户有了生产经营自主权,生产积极性迅速提高,之前隐性存在的农村剩余劳动力被大量释放出来,推动了以乡镇企业为主要就业渠道的农村二、三产业的发展,农民离土不离乡,进厂不进城,在增加非农收入的同时并未离开农村,而仍然在本地就业。也正是因此,乡镇企业越发达,所提供的本地二、三产业就业机会越多,当地农民就越是可能从二、三产业获取非农收入,农户家庭就越富裕。乡镇企业不够发达的地区,农民主要收入仍然依靠有限农业收入,农户家庭收入就相对有限。

进入20世纪90年代,一方面乡镇企业发展普遍不景气,另一方面城市为农民提供了越来越多务工经商机会。尤其是2000年中国加入WTO,出口导向型经济为中国提供了大量制造业就业机会,中国农村剩余劳动力迅速开始了进城的过程。在比较短的时间,中国绝大部分农村青壮年劳动力都进城务工经商,全国劳动力市场形成了。

全国劳动力市场的形成增加了农户家庭获得更多收入的机会。从全国普遍情况来看,一般农户家庭中,由中老年父母从事农业生产,青壮年子女进城务工经商,农户家庭收入由"中老年父母务农收入+青壮年子女务工收入"构成。因为全国劳动力市场对工资的削平作用,农户家庭收入中,往往中老年父母农业收入相差不多(人均承包地差不

多，种植结构差不多，农产品利润差不多），外出务工收入也差不多。所以，在全国一般农业型地区，农户家庭收入有去分化特征，要是说有差异，也往往只与外出务工经商青壮年劳动力占家庭人口比例有关，越多青壮年劳动力外出务工农户家庭收入就越高。

对于一般农业型地区来讲，全国劳动力市场的形成并没有改变村庄内农户收入去分化机制。不过，因为外出务工收入明显比留村种自家承包地收入要高，一般农户家庭如果仅种自己承包地而不外出务工，家庭收入就不能支撑他们在村庄中的体面生活。因此他们就不得不想方设法增加收入机会，或者外出务工经商，或者扩大农村获利机会，比如增加种植面积、经营小农机服务、当农村经纪人、种养加结合以及开商店卖农资等。也只有在村庄增加获利机会的情况下，他们才可以和可能不外出务工经商。一个比较特殊的群体是村干部。在形成全国劳动力市场之前，农户收入主要靠当地收入，主要是农业收入，村干部不脱产情况下可以兼顾农业生产和村干部工作，因此，收入就不低于一般农户家庭。全国劳动力市场形成后，所有农村青壮年劳动力都可以获得市场平均工资，而村干部无法离开村庄进城务工经商，当村干部的补贴往往又远低于进城务工经商收入。如果不能在农业收入以外增加收入来源，他们就会成为村庄说不起话的贫困人口。村干部增加收入来源的几乎唯一办法是"中农"化。村干部"中农"化，或"中农"当村干部，是当前一般农业型地区的不二选择。

从贫困情况来看，因为距离劳动力市场远近不同，以及农村资源禀赋差异（主要是人地关系），而会对全国劳动力市场产生相当不同的影响。先来看资源禀赋情况。人少地多的农村比如黑龙江农村，因为土地较多，农户家庭仅靠土地收入就可以获得相对体面生活，农户家庭外出务工经商的青壮年比例就比较低，村庄社会结构也因此更加完整。反过来看，那些人地资源关系紧张的地区，比如四川、贵州、河南、湖南、浙江农村，农民最早外出务工经商，寻找各种可能获利机会。

全国劳动力市场本身是有载体的。目前全国劳动力市场的中心地区无疑是城市和沿海经济带,因此存在全国劳动力市场的中心地带与边缘地带。长三角地区和珠三角地区以及大中城市无疑是劳动力流入地,也是市场中心地带,广大中西部农村则是劳动力流出地。在市场中心地带,村庄中不仅青壮年劳动力有机会从市场上获利,而且中老年农民也有较多从市场获利的机会。中西部市场边缘地带,中老年农民要从市场上获利就要远离家乡,机会成本比较高。长三角地区农民不离乡甚至不离家就可以轻松获得二、三产业就业机会,而中西部农村农民必须远离家乡才能获得这样的机会,那些仍然从事农业生产的中老年农民因此就缺少这样的机会。农业本身的季节性和就业不充分就造成中西部农户家庭收入要低于处于市场中心地带农户家庭的收入。

除中心与边缘外,还有若干半中心也是半边缘地带的农村,因为距市场中心比较近,就有了更多接近鲜活农产品的市场机会,以及就近就业的便利,也会有相对较多的以来料加工为代表的本地就业机会,这些机会为那些缺少进入全国劳动力市场的农村劳动力提供了获利条件。

还有一种比较特殊的情况,即基于文化因素造成不同地区农民对全国劳动力市场不同反应的情况。总体来讲,在中华文明核心区的鲁豫皖,农民充分利用一切机会来实现家庭收入最大化,普通农户家庭经过若干年积累可能也会有数十万元的积蓄,而云贵川等边缘地区(相对而言),农民家庭可能不是家庭收入最大化而是家庭闲暇最大化。结果,越多市场机会就可能产生越多闲暇享受,本来有很多获利机会,因为更加追求享受而非积累,农户家庭也就越可能少有积蓄。

三、全国性婚姻市场:性别资源跨省区定向流动

随着全国劳动力市场的形成,农民家庭进城务工经商的逻辑开始发生改变:之前农民家庭劳动力进城务工经商,原因是人多地少劳动力过剩,过剩劳动力进城务工经商以增加农民家庭收入。农村劳动力进城是服务和服从于农村生活与生产的。再后来,农户家庭形成以代际分工为基础的半工半耕结构,即由缺少进城机会的中老年父母留村务农,青壮

年农民进城,他们在城市获得机会就留城,而留守农村务农的中老年父母则成为子女进城的支持力量,至少不是拖累。

农村年轻人自然要在初中或高中毕业后进城务工经商,他们怀着进城梦想,期望成为体面的城市人。年轻人在工厂共同劳动、共同生活,很容易就会共同交往,也很容易就产生了跨省恋爱和跨省婚姻。因为年轻人工作范围大大超过了传统通婚圈范围,在全国流动,条件比较优越地区就具备对性别资源的强大吸引力。

在总体性别失衡的大背景下,跨省婚姻是有方向的,就是遵循性别资源向优势地区流动的规律。具体地,在性别资源稀缺的情况下,女性资源流向大体遵循农村流向城市、中西部地区流向沿海地区、贫困地区流向富裕地区、山区流向平湖丘陵地区、边远地区流向中心地区的规律。性别资源的跨省区定向流动会对农民家庭和村庄社会产生重大影响。

从传统来看,在绝大多数时期农村都有相对稳定的通婚圈,农民婚嫁不过是周边十几公里范围内。传统通婚圈范围比较小当然是有道理的,因为婚姻是合两家之好,在本地通婚形成姻亲关系,就将两个家庭的力量集中起来形成生产生活的合力,两个家庭可以相互支持、相互帮助,嫁出的女儿也方便看望父母,父母也可以很方便为子女提供支持,亲戚走动也方便。

在已经形成普遍跨省婚姻的情况下,全国农村仍然存在对本地婚姻的偏好,原因也与合两家之好有关。在经济比较发达地区,娶外地媳妇是比较没有面子的事情,只有娶不到本地媳妇的年轻人才会这样的。在比较贫困地区农村,娶外地媳妇也不是首选,因为外地媳妇不能做到合两家之好,且很可能会跑掉。

在传统时期,因为很少跨省婚姻,性别资源流失比较少,即使存在性别比例的失衡,真正娶不上媳妇的当地男青年只有两种情况:一是个人身体有残疾,二是家庭条件太差。有一定家庭条件身体又健康的男青年,总可以在当地找到媳妇成家,而不用特别地担心会打光棍儿。

在跨省婚姻普遍形成而传统通婚圈被打破时，某些地区农村性别资源流失可能会比较严重，有一些家庭条件不错且身体健康的男青年也可能找不到媳妇而要打光棍儿了。这种情况会引发恐慌，农户家庭为了避免儿子打光棍儿的命运，想方设法为其娶媳妇准备条件，并不断将婚期提前，越早结婚越安心。在传统通婚圈被打破、性别资源流失的情况下，年轻女性的稀缺引发竞争，只有那些不仅身体健康而且家庭条件好的男青年才能顺利娶到媳妇。结果，几乎绝大多数女性刚到适婚年龄就成家了。有些男青年因为家庭条件稍差或错失几次机会，年龄就比较大了，比如25岁仍然未婚，他就会发现当地竟然已经没有适合谈朋友的女青年了。在同等条件下，十七八岁女青年谈朋友，显然不愿意找25岁及以上的大龄青年。25岁及以上的大龄青年为避免打光棍儿的几乎唯一办法，就是找离异妇女或丧偶妇女成家。

在性别资源流出地区，年轻人成家越来越早，成家条件显然不是年轻人自己有能力准备的。为了让儿子结婚，这些地区的父母就必须提前准备。在性别资源绝对稀缺的情况下，父母为儿子娶上媳妇进行的准备就是竞争性的，表现出来就是彩礼越来越高，结婚条件越来越苛刻[1]，经济贫困型光棍儿越来越多[2]。比如，在鲁豫皖农村，父母要为儿子娶媳妇准备：彩礼（10万~30万）、县城住房一套、轿车一辆，仅这三大件就要好几十万元甚至上百万元。如果积蓄不够，就由父母以自己剩余劳动时间去借贷，儿子媳妇不负责还贷，而由父母还贷，因为为子女娶媳妇是父母的责任[3]。

也就是说，在性别资源流出的农村地区，激烈的婚姻竞争造成了严重的"代际剥削"，且产生了一个为结婚而在县城买房的刚需。而这些

---

[1] 桂华、余练：《婚姻市场要价：理解农村婚姻交换现象的一个框架》，《青年研究》2010年第3期。

[2] 刘燕舞：《农村光棍的类型研究——一种人口社会学的分析》，《中国农业大学学报（社会科学版）》2011年第3期。

[3] 李永萍：《北方农村高额彩礼的动力机制——基于"婚姻市场"的实践分析》，《青年研究》2018年第2期。

在县城买的房子实际上无人居住，因为儿子媳妇结婚以后也到沿海大城市务工去了。

在性别资源流失最为严重的深山地区，即使父母十分努力进行积蓄，为儿子成家准备条件，仍然可能很难娶到媳妇。有些地区的光棍儿率因此可能高得惊人。更重要的是，深山地区往往比较贫困，且缺少积蓄的机会，父母因此对子女成家的条件无能为力。这会进一步加剧女性资源流失。

有性别资源流出地区，就有性别资源流入地区。中国市场中心地带、半中心地带就是性别资源流入地区。因此，在沿海发达地区、大中城市郊区，因为不存在找不到媳妇打光棍儿的问题，农户家庭对于娶媳妇的事情就不是高度敏感。能娶到本地媳妇当然最好，娶不到本地媳妇，娶一个外地媳妇还是不难的。因此，高额的、苛刻的婚姻要价就没有存在可能，男青年也不急着娶到媳妇，而是要经过一段可能比较漫长的爱情之后再结婚，婚龄也因此比较大。这些性别资源流入地区可能存在的一个问题是当地女青年不愿找外地男青年，本地条件较好的男青年又找了外地女性，从而出现了本地剩女的现象[1][2]。

四、三大全国性市场的联系及对乡村秩序的影响

传统中国农村是相对封闭的自给自足社会。全国性农产品市场、劳动力市场和婚姻市场的形成，从根本上改变了中国农村的宏观背景，影响了中国农村基本秩序。我们先讨论三大市场之间的联系，再讨论三大市场对乡村秩序的影响。

三大全国性市场中，最早出现也最为基本的是农产品市场。农产品可分为两种，一种是作为必需品的粮食等大宗农产品，一种是非刚需的

---

[1] 王晓慧、刘燕舞：《农村大龄青年婚配困难问题研究——社会剥夺的视角》，《中国农村观察》2017年第2期。

[2] 杨华：《农村婚姻挤压的类型及其生成机制》，《华中农业大学学报（社会科学版）》2019年第4期。

经济作物。粮食作物涉及国计民生，保障供给十分关键，国家对粮食作物实行保护价收购。因为中国农村人多地少，种大田粮食作物是不可能致富的。经济作物以及各种鲜活农产品市场化程度高，价格波动大。在一些特定地区，比如蔬菜集中生产交易的地区（如山东寿光）和城市郊区，具有区位优势，这些地区农民就可能通过在有限土地上进行集约化投入（比如建蔬菜大棚）获得较高利润。不过，这肯定不是中国农业主流。经济作物较高收益与其更高投入和更高市场风险相匹配。

相对于中国人多地少的国情，尤其是未来相当长一个时期中国仍将有数以亿计农户，农户又以中老年农民和少量（10%左右）适度规模经营（30~50亩）"中农"为主的农情和国情，中国农产品生产将长期以小农户家庭为主。这些小农户家庭劳动力缺少进城务工经商机会，其机会成本几乎为零，这使中国农村可以通过有限农地提供物美价廉的农产品，资本农业在种植业几乎没有进入的空间。反过来，中国有限的农地和占GDP比例越来越低的农业产值却仍然滋养了数以亿计缺少进城机会的农民，为数亿农民提供农业就业。正是与土地结合起来了，中国缺少城市就业机会的农民就可以仍然有农业就业机会，就不会成为漂泊在城市的流民。

农业不能致富但能够保底，中国大宗农产品的生产与消费都不是也不可能是完全的市场。正是因为农业不可能致富，大量农村青壮年劳动力进入城市务工经商。他们勤奋努力，如果运气又好，在城市获得稳定就业和较高收入，就体面地在城市安居；反之，如果他们运气不好，仍然可以回到农村通过与土地的结合，获得农村生活的保底。

有农业和农村的保底，中国劳动力市场的市场化程度高一些也不是太大问题。较高程度的劳动力市场为中国赶超型经济提供了强大动力源。全国劳动力市场为农民提供了广泛的在二、三产业获利的机会，也造成了农户家庭的分离。中国式现代化过程中，这样的两难还会持续相当长一段时间。

正是因为全国劳动力市场的形成，农村青壮年劳动力在全国城市寻找二、三产业就业机会，而发生了普遍的因为工厂恋爱等造成的跨省婚姻，以及性别资源的不平衡流动。传统通婚圈被打破了，全国性婚姻市场形成了。

全国性婚姻市场形成以后，性别资源流出的农村，因为女性稀缺造成婚姻成本大幅度提高，以及婚育年龄大幅度提前。年轻子女不可能承担高额婚姻成本，父母不得不为子女婚育而提前积蓄，并利用人生剩余劳动力作为抵押借贷，以支付娶儿媳妇成本，比如彩礼、县城买房和轿车。仅靠农业收入是不可能承担子女婚姻成本的，农户家庭必须利用相对年轻的时间进城务工经商形成积蓄，并且在年龄较大缺少进城务工机会时，仍然在农村进行农业生产，以减轻子女赡养负担。

依靠父母在县城买房的年轻夫妻很难在县城生活下来，因为县城缺少就业机会，因此他们将县城的住房空置起来，到沿海经济发达地区寻找较高收入的就业机会，也就是进入到全国劳动力市场。

全国婚姻市场中性别资源流入地区，因为较少性别资源的激烈竞争，以支付高额彩礼为典型的高额婚姻成本就较少，刻意提前婚龄的情况比较少见。基于个人相对成熟基础上的晚婚比较普遍。

虽然传统通婚圈被打破，跨省婚姻越来越普遍，不过主导的婚姻模式仍然是以同乡为基础的，且这些婚姻往往要在家乡的县城落地，即在县城买房结婚。在家乡县城买房，可以充分利用家乡的人脉资源，更重要的是可以与仍然在农村种地的父母建立相互支持、相互照应的联系。

在未来相当长一个时期，中国农产品市场都仍然是一个不完全市场，仍然会有大量农民和农户家庭要依托农业来完成家庭再生产。农业不能致富却可以为数以亿计农户提供保底。农民增加收入的主要途径是进入全国劳动力市场，获得市场平均工资收入，机会比较好的农户家庭成功体面地融入城市。农村性别资源的失衡以及性别资源流动所形成的全国婚姻市场，使年轻女性可能借婚嫁来完成城市化，或至少可以让男方父母在县城买房。全国婚姻市场的形成造成性别资源流出地区激烈的婚姻竞争，这种婚姻竞争的压力通过代际传递转嫁到父母身上，从而在农民家庭中产生了分化。年轻子女依靠对中老年父母的剥削进城了，中老年父母更加需要依靠土地来养老与保底。相对稳定的农村和以小农户为主的农业又为中国采取相对彻底的劳动力市场化提供了托底，或者说不够完整的农产品市场为相对彻底的劳动力市场提供了前提。

结语：中国原有乡村秩序面临挑战

快速城市化是当前中国发展的重要表现，三大市场是中国发展的重要内容。正是借助三大市场体系，之前相对封闭的自给自足程度很高的农村开始融入全国的体系中，之前建立在相对封闭基础上的乡村秩序面临挑战。

总体来讲，三大市场都是从农村抽取资源进入城市，即农村人财物流出。一个系统要能保持稳定，就必须有资源输入与输出的相对平衡。在当前城市化背景下，农村资源通过三大全国性市场流出，农村仍然维持了秩序，主要原因有三个方面。

第一，进入21世纪以后，国家持续向农村输入资源，目前每年惠农资金高达2万亿元。

第二，农村社会结构正在发生变化，其中一个很重要的方面就是"中坚农民"的崛起。越来越多农民进城，也就意味着他们正在让渡出越来越多农村获利机会，这些获利机会滋养出来一个占农户家庭总数10%左右的数量不大却十分重要的"中农"群体，这个群体成为农村秩序中的"中坚"力量。

第三，中国农村制度仍然在起着强有力的作用，最重要的制度有两个：一是传统的村庄熟人社会制度，这个由自己人构成的熟人社会为农民提供了交往空间、精神寄托。二是集体村社体制，尤其是集体土地制度，为所有农户都提供了可以保底的承包地以及宅基地和住房。

现在的问题是，我们必须深入分析三大市场对农村秩序影响的机制，尤其重要的是，三大市场本身是不平衡的，在这种不平衡力的作用下，不同地区和不同时期的乡村秩序就会受到不同的影响。

第二节　区域差异：透析中国城市化的未来

一、沿海+中西部：当前中国经济格局与城市格局

人口高度聚集是现代社会的普遍现象。美国人口主要集中在东部和西部沿海地区，日本人口接近一半集中在东京大阪地区，韩国一半人口集中在首尔都市圈。欧洲国家人口分布相对均衡，原因是欧洲国家面积都不大，发展早，不过大城市人口占比也非常高，英国的大伦敦区和法国大巴黎区都占到全国人口 20% 左右。之所以人口高度集中，是与工业化本身需要的聚集与规模有关的。

中国幅员极为辽阔，人口数量也极为庞大，所以，人口最多的城市上海，也仅占全国不到 2% 的人口，相对于世界上其他国家，中国人口分布还是比较均衡的。历史上中国人口分布主要受到胡焕庸线影响，中科院国情小组根据 2000 年资料统计分析，胡焕庸线东南地区国土面积只占到 43.18%，却聚集了全国 93.71% 的人口和 95.70% 的 GDP①。原因是胡焕庸线西北地区干旱少雨，不适合农作；胡焕庸线东南地区面积仍然辽阔，人口数量庞大。总体来讲，中国人口分布还是均衡的，其中人口超过 5000 万的省份有 11 个，其中广东、山东、河南三省过亿或近 1 亿，江苏、四川、河北、湖南、浙江、安徽六省人口超过 6000 万，湖北、广西人口超过 5000 万。此外，还有 9 个人口在 3000 万～5000 万的省级行政区。各个省级行政区内人口分布也是较为均衡的，原因是农业生产靠土地，中国人口多，人均耕地有限，土地生产力或承载人口能

---

① 中科院国情小组：《生存与发展》，科学出版社 1989 年版。

力决定了各个行政区的人口总量。

所以，中国最大城市人口占全国人口总数的比例或首位度，在全世界都是比较低的。

不过，如果按照城市圈来计算，以及按趋势计算，情况会略有不同。当前中国有三大城市圈，分别是长三角城市圈、珠三角大湾区城市圈（粤港澳），京津冀城市圈，人口都在1亿以上，这样一来，中国最大城市人口占比也不低了。当前农民正在进城，从第七次全国人口普查的资料看，全国几乎所有中西部县域范围人口都在减少，全国人口主要向大城市和沿海城市圈（城市带）集中①。这样来看中国城市化就可能会发现，人口持续聚集仍然是中国城市化的趋势或规律。

（一）沿海城市经济带的形成和发展

改革开放以来，尤其是加入WTO以来，中国经济是持续向沿海地区集中的。2021年，沿海地区的广东、江苏、山东、浙江、福建、上海、北京、天津五省三市，贡献了全国一半的GDP，占到全国人口的1/3左右，国土面积却只占全国的大概5%。也就是说，沿海地区经济和人口密集度远远超过全国平均水平。如果将江苏、山东、福建、广东省内经济较薄弱地区扣除，仅计算工业化程度最高经济最发达地区，则沿海五省三市可能只用全国不到2%的国土，创造了接近全国一半的GDP。中国经济和人口高度集中于沿海地区。

经济和人口最为集中的地区主要包括长三角地区、珠三角地区和京津冀地区，长三角核心地区包括上海和江苏、浙江的大部分地区，珠三角地区主要包括粤港澳大湾区。京津冀地区则是以特大城市为主的经济类型。

早在20世纪七八十年代，江浙和珠三角地区就开启了大规模的乡村工业化进程。苏南发展集体主导的乡镇企业，浙江民营经济村村点火户户冒烟，珠三角核心地区通过招商引资发展"三来一补""两头在

---

① 参见陆杰华、林嘉琪：《高流动性迁徙的区域性特征、主要挑战及其战略应对——基于"七普"的分析》，《福建省委党校学报》2021年第6期。

外"工业。到 21 世纪之初，长三角地区和珠三角地区乡村工业顺利实现转型升级，全国绝大多数地区乡镇企业却被淘汰了。

当前时期，珠三角地区、长三角地区，不分城乡，基本上都已全域工业化和城市化了。简单地说就是，长三角和珠三角核心地区农村虽然体制上仍然是农村，也仍然在种植粮食，实际上这些地区却具备与城市同样发展工业的区位优势。当地农民不用离乡就可以在家门口找到二、三产业就业机会，大量外来人口涌入提高了农村地价，为当地农民带来因为土地升值所伴生的财产性收入。因此当地农民不再耕种承包地，也不再以农地作为退路和保障，村社集体通过反租倒包，将耕地集中连片，租给愿意种地的农户包括外来农民。有了规模经营也就有了农业现代化的基础，这些地区农村在二、三产业快速发展的同时，耕地也集中起来并因此在全国率先实现农业现代化。

也就是说，在沿海地区已经形成不分城乡、跨越行政区划的庞大的沿海城市经济带，这个城市经济带具有巨大经济活力和经济吸引力，将全国人财物吸引过来，产生了工业化、现代化和城市化进程中通常都会有的极化效应。

当然，城市本身的发展也不能过于密集和拥挤，不然就容易产生规模不经济。北京上海都是超大城市，人口太多，规模太大，环境资源难以承受，房价太高，生活也变得不够便利，因此要限制人口聚集，并要疏散非主导功能——北京向雄安疏散非主导功能，上海则将农村地区本已发展起来的乡镇工业强行关停。北京首都更强调政治、科技和文化功能，上海不仅是经济中心，也是科创中心和金融中心。

北京、上海、深圳、广州疏散出来的功能进一步带动周边地区的发展。沿海庞大的城市经济带内部有分工，这个城市经济带却是一个有机整体，具有远高于城市经济带以外地区的经济活力、生产便利，从而就聚集了大量人口和生产力。

若计算长三角核心区和珠三角核心区的人口与 GDP 总量，长三角核心区人口至少要有 1.2 亿以上，GDP 有大概 20 万亿，珠三角核心区人口接近1亿，GDP有大概10万亿（未计入香港、澳门），长三角核心区占到全国人口和经济总量的比重接近10%和20%，珠三角核心区人口占全国7%左右，GDP占比接近10%。长三角核心区+珠三角珠心区+京津冀核心区，人口和GDP就分别超过2.7亿和接近40万亿GDP，占全国比重为：人口约20%，GDP约30%，国土面积仅1%。

这样来看，中国经济与人口集中程度也比较高了。且未来时期，无论是从科技进步还是从产业发展方面，沿海地区仍然具有巨大发展空间，还会有更多人口流入和更快经济成长。在巨大的沿海城市经济带内，仍然有着广阔的土地来承载核心区所无法容纳的生产力。也就是说，未来一个时期，沿海城市经济带将继续发展成长。

随着经济的持续成长和人口城市化，沿海城市经济带核心区每寸土地都会被充分利用，包括用作生态功能。随着核心区容纳极限的到来，就会发生产业转换，腾笼换鸟，核心区越来越成为总部经济、研发科创基地，相对低端产业向周边地区转移，既可以享受到靠近核心区的便利，又容易获得政策好处。

（二）中西部城市发展要防止市县恶性竞争

虽然沿海城市经济带未来人口和经济占比还会持续提高，中国却是一个超大型国家，因此就一定不可能让中西部衰败，让全国经济重心完全靠向沿海地区。且随着中国经济越来越从出口导向转向依靠内循环，中西部地区经济就有了更大增长空间。

现在的问题是，中西部地区经济发展到底要采取什么策略。沿海地区发展是全域工业化和全域城市化模式，除生态红线外的土地都工业化和城市化了。中西部地区还可能再按东部沿海地区的模式来工业化和城市化吗？

这显然是不可能的。

首先，未来很长一个时期，人口向东部沿海发达地区流动几乎是必然的。人往高处走，越是规模巨大具有聚集效应，生产力越发展，就越是有各种可能机会，也就越是要吸引人口流入。只要没有人为政策限制，按正常市场规律，未来很长一个时期特大城市和沿海地区将仍然是人口流入地区，中西部地区则是人口流出地区。

在整个区域人口流出的背景下，中西部地区内部也是不平衡的。省会城市和区域中心城市已经具有相对于区域内其他地区发展起来的更大优势，因此必然是人口流入的地区。第七次全国人口普查的资料显示，虽然区域人口增长缓慢或净减少，省会城市和区域中心城市人口却几乎无一例外地快速增长，中西部地区县域人口几乎无一例外地净减少。

目前阶段，乡村工业化早已没有可能，中西部地区不再可能复制东部沿海地区20世纪的乡村工业模式。

从县域经济来看，全国百强县几乎都集中在东部沿海地区，尤其集中在江苏、浙江和山东。广东百强县少并不是广东经济不发达，而是珠三角县改为市辖区，体制上已经城市化了。若以区作为县级单位，深圳南山区2021年GDP超过6000亿元，比百强县之首的昆山还高1/3以上。相对来讲，中西部地区百强县不仅排名靠后，而且往往是依靠资源或就在省会城市边上。未来时期，中西部地区县域经济成长空间有限。

百强县集中在沿海地区，是因为沿海地区农村已经工业化了，县域范围形成了适合现代制造业的产业配套、基础设施，县域是沿海城市经济带内在组成部分，因此每寸土地上都适合发展产业。中西部地区经济密集度不够，缺少发展现代制造业的产业配套与基础设施。

在整体经济发展水平与沿海差距巨大的情况下，中西部地区要形成发展的竞争力，就必须有一定的规模，即中西部地区发展已不可能再通过农村搞工业，县县谋发展，来推动整个区域发展。反过来，当前中西部地区已出现普遍的市县竞争项目，结果每一处都无法形成合理规模：县固然是很难达到合理经济规模，一个地级市下面有上十个县来恶性竞争，地级市往往也很难形成适度规模，从而很难形成对现代制造业的最低容纳能力。当前中西部地区普遍存在的一个严重问题恰恰是通过招商引资建设现代制造业的地方，点多面广，基础设施投入大，却十分分散，无法产生规模效益，已经进驻的制造业也很难存活下来。因此，最近有一些中西部地区的省级政府开始提出省会城市经济首位度，因为只有有了一个强大的省会城市，才能驱动全省经济的成长，也才可以有科技创新能力。

当前沿海地区在推动产业升级，部分产能要转移出去，无非三种形式：一是在沿海地区就近转移，比如从苏南转移苏北，从长三角核心区转移到安徽等长三角边缘区；二是向东南亚转移；三是向中西部转移。中西部如何做好对接工作是一篇大文章，核心是中西部地区不再可能全域工业化和城市化，而必须集中资源在地市一级建设对接中心，为转移而来的产业提供成长条件。现代制造业在中西部地区地级城市立足，就可以吸引大量当地农民进城当产业工人，产业工人又为地级城市服务业发展提供了最大机会，结果就是，地级城市发展起来，成为区域中心城市。地级城市和省会城市大量吸收进城农民，种田的农民少了，职业农民就可以扩大种植规模，搞现代农业，县城人口略有增加，主要是为享受县城公共服务。

也就是说，未来时期，中西部地区城市化重点应当在省会城市和以地级市为主的区域中心城市，要防止县一级与地市竞争城市建设资源和产业发展机会，恶性竞争的结果几乎必然是县域经济发展不起来，地级市又被拖垮了。省会城市一定的经济首位度，为省级经济发展和科技进步提供了强大动力，才能带动全省经济发展。

二、一手规划、一手防范：县域经济与中国城市化

（一）县域经济的发展与县城规划需考虑"人口外流"

当前全国都特别强调县域经济的发展，尤其在共同富裕目标和乡村振兴战略下，有些人认为，只有发展县域经济，才能让农民致富，才能乡村振兴，才能减少城乡不平衡和区域不平衡。并且，中西部地区往往将发展县域经济定在优先目标上，比如湖北省正在强力推动扩权赋能强县改革。这就很可能造成一个县与地级市竞争从而造成中西部地区无力对接沿海转移产业，更不可能发展出新产业，又造成大量投资浪费的问题。当前全国中西部地区地方负债已很严重，大量城建投资成了摆设，

甚至烂尾。

如果承认中西部地区县域经济已缺少发展现代制造业的空间，就是说中西部地区县城已难以为进城农民提供制造业就业机会，继而服务业也很难发展起来。因此县域经济不可能容纳足够人口。

如果县城无法容纳大量就业，县域范围内的农民进城，进入县城就只可能是过渡性的，他们必须再次进城，直至找到可以就业的地方。农民进城归根结底是要在城市体面生活。目前县城房价低，又有比较好的公共服务，尤其教育、医疗和文化设施远比农村要好，农民进城的第一站往往是县城，他们在县城买了房。遗憾的是，进城买房的农民往往缺少在县城就业的机会，他们就不得不继续到沿海地区打工。县城建了很多楼盘，也卖出去了，却没有人住。

当前中国正在快速城市化，这有两层含义，一是农民离开农村进城，二是农村进入到区域中心以上城市包括沿海经济带。这就是说，中西部地区农村人口会持续大幅度减少，同时，县域范围人口也会持续大幅度减少。县域经济发展和县城建设必须要以这两个减少为基本前提，不然就会出现过度建设，造成严重浪费。

从农业人口来讲，当前中国农村显然不是无人耕地，而是无地可耕。虽然农民正在进城，农民进城却并不稳定，他们通常都要保留自己的农村退路，他们也就往往要保留自己的承包地，这些承包地由农户家庭中缺少城市就业机会的老年人耕种，形成了中国当前农村普遍存在的经营小块耕地的"老人农业"①。"老人农业"的重要性在于，农业不仅保证了粮食安全，而且为农户家庭提供了农业收入与就业。随着农民在城市找到稳定就业与收入机会，真正在城市体面安居下来，他们就让渡出自己在农村的获利机会，留守农村的农民就通过流入土地扩大经营规模，获得了这些机会，成为职业农民。中国有 20 亿亩耕地，按每户最低 200 亩计算，中国土地上可以容纳的职业农民可能只有 1000 万人，

---

① 参见陈文琼：《小农农业：家庭合力式城市化的资源支撑——对中部地区农民城市化现象的分析》，《贵州社会科学》2021 年第 8 期。

而目前农村居住人口超过5亿。

虽然只有1000万职业农民,却需要有与之配套的各种社会化服务,以及在此基础上发展起来的加工、运销、仓储、品牌、包装等事业,这些都可以为县域经济提供机会。与农业结合起来的休闲农业、采摘农业、观光农业、乡村旅游也有发展空间。当然,这个空间不会太大,目前全国地方政府寄托在休闲农业的期望实在太过头了。

县级政府必须为农业及相关配套产业提供基本公共服务和基础设施条件,为农民提供基本服务和基础设施条件。

从县域范围来讲,因为大量农民进城是要进到有就业的地方去,当前县城难以提供足够的就业机会,所以可能会有一半以上的县域人口外流。第七次全国人口普查资料显示,几乎所有中西部县域范围人口都在流出、在减少,这还只是初级阶段,这个减少还要加速。

当前中国中西部地区,平原县普遍人口在100万左右,山区县也在30万左右。一个100万人的平原县,县域面积2000平方千米,在农民城市化完成后,县域人口可能只有30万人。有人可能认为2000平方千米只有30万人口,人口密度太低了。实际上,这样一个人口密度在全世界都是比较高的,比如美国人口超过1000万的州只有9个,其余42个州的人口低于100万,而美国地域面积超过10万平千米的州就有37个。也就是说,美国有大量面积超过10万平千米的州,人口却低于1000万,且这1000万人口绝大多数居住在州府主要城市。比较而言,中国一个2000平方千米的县有30万人口,显然人口是相当密集的。

现在的问题是,若一个100万人口的县在城市化结束后,留在县域的只有30万人,则目前全国县域规划,包括县城规划和基础设施、公共服务的规划,包括建新城的规划,就会成为大问题。很多县城规划人口超出全县总人口,指望着吸引邻县人民来定居买房,这样一种预期基础上的规划必将造成严重浪费。

(二)中国城市化之路要防范中西部县城盲目扩张

农民城市化是必然趋势。农民进城是为了在城市获得就业与收入。

当前时期以及未来很长一个时期，能为进城农民提供有保障就业与收入机会的，主要是持续成长的沿海城市经济带与中西部区域中心城市（省会城市及地级市）。中西部绝大多数县城不可能再有发展现代制造业的机会，不可能成为农民城市化的主要载体。

因此，未来一个时期，中国城市化应当遵循经济规律，以农民进入沿海城市经济带和中西部区域中心城市为基础，来设计中国城市化的蓝图，来进行中国城市化的规划。现在中国城市化必须首先防范的是中西部县城的盲目扩张。这是当前中国城市化的当务之急。

考虑到区域平衡及尊重经济规律，国家在区域发展战略中，可以将产业政策适度向中西部地区倾斜。这种倾斜当然不是要倾斜到县及以下，而是要倾斜到中西部省会城市及区域中心城市。通过政策与投入加快中西部地区区域中心城市发展，就可能在中西部地区形成具有良好基础设施、完善产业配套的现代制造业中心和经济成长中心，并为农民城市化提供可靠载体。从中西部地区本身决策来讲，中西部地区已完全不可能再学习东部沿海地区发展县域经济经验，而应当集中资源和注意力发展可以容纳现代经济、可以推动科技进步的区域中心城市包括省会城市，而不能再在城市发展上面"撒胡椒面"，分散了城市发展的资源。

三、人的现代化：区域差异与共同富裕的根本

当前中国式现代化进程中存在着十分突出的发展不平衡的问题。当前发展不平衡最突出的表现就是区域发展的不平衡和城乡发展的不平衡。中央提出共同富裕目标和乡村振兴战略，都是要解决当前中国发展不平衡的问题。

现在的问题是，当前中国的不平衡仍然是发展阶段的不平衡，是中国史无前例高速城市化进程中的不平衡，也就是过程中的不平衡。过程中的不平衡往往是达到高水平平衡的重要手段。

乡村振兴战略 20 字总要求中，十分重要的一条是"生活富裕"，只有农民生活富裕了，城乡不平衡问题才能缓解，共同富裕目标也才能

实现。问题是，农民生活富裕，这个农民是谁？显然，未来的农民与当下的农民是有差异的，当前中国还有5亿多农村居民和8亿多农村户籍人口，这部分农民中的大多数都要进城，只有当他们进城了，他们将农村获利机会让渡出来，留守农村的农民才能主要依靠农业收入和农村收入达到生活富裕。因此，解决城乡发展不平衡并不只是要发展农村，而是要让绝大多数农民从农村中转移出来。只有农民减少了，农民才能富裕，这个道理其实我们都是懂的。农民总人数没有减少，进城农民无法在城市体面安居，不得不将农村留作退路，这种情况下，无论如何是不可能让农民从农业和农村中获得富裕生活的，只能共同受穷。

也就是说，当前解决城乡发展不平衡的办法，不是想方设法将农民留在农村，让他们非得从农业和农村中获得收入，而是应当鼓励支持农民进城去。当前政策主张各种农村新业态，政策鼓励农民工返乡创业等，都是值得斟酌的。

有一种担忧，认为仅依靠农业，农村地区是很难致富的，毕竟"无工不富"。但实际上从公共服务和基础设施来讲，当前农村主要公共品供给都越来越依靠国家财政转移支付。乡村振兴不是要让农民留在农村，也不是要在农村发展工业，以及非得在农村发展新的所谓"富民产业"[①]。农民是中国社会中最有积极主动性的力量，城市有大量二、三产业就业获利机会，没有哪个农民非得生来只能在农村从事农业，而不可以在城市闯荡。城市是中国经济发展的重心所在，机会很多，农民到城里打拼，他们成功了就在城市安居，万一失败他们还可以返回农村。城市越发展，为进城农民提供的机会就越多，他们就更可以在城市体面安居，也就为留守农村的农民提供了更多农村获利机会。中国是一个整体，不分区域，不分城乡，国家有能力通过转移支付填平基本公共服务的区域差距和城乡差距。

之所以要缩小城乡差距和区域差距，实现共同富裕，根本上是要让

---

① 张红宇：《富民乡村产业：一个长期战略选择》，《当代县域经济》2021年第1期。

所有人都有机会平等和共享社会主义现代化基本成果。在当前中国城市化的关键时期，没有必要规定非得让农民在县城实现城市化，或非得在农村靠农业致富。缩小差距、共同富裕以及乡村振兴，我们都必须"目中有人"，即农民这个当前中国社会相对弱势群体的状况是否变好了。当我们的城市化政策可以让越来越多农民进城找到好的就业，有较高收入，可以在城市体面安居，他们进城又让留下来的农民有了更多获利机会，这样的城市化就是"目中有人"的城市化，这样的政策也才是将经济发展规律与中国所有人共享经济发展成果结合起来的好政策。这样的政策就可以推动中国最好的现代化，最终实现中华民族的伟大复兴。

四、一个讨论：关于农村的产业兴旺

目前政策部门十分焦虑于乡村振兴20字总要求的第一个要求，即如何才能做到农村"产业兴旺"。他们的出发点是，没有"产业兴旺"，农民生活富裕也就没有可能，农民都在农村待不下去，就不得不进城，农民都进城了，乡村就衰落和萧条了，乡村振兴也就无从谈起。

这种认识显然存在巨大误区。全世界的规律都是，现代化是以城市化为前提的，农民进城，留在农村职业农民数量变少。当前数亿农民转移进城，主要从城市二、三产业中获取收入，留守农村的职业农民才可能扩大经营规模，提高劳动生产率，实现农业现代化，并从农业中获取较高收入以实现生活富裕。

当前存在的一个普遍误会是，农民不进城，农村不萧条（或空心化），包括农民工在内的8亿农民主要依靠农村产业和农业达到"产业兴旺""生活富裕"。因此，在政策上鼓励资本下乡，鼓励农民工返乡创业，鼓励农村精英留村发展。而从政策所鼓励的产业来讲，都是发展所谓富民产业，似乎产业发展可以不讲经济规律，想富民就可以富民，而不懂得，一旦大家都进入的产业，就不是富民产业，而必然是会过剩从而会穷民的。

政策要求"加快农村一二三产业融合发展,把产业链主体留在县域,把就业机会和产业链增值收益留给农民",这里应当注意遵循市场规律,农民并非只能从一、二、三产业融合中就业增收,而可以到其他行业去增收。农民是依据机会成本在全国城乡劳动力市场上自由选择的。

中央政策提倡"发展乡村新产业新业态",包括"优化乡村休闲旅游业""推动农业与旅游、教育、康养等产业融合,发展田园养生、研学科普、农耕体验、休闲垂钓、民宿康养等休闲农业新业态""发展乡村新型服务业""加快农村电子商务发展"等。这些也是市场的事情,政策强推的可能结果就是本来该进城的没有进城,不该下乡的又下乡了,从而造成农业和农村领域的过度拥挤和农业农村的失败。国家钱出了不少,效果却不好,原因是没有遵循经济规律,违反了城市化的历史趋势。

当前有些地方政府存在借乡村振兴之名,将大量国家资源用于迎合文人小资情调,本来应当由市场来解决的问题,却花了国家财政的钱。在乡村新业态中,鼓励发展直播带货和乡村直播职业,这类事本来是市场应当做的,有利益的地方就一定会有人去追逐。通过政策支持鼓励,结果就是在总需求没有改变的情况下,人为加剧了市场竞争,造成了资源的浪费。再如,加快电商下乡很可能将之前一直依托传统商业获利的小农户淘汰,电商巨头在政策支持下,更加快速有效地获得了传统上属于分散农户(小商户)的垄断利益。

国家政策应当支持可以提高整个社会效率的事情,注重宏观方面,而不应当过于关注微观改进。一个地方直播带货做得好,可以增加这个地方农产品销售,这当然是好事,不过,在农产品总体过剩的情况下,一个地方农产品畅销往往意味着其他地方农产品的滞销,从全国层面来讲并没有产生效率的改进,农民收入也没有因此增加。这些事情就应当是农户和市场主体的事情,至多是地方政府的事情,国家层面的政策鼓励就显得奇怪。

结语：通过不平衡达到高水平的平衡

中国正处在现代化的关键阶段，能否顺利进入高收入发达国家，还有很长的路要走。当前时期也是中国史无前例高速城市化的时期，农村人口进城，人口高度聚集，沿海城市经济带和区域中心城市聚集了越来越多人口，不仅农村人口在减少，而且全国中西部县域人员都在减少，甚至中西部地区省级行政区人口都开始减少了。这个时候，如何应对区域差距和城乡差距，应当如何乡村振兴，以实现共同富裕的目标，就格外考验我们的政策水平和决策智慧。

正是存在区域差距和城乡差距，才会有持续人口流动的动力，差距的背后是经济发展水平，以及生产力发展需求的差距，是经济规律在起作用。正是东部沿海地区和城市具有更高生产力，对劳动力有更加旺盛的需求，才能及才会吸引大量农村剩余劳动力进城务工经商，才推动了中国经济持续增长。因此，乡村振兴并非一定要将农民留在农村，共同富裕更非要让全国人民受穷。只有在遵循经济规律的基础上，充分发展生产力，提高现代化水平，我们才能最终实现共同富裕的目标。

现代化和城市化都是历史性的过程，是一个辩证发展的过程，这个过程中往往会有发展的不平衡问题，且往往只有通过不平衡才能达到高水平的平衡。区域发展，后发区域很难照搬照抄先发区域的发展经验，而往往是先发地区导致后发地区不再有同样的发展可能，比如东部沿海地区乡村工业化的经验现在绝对不可能再在中西部地区复制。县域经济也同样如此，全域城市化也同样如此。城乡之间的关系也并不总是同时发展，而往往是一快一慢、一张一弛、一静一动，相反相成，对立统一的关系。城市是中国经济发展极，农村是中国社会稳定器，乡村振兴不是要将农民留在农村，依靠农业致富，更非要将农民土地财产化，让农民享受所谓财产性收益，而是在现代化进程中，始终要为农民提供农村生活的保底和进城万一失败的退路。我们只有真正理解了区域差距和城乡差距存在的合理性和解决问题的过程性，才能最终达到让全国所有人民都生活在幸福富裕中的目标。

现代化进程中，我们眼中始终要有人。我们关注发展不平衡，关注城乡差距和区域差距，归根结底是要关心其中的人。当前中国农民正在进城，越来越多县域人口流动到区域中心城市，区域中心城人口流动到全国中心城市，中西部地区人口流动到东部沿海地区，这个流动是每个人的权利，也是个人选择，是市场配置资源的有效方式。正是通过这样的流动实现了更高经济效率，以及让最多的人共享了现代化建设成果。也正是农民进城，让留守农村的职业农民有了扩大经营规模搞现代农业的机会，以及县城人口向更大城市流动，让更大城市具有更高效率。

中国未来城市化应当遵循经济规律和城市化本身的规律。全世界在现代化过程中，人口都是高度城市化且高度集中的。中国也只可能如此。当前中国沿海城市经济带就是一个庞大的城市群，这个城市群内部的农村也已经城市化了，所以县域经济极其发达。相对来讲，中西部地区农村不再可能工业化，县域经济也只有不多的经济成长空间，当前中西部地区城市化的重点在省会城市和以地级市为主的区域中心城市，县城往往只是为县域提供公共服务的载体，很难成为农民城市化的主要目的地。

当前中国地方政府在理解中央提出的共同富裕目标、乡村振兴战略中的实践中，存在着普遍的误解，其中最迫切需要改正的就是盲目发展县域经济和进行乌托邦式的美丽乡村建设。

第三节　三大经济地带：农户收入机制的区域差异

浙江丽水农村比较富裕，这个富裕表现在沿途农民都建了装修精致的小楼，进入村庄也可以看到农民收入状况不错。而丽水市多山，很多县是九山半水半分田。一般来讲，山区多贫困户，农民应当很穷才对，而丽水山区农民普遍比较富，这是为什么呢？其中一个原因就是，丽水市紧靠长三角地区，虽然工业不发达，农业更弱，却可以受到长三角地区经济中心和市场中心的较大辐射，而成为半市场中心地带。这为丽水农民提供了远多于非市场中心地带农民的获利机会，从而可以有较高的家庭收入，也才变得比较富裕。下文试图以半市场中心地带这个概念为基础，讨论当前中国农村经济区域的性质，以及农民收入分层的区域差异，其中重点讨论经济区域与农民收入区域差异的内在机制。

一、三大经济地带与农民收入区域差异

（一）三大地带：市场中心、半市场中心和非市场中心

如果对中国经济发展状况进行区域划分，大致可以用两个标准。一是以大城市为区域经济中心的划分标准，这个标准中，大城市处在经济中心也是市场中心，在大城市以外存在近郊农村、远郊农村和边远农村。大城市近郊受到城市经济显著影响，远郊农村受到的影响小一点儿，却也仍然是郊区农村，所以仍然受到较大影响。边远农村就是受到大城市经济辐射较少的农村，这些农村受到大城市较少影响。二是按大的经济区域来进行划分，当前中国最活跃的三大经济中心分别是长三角地区、珠三角地区和京津冀地区，这三大经济中心都具有跨省域辐射的能力，

也是全国农民工跨省务工的主要目的地。以距三大经济中心距离的远近，可以划分出市场中心地带、半市场中心地带和非市场中心地带。

以大城市为中心和以区域为中心进行划分的标准既有联系也有区别。从区别上讲，区域经济中心是更大范围、更高层次的经济和市场中心，大城市则是相对小范围和低层次的经济中心和市场中心。从联系上讲，区域经济中心往往是由若干大城市连接形成的城市带区域，正是区域有若干经济实力强劲的大城市，才形成了区域经济中心和区域市场中心。某种意义上整个区域变成了城市带，具有了广泛而强大的经济和市场辐射能力。

无疑，当前中国有三大区域经济中心，分别是长三角地区、珠三角地区和京津冀地区，这些地区是中国经济重心，是农民工主要流入地，也是中国市场中心。

依据受到三大区域中心辐射影响的大小，可以划分出另外两个经济区域，即受到区域中心辐射影响比较大的半市场中心地带，典型的如前述浙江丽水地区，虽然是山区，却因为距长三角核心经济区较近，而受到了核心经济区较大影响。其他受到区域经济中心辐射较少的地区则是非市场中心地带，包括广大的中西部地区。

半市场中心地带的范围没有统一标准，因为区域经济中心的经济性质及其辐射能力和辐射方式是不同的，从而对周边区域经济影响力是不同的。一般来讲，大城市郊区农村都可以算作半市场中心区域，地域中心辐射影响的半市场中心则一般可以扩展到跨地区甚至跨省范围。

（二）地带差异：不同地带农民收入机制的异同

我们来重点讨论一下市场中心、半市场中心和非市场中心农民收入机制的异同。

总体来讲，当前中国农户家庭收入主要来自务农收入和务工经商收入，以及少许财产性收入，典型的如房租收入和集体分红，此外还有少许国家财政转移支付收入。就全国绝大多数农村的绝大多数农户来讲，农户家庭形成了"以代际分工为基础的半工半耕"家计模式，年老父母留村务农，年轻子女进城务工经商，农户家庭可以同时获得务农与务工经商的收入。或者说，农户家庭在以前只有务农收入的情况下，通过将剩余劳动力转移进城务工经商，而获得了城市收入机会，农户家庭收入因此增加了。在当前中国农村，有一个基本点，就是绝大多数农户家庭年轻子女进城务工经商，他们却并未完全脱离自己的家乡，而是以家乡村庄作为家庭再生产的基地，这样的好处一是通过留守父母完成农业生产获得农业收入，二是农村生活成本比较低，可以获得超出收入以外的"多元福利"。也正是因此出现了普遍的农村"三留守"，尤其是老年人留守现象。

正因为农村留守以及绝大多数农户家庭并未离开家乡，当前中国区域经济中的不同地带，即市场中心地带、半市场中心地带和非市场中心地带，就会有许多不同的农民家庭从业形式与收入组合，从而造成了中国农户家庭收入的递次分布。

我们首先来看市场中心地带的情况。

市场中心地带是指处在沿海发达地区城市带内的农村地区，这些地区的一个基本特点是农村已经城市化了，最重要的是村庄工业化了。农民主要收入不再来自农业而是来自二、三产业。村庄工业化，大量外来人口进入务工，市场中心区农民因此可以将住房出租获得一定租金收入。有些村庄工业尤其发达，大量集体土地用于二、三产业，从而可以获取大量租金收入，集体土地分红成为农户重要收入来源。

除此以外，因为大量外来人口进入，市场中心地区经济繁荣，农户家庭就容易在本地获得务工经商机会，他们住在自家装修豪华的房子，不必忍受家庭分离，有完整家庭生活。因为地处市场中心地带，家门口就有大量二、三产业就业和获利机会，最好的情况下，农户家庭中的老年父母、中年子女、年轻孙辈，一家三代都可以通过家门口的就业来获取二、三产业收入。只要身体健康，老年父母可以当门卫、打扫卫生、送牛奶等，或开杂货店；中年子女可以从事各种工厂劳动以及管理工作；年轻孙辈也开始进入二、三产业试水以找到自己满意的工作，年轻人往往不愿一开始即进入工厂车间，而多通过创业开始自己人生之路。

二、三产业就业与农业有一个很大不同，就是农业具有很强的季节性，真正农忙时间是不多的。与市场中心地区中老年人可以在家门口二、三产业获得相对稳定就业从而获得稳定收入不同，非市场中心中老年人留守务农，家门口缺少二、三产业就业机会，他们主要收入来自农业。农村土地有限，农业具有很强的季节性，由此造成农业就业的不饱和，结果就是农业收入相对较低，村庄中老年人收入水平远低于市场中心地带中老年人的收入。

家门口繁荣的经济也为市场中心地带农户家庭带来了各种获利可能性，如更多商业信息和商业机会，更容易找到相对更高收入就业机会，以及有更多社会资本助力家庭扩大再生产。完整的家庭生活也提高了家庭成员相互照顾协力发展的可能。

此外，还有一个很重要的影响农户家庭收入和未来发展能力的因素，即子女教育。在非市场中心地带的中西部地区，因为村庄缺少机会，大量中青年人进城务工经商，老年父母留守务农。年幼子女如果留在农村跟爷爷奶奶上学，可能无法受到较好教育，中西部地区因此出现了比较普遍的农民送子女到县城上学，由母亲或爷爷奶奶陪读，以享受较高质量教育的情况。年幼儿女在县城读书，母亲或爷爷奶奶陪读，而中西部县城缺少高收入的二、三产业机会，就进一步推动中青年家庭成员到市场中心地带寻找就业获利机会。这样一来，非市场中心地带的农户可能会有一家三地的分离：年老父母留守农村务农，年轻夫妻一方在沿海务工，年幼子女在县城读书，一般由母亲陪读。一家三地极大地增加了家庭的开支，农户家庭一年下来难有积蓄。

相对来讲，市场中心地带，因为有繁荣的二、三产业，也就有质量相对有保障的教育，一般农户就没有必要送子女到城市上学。家门口方便就近入学，不仅减少了家庭支出，而且方便家庭安排成员接送儿童，照顾子女。

也就是说，在中国农民家庭几乎都是举家劳动以增加家庭收入的背景下，市场中心地带农户家庭因为存在大量家门口二、三产业就业获利机会，农户家庭甚至可以一家三代人从就业市场上获利。非市场中心地带农户家庭缺少家门口就业获利机会，无法外出的中老年父母只能获得相对有限的农业收入，外出务工经商的年轻子女也只能从全国统一劳动力市场获得平均工资。市场中心地带家门口就业还保持了家庭完整性，子女就近入学进一步降低了家庭合力进行再生产的成本。非市场中心地带农户家庭分离，以及农村教育衰败造成儿童进县城就读，不仅使农户家庭一分为三，而且极大地增加了家庭教育的成本。

因此，虽然当前中国早已形成全国统一的劳动力市场，农村劳动力可以在全国寻找适合自己的务工经商机会，却由于市场中心地带农户家庭在家门口二、三产业机会众多，通过家庭协力可以让家庭收入相对较高，农户家庭显得相当富裕。非市场中心地带农户家庭因为缺少家门口的二、三产业就业机会，虽然也存在"以代际分工为基础的半工半耕"，家庭收入水平却远远低于市场中心地带农户的家庭收入。

总体来讲，全国农民都很勤劳，有强烈的将家庭收入最大化的愿望与行动。农户家庭通过最佳家庭劳动力配置以从市场上获得最大利益最高收入，这是当前中国经济持续发展最重要的动力来源。不过具体各区域的情况仍然有所差异。就市场中心地带农村情况来看，长三角地区的江浙地区，农户都很勤劳，有着强大的家庭收入最大化的冲动，且在子女教育上存在激烈竞争。珠三角农村，农户家庭普遍存在着家庭闲暇最大化的安排，对于家庭收入最大化持相对温和的态度。就非市场中心地带农村情况来看，绝大多数中西部农村的农户家庭都有着强烈的家庭收入最大化冲动并因此形成了普遍的"以代际分工为基础的半工半耕"结构。相对来讲，云贵川农户家庭在家庭收入最大化方面表现温和，对子女教育重视程度也相对较低。

二、半市场中心地带的农民与农业

(一) 半市场中心的收入优势及家庭策略

我们再来看一看半市场中心地带的情况。相对于市场中心地带农户家庭可以在家门口轻松获得二、三产业就业机会而言,半市场中心地带农村缺少此类机会,其优势是邻近市场中心地带,从而就有可能通过一些策略性安排来获利。

大体来讲,半市场中心地带农户相对于非市场中心地带农户具有以下几重增加家庭收入的优势。

首先,因为邻近市场中心地带,半市场中心地带中青年人可以就近务工经商,他们务工经商时不必远离家乡,就可以照顾家庭,充分利用家乡资源的优势。

其次,因为邻近市场中心地带,半市场中心地带农户进行农业生产,就更有可能进行鲜活农产品的生产,为市场中心地带提供附加值比较高的鲜活农产品。比如,浙江丽水农村有大量农户家庭为长三角地区城市批量生产蔬菜获得收入。邻近市场中心地带不仅降低了运输成本,而且可以更精准地把握市场需求信息。

再次,针对中老年人不愿也不便外出务工经商,老年父母主要在家务农或照看学龄儿童,从而有大量季节性闲散劳动力的情况,市场中心的各种加工业通过"来料加工"引入到这些半市场中心,从而为半市场中心留守人群提供了家门口的获利机会,增加了农户收入[①]。

最后,因为邻近市场中心地区,半市场中心地带就具有较好的发展城郊经济尤其是休闲农业、乡村旅游的空间,这些空间吸引了各种资本涌入,这又进一步为半市场中心地带农户提供了增加收入的机会。

因此,半市场中心地带农户家庭收入普遍高于非市场中心地带,而低于市场中心地带。这些农户家庭都有两个显著特征:一是农户家庭是一个整体,针对不同的环境条件(这里是指与市场中心的关系),农户家庭采用不同的家庭策略,以获取家庭收入最大化,完成家庭再生产。中国农户家庭协力合作,是一个整体,这是理解中国农民行动的一个重要前提。二是农户家庭劳动力都进入全国统一劳动力市场中,获得的是

---

① 参见付伟:《城乡融合发展进程中的乡村产业及其社会基础——以浙江省 L 市偏远乡村来料加工为例》,《中国社会科学》2018 年第 6 期。

平均工资。之所以在进入全国统一劳动力市场后农户家庭收入差异仍很大，主要原因是距市场中心远近的不同，造成了农户家庭可以投入全国劳动力市场的家庭劳动力机会成本的不同：市场中心地带农户家庭劳动力更全面深度进入二、三产业中，所以收入最高；非市场中心中老年农民缺少进入二、三产业的机会，所以收入较低；半市场中心农户家庭收入介于两者之间。

（二）不同经济带不同的农业情况

市场中心地带，因为几乎所有劳动力都可以比较轻松地从二、三产业获得就业机会，农户家庭在自家承包地上种一般大田作物尤其是粮食作物，机会成本就太高了，因此，早在进入新世纪之前，市场中心地区绝大多数农户家庭都已放弃在自家承包地上种粮食。市场中心地带的农地被集中起来用作两种用途：第一种是集体反租倒包给外地人种粮食或蔬菜；第二种是仅留下很少一部分土地由当地农户种植经济作物。市场中心地带农户基本上不再进行农业生产。

非市场中心地带，因为缺少家门口的二、三产业就业机会，农村留守中老年父母的机会成本为零，因此他们比较精心地种好自家承包地，包括子女进城后留下来的承包地，主要种大田作物，因为大田作物容易种且投资少、风险小。除由留守老年人种自家承包地的"老人农业"外，还有因为种种原因不愿或不能进城务工经商的部分中青年农民，仅靠自家承包地获取农业收入不足以维持基本生活水平，他们有着强烈的扩大种植规模形成适度经营的动力。正好有部分农户全家进城，这些进城农户就将土地流转给愿意扩大耕种规模的留守中青年农户，留守中青年农户通过扩大耕种规模而成为农村中的新"中农"，这些新"中农"在社会结构上的位置就是"中坚农民"。

半市场中心地带的农业情况也很有趣。与市场中心地区略有不同，一方面，半市场中心地带中老年人缺少家门口就业机会，他们自己种点儿田也有农业收入，尤其是种蔬菜等经济作物，可能利用邻近市场中心地带的便利获利。另一方面，半市场中心地带农民有远比非市场中心农民更多的就近在二、三产业就业的机会，包括外出务工（相距不远的市场中心）、来料加工、休闲农业的用工等。半市场中心地带的中老年农民因为容易获得二、三产业就业机会，他们从事农业生产就有了机会成本。若继续再种大田作物，他们会发现投入的劳动与获得的收入不成正比，因此不愿继续。只有那些已经丧失就近到二、三产业就业的、年龄比较大的农村老年人，才愿意种点儿田。

问题是，在当前农村土地承包到户，农村地权分散、地块分散的情况下，半市场中心地带有相当一部分农户基于劳动力机会成本太大，而放弃了耕种承包地，或直接抛荒或种树。这样放弃耕种的承包地占到农地一定比例，比如20%，就会破坏所有农地的灌溉系统与病虫害防治系统，就会造成更广泛的抛荒。

在半市场中心地带，农民家庭进城务工经商，不再种地，就应当将承包地流转给其他人耕种。不过，流入承包地的经营者如果要能有效耕种土地，就需要对流转进入的土地进行连片整理，就需要修建配套的灌溉设施和机耕道，就需要对分散地权和细碎地块进行整合，就需要承包土地农户让渡出比较大的土地经营权。在农地租金很低的情况下，有较多二、三产业就业获利机会从而不再种地的农户，当然不愿意在租金很少的情况下将自己承包土地较大经营权让渡出去，他们宁愿土地抛荒。除非地方政府出面强制通过反租倒包来进行农地（地权+地块）整合。上海市郊区通过政府出面以反租倒包形式解决了农地无人种和无法种的问题。武汉市郊区则因为政府介入力度不够，市场又无力完成土地整合，从而出现了普遍的农地抛荒问题。这也是为什么城郊农村更容易出现土地抛荒。

三、三个例外：经济带内的特殊情况

以上讨论试图以距市场中心远近形成对中国经济区域的三分，以理解中国农民家庭收入分层与行动逻辑。按以上三分，市场中心地带的农村，农民最富裕，因为勤劳的以收入最大化为目标的农民家庭可以通过

家门口大量二、三产业就业机会获利。尤其是家庭中老年成员积极加入家门口二、三产业获利中，极大地改变了农民家庭生产者与消费者的结构，从而有了很高的收入。半市场中心地带，农户家庭可以就近获得务工经商机会，家庭留守劳动力也可以通过诸如"来料加工"获得二、三产业收入，所以农户家庭收入也较高。非市场中心地带，农户家庭留守劳动力缺少农业以外的收入机会，再加上进城务工经商年轻人远离家乡，造成家庭分离，提高了家庭整合成本，因此收入较低。

不过有三个需要讨论的例外。其中第一个例外是，如何解释距珠三角最近的广东省内其他贫困地区。按说珠三角城市群是中国经济最活跃的地区，其经济和市场辐射力至少应当影响到广东省内。问题是，邻近珠三角的广东省内很多地区比如粤北地区，农村贫困程度甚至高于中国大部分中西部地区。半市场中心地区的粤北农村比大部分中西部农村更穷，如何解释？这是一个问题。

第二个例外是，作为市场中心的珠三角地区的有些农村竟然也不富裕，比如 2019 年调研的广州市郊一个村庄，大部分农户家庭收入有限，村民说一个农户家庭每月收入超过 5000 元就算不错。全村家庭存款低于 10 万元的农户超过 1/3，且农户买车买商品房的也不多。为什么？其中一个原因可能与珠三角食利经济有关。因为珠三角地区是通过招商引资、"三来一补"工业化的，村社集体通过对外资出租土地获利，农户则通过在宅基地上建高层建筑获取租金。这样，珠三角核心区，农户不仅可以获得租金收入，而且有面积很大的住房，这些住房若按城市房价估价就是很大一笔财产。有了地租收入和房产，珠三角地区农户家庭就不再愿意进入工厂生产线务工，而宁愿当每月 2000 元收入的治安员。更糟糕的是，珠三角有些仍然未工业化的村庄比如调研的这个村，因为未工业化，土地租金就很少，农户家庭都似乎在等待政府拆迁以拿到动辄数百万元的拆迁安置费，而不愿意全家老少齐上阵到工厂生产线上赚血汗钱。

第三个例外是在滇西南调研，发现当地农村年轻人根本就不愿离开家乡进入城市务工经商，从而就不能如全国非市场中心地区农户家庭仍然能从市场中心地带获得全国统一劳动力市场的平均工资。因此，其收入就远低于一般中西部非市场中心农户家庭的平均收入水平。

结语：农民富裕程度与所处地带密切相关

从以上分析可见，当前中国实际上已经形成了三种类型的经济地带：作为经济中心和市场中心的沿海发达地区，主要代表是长三角地区和珠三角地区，一些大城市则是区域性的市场中心；作为半市场中心的邻近市场中心地区，包括大城郊区；既非市场中心又非半市场中心的非市场中心，这个非市场中心包括了几乎所有中西部农村地区。

因为市场中心地带农村有更多家门口的二、三产业就业机会，农户家庭响应市场机会，家庭所有劳动力一起从市场上获利，可以达到较高家庭收入水平。非市场中心的中西部农村，留守农村家庭劳动力缺少家门口的二、三产业就业获利机会，他们主要耕种自家承包地，获得农业收入。因为中国人多地少的国情及农业季节性，造成留守劳动力就业不充分，农业收入很有限，非市场中心地区农户家庭主要收入来自进城务工经商年轻人的务工收入。又因为家庭分离以及子女教育导致农户家庭收入相对拮据。不过，全国绝大多数非市场中心地带的中西部农村仍然可以从全国统一劳动力市场上获利，并摆脱了贫困。半市场中心因为邻近市场中心，有多于非市场中心地区的市场机会，从而比一般中西部农村更加富裕。

依据市场中心、半市场中心和非市场中心对中国农村进行区域划分，很容易得到农民家庭收入或农村富裕程度与其市场地位的关系。三大区域对农村婚姻市场有着重大影响，从而会进一步极化市场中心地区与非市场中心地区的差异。

在农村劳动力全国流动并形成全国劳动力市场的同时，也形成了全国性的婚姻市场，其中的典型是性别资源由非市场中心向半市场中心和市场中心地带流动，结果就是，非市场中心地带，大量性别资源流出，加剧了性别比例的失衡,从而大大提高了女性在婚姻中的要价能力,加剧了农村中的"代际剥削",且农村婚龄不断提前。这种性别失衡进一步表现出来的如彩礼不断提高,由男方家庭在县城买房成为结婚刚需,已婚妇女在生育之后退出务工行列当子女专业陪读等,造成广大非市场中心地带的中西部地区农村的紧张[①]。反过来,市场中心地带,因为大量性别资源涌入,对于农户家庭来讲,娶个媳妇不是难事,实在娶不到本地媳妇,至少可以娶个外地媳妇。因此,市场中心地带家庭关系相对和谐,婚龄男子并不急于娶回媳妇而希望先努力到市场上搏一搏机会,趁自己年轻而有所作为。因此市场中心地带农村的婚龄相对合理。半市场中心性别资源有流出也有流入,家庭关系也不紧张,婚龄比较合理,光棍较少,农村仍然是一片和谐景象。

---

① 参见杨华:《代际责任、通婚圈与农村"天价彩礼"——对农村彩礼机制的理解》,《北京社会科学》2019年第3期。

第四节　核心与边缘：中国区域差异中的文化

中国地域辽阔，人口众多，不同区域之间差异很大。如何理解中国农村区域差异是当前中国社会科学研究的重要课题。从村庄社会结构差异的角度讨论中国农村南中北的区域差异，从村庄经济发展与社会分层角度讨论中国农村东中西的区域差异。从文化角度来讨论当前中国农村的区域差异，都是探讨城乡差异与共同富裕的切入点，而文化角度更具隐蔽性。

一、文化区域差异的两个样本：陕南秦岭和滇东南农村

2019年5月笔者到陕南秦岭山区调研，发现虽然陕南基本上都是深山大川，耕地很少，陕南数县也皆为国定或省定贫困县，一般农户家庭收入却并不低，农民不穷。甚至，从饮食水平来看，陕南农民吃得比关中农民要好得多。农户也大都修建了比较宽敞的住房。笔者进入一个普通两山夹一川的村庄，一路向上走，路边几十户农户，家家都建有相当现代的住房。为什么在如此深山大川地区农户都有钱建这么好的住房？因为当地农户家庭中，年轻人进城务工，中老年农民靠山吃山，每年仅采中药材也可以有几万元的收入，何况满山都是板栗，都可以采集卖钱。最让人诧异的是，陕南数县2018年初中升高中的升学率接近100%，除上普通高中外，其他初中毕业生都上了县职高。100%升学率除了因为地方重视教育，普及12年教育，当地农民普遍有较强的教育意识，都希望自己子女接受更多教育，以更能适应社会发展的需要，当然也更有在全国劳动力市场竞争的能力。依据笔者的有限调查，陕南诸县均被划为国定省定贫困县，实际上陕南农村贫困程度并不高（当然

也不能说很富裕），被划定为贫困县的一个外界的想当然是：深山大川地区，耕地很少，农民没有土地收入来源，当然会很贫困。不仅陕南的秦岭山区，而且当前中国包括秦岭山区在内 14 个集中连片特困山区都是当前中国扶贫攻坚的硬骨头，其中原因就是这些山区人多地少，生存环境比较恶劣，交通也不便利。不过，仔细比较就会发现，这些山区情况也有差异，比如石漠化和高寒山区，就真的是自然条件恶劣，而秦岭山区、大别山区自然条件其实还是不错的，不仅有良好的自然资源，而且也有较为便利的交通条件。

正是因此，笔者调研的陕南地区，农民家庭中，年轻人普遍进城务工经商，进入全国劳动力市场获取务工收入，年老父母则留村，通过采集中药材、种植板栗树等靠山吃山的途径获得农业收入，农户家庭通过合理分工，以及通过勤奋劳动，获得了相当不低的家庭收入。而之所以陕南诸县职业教育比较发达，也与当地农户家庭有着强烈的进城务工预期有关。只要能将农产品输送到全国农产品市场，以及只要能进入全国劳动力市场，陕南农民就可以将自然资源和劳动力资源变成家庭收入，农户家庭就不会贫困。

陕南农村，农民之所以要不断提高家庭收入，在村庄建比较好的房子，甚至有越来越多农户进城买房了，其中原因之一是村庄存在着比较激烈的面子竞争。都是一样的条件，你家日子过得不好就会让人瞧不起。另一个更紧迫的原因则是，由于传统通婚圈被打破，性别资源从山区流失，进一步加剧了农村性别失衡，婚姻竞争变得激烈，农户家庭往往要通过代际合力来力争最好的婚姻条件，从而为儿子娶上媳妇。不能为儿子娶上媳妇，父母就没有完成人生任务，就无脸死后去见祖先。"不孝有三，无后为大"，无论如何都要通过勤奋劳动来为子女争取婚姻条件[1]。2017 年 5 月笔者到滇东南民族地区调研，发现滇东南农村农民确实很贫困，当然也都被纳入全国贫困地区了。尽管调研的云南民族

---

[1] 参见杨华：《代际责任、通婚圈与农村"天价彩礼"——对农村彩礼机制的理解》，《北京社会科学》2019 年第 3 期。

地区农村也是山区，自然条件却并不差，植被良好，且物产丰富，进入新世纪交通条件也大幅度改善了。可以说，在自然条件方面，滇东南民族地区与陕南秦岭山区十分近似。不同的是，滇东南民族地区明显比陕南山区贫困得多：住房不好，家庭收入不高，积蓄就更少了。

为什么几乎同样的条件，陕南农村农民家庭会有较高收入，而滇东南民族地区仍然贫困呢？其中根本原因之一是，虽然现在交通便利了，滇东南民族地区农村，无论是农产品还是劳动力都没有进入全国市场上获取利益。调研的滇东南的一个村竟然没有一个农民外出务工，农村年轻人宁愿在家吃低保也不愿出去务工。当地引进一家大型外资企业，要招收2万劳动力，待遇还是很不错的，首批招进来培训的2000名年轻人，仅进入工厂生产线三个月就只剩下300人，其余人都忍受不了工厂生产线上的纪律约束。当地农民热衷于玩鸟、斗鸡、举办各种人生仪式，今日有酒今日醉，当地生产农产品基本上以自给自足为主，缺乏市场经济意识。而且，当地农民不重视教育，子女上不上学无所谓，学习成绩好不好也无所谓，甚至对于儿子能否娶上媳妇父母也抱有无所谓的态度。正是因此，在滇东南民族地区调研，感觉不到农民内在的发展动力。当地扶贫的结果是，既然政府给了资源，那就靠这个资源生活下去，还去生产干什么？还外出务工干什么？

显然，陕南山区农户收入与滇东南民族地区农户收入存在着巨大差距，造成这种差距的根本不在于自然条件（两地自然条件没有本质差别），而在于农民本身，以及决定农民思想与行为模式的文化的差异。

二、文化核心区与边缘区：儒家基因与自由基因

笔者调研的陕南农民与滇东南民族地区农民的差异，最关键的表现似乎是陕南农民不计条件地追求家庭收入最大化，而滇东南民族地区农民在某种意义上重视的是个人闲暇最大化。这里面有两对关键词，一是家庭与个人，二是收入与闲暇。

每个人都是社会中的人，都是社会人，是各种社会关系的总和。同

时，每个人都脱离不开影响个人的文化的影响，而不可能只是一个完全追求个人满足最大化的理性人，更非一个只按自己原始本能行为的人。文化和社会关系构成了对个人行为的制约乃至决定作用，某种意义上，社会关系也是由文化来决定的。正是超越个人的文化，使个人具有了一种文化的本能，成为文化所支配的行动者。文化越是强大，就越能够给受到支配的行动者以越大的支配力，个人行为就越受到文化的支配，甚至成为文化的奴隶。

当然，文化本身也是多元的，有不同的文化类型。往往越是长久而广泛的文明，就越有强大的文化涵化能力，越能支配其中的行动者，改变行动者的本能，使行动者追求超越个人身体欲望以外的目标。这种文化与文明之间相距不远，或就是文明了。还有一些地方性文化，文明程度不高，对个人行为涵化能力不强，缺少超越性的诉求。

（一）儒家文化影响下的农村和农民

就中国来讲，两千多年来，中国文化中的主导文化是儒家文化，这种文化强调家庭伦理与责任，尤其强调传宗接代的重要性，所谓"不孝有三，无后为大"，儒家文化是义务本位或伦理本位的文化。经过两千多年传播，儒家文化对中国汉民族形成了至为深刻的影响，其中很多方面已经深入到民族骨髓，典型的如对家庭的重视，对传宗接代的重视，对人伦关系的重视。儒家文化远不是典籍，也非仅上流社会的文化，其中价值已深入和渗透到了中国汉民族几乎每一寸土地，变成中国普通人生活的内在组成部分。当发生改朝换代，上层文化被摧毁时，"礼失而求诸野"，上流社会再到人民生活中寻找文化。

因此，对于深受儒家传统文化影响的中国农村来讲，农民就成为文化本能的表达者，每个农民的行为不过是影响他们的文化所要求他们的行为。具体来讲，受中国传统文化影响至深的中国农民，判断自己人生价值时，最重要的一条是传宗接代，以及通过自己努力来光宗耀祖。对于一个农民来讲，都有强烈的家庭伦理和人生任务规定，他们必须完成自己的人生任务，否则就无脸去见祖宗。他们的人生任务中，最大任务就是让儿子娶上媳妇,生下孙子,从而完成传宗接代任务。也是因此,在中国文化中,家庭是本位的,且家庭中更多是责任与义务,而非权利。中国文化中缺少个人直面上帝的这种超越性,个人属于家庭之中甚至属于家族之中的一分子。

除了家庭的重要性、家庭义务本位,中国农民生活在村庄熟人社会,自然会有村庄内的社会性竞争。这种社会性竞争有时也是服务于传宗接代这样的人生任务,且是以家庭为单位进行竞争的。更高的社会地位就有更高的完成人生任务的可能性。社会竞争又与其经济实力有关,毕竟经济基础决定上层建筑,如何获得家庭财富、提高家庭收入,就成为中国农村每个家庭的追求。

在深受中国儒家文化影响的核心地区,农民行为模式就会有以家庭为单位追求收入最大化的表现。比如,当前中国农村普遍形成"以代际分工为基础的半工半耕"结构,农民家庭中年轻子女进城务工经商,年老父母留村务农。留村务农的父母不仅可以获得农业收入,农村生活成本比较低,而且留村务农父母往往还要帮进城子女照看孙子。农民通过家庭合力来获取最大家庭收入,从而提高家庭经济收入,为儿子娶媳妇创造条件,以及为子女进城创造条件。

进入 21 世纪以后,大量农民工进城,传统通婚圈被打破,中西部地区性别资源大量流失,加剧了本已失衡的性别比,从而迅速提高了农村婚龄女性的婚姻要价,包括高额彩礼、县城买房甚至还要买车。仅靠婚龄男子肯定是不可能达到女方条件的,因此,婚龄男子的家庭支持就成为能否娶到媳妇的前提。反过来正是因为有家庭支持,婚龄女性就可以借性别失衡来提高婚姻要价且可以达到目的。在存在激烈竞争的情况下,为了让儿子娶上媳妇,农民家庭就会举全家之力,提前很多年进行积蓄,甚至父母以自己未来剩余劳动力为抵押借贷以完成儿子婚配,以完成自己的人生任务[①]。这些借贷以完成人生任务的父母,他们来不及

---

① 参见李永萍:《北方农村高额彩礼的动力机制——基于"婚姻市场"的实践分析》,《青年研究》2018 年第 2 期。

考虑自己未来养老，而指望子女养老。实际上子女回馈很少。所以农村有"恩往下流"的说法。

正是当前变得畸形的农村婚姻，通过极端形式体现出来中国传统文化的巨大能量，即为了家可以牺牲个人，为了子女婚姻可以牺牲父母。为了完成人生任务，农民可以无条件为家庭奉献。

为了增加家庭收入，农民家庭不仅要进行家庭分工，而且会提前谋划。不仅要开源以增加收入，而且要降低任何不必要的支出。

也就是说，在受到儒家传统文化浸润的农村地区，文化改造了农民的利益计算方式和行为模式，造成了农民的理性和超越性。中国儒家传统文化赋予了农民家庭观念、责任本位、规划性和纪律性，正是文化本能使农民脱离了他们的身体本能。他们不只是要个人利益最大化，更非个人身体欲望满足的最大化。他们变得吃苦耐劳，能够忍辱负重，他们通过自己一生的努力来完成自己的文化义务，完成自己的人生任务。

（二）文化边缘区农民的生命态度

与文化核心区不同的文化边缘区，因为缺少强有力的大传统的浸润，个人身体本能就较少受到文化义务的约束，也缺少为未来进行长期规划的意识，不能忍受为了未来回报而进行当下的长期投入，更缺少代际之间的无条件支持。在缺少大传统所赋予强大文化本能的情况下，身体本能变得重要，今朝有酒今朝醉就是正常情况。农民所追求的生活很现实，就是闲暇最大化，而不是虚无缥缈的未来收入最大化，以及必须完成人生任务。

实际上，前面讲的陕南农村，农民行为模式就十分接近文化核心区，滇东南民族地区则接近文化边缘区。正因为处在文化核心区，陕南农民只要具备条件就积极行动起来从市场获利，以实现家庭收入最大化的目标。而处在文化边缘区的滇东南民族地区，即使有市场机会，也不愿意及不善于抓住机会，所以他们仍然生活贫困。

（三）不同文化区域形成的渊源

中国大一统体制决定了儒家文化对中国社会的深刻影响。自秦汉以来，中国疆域逐步扩展，中国文化核心区域也就逐步扩大。

总体来讲，中国大一统体制的主要权力中心大多数时候集中在中原地区，虽然历经天灾人祸，朝代变换，中原地区的区位优势、开发程度以及物产丰富程度，都使其具备成为集权中心的条件。中原地区地势平坦，交通便利，从地形来看，华北平原连贯，少山陵阻隔，且通过洛阳盆地和山西西南部的河东地区可以与关中平原相联通。大片连接的平原不利于地方分裂割据，进而提高了中央凝聚力。[①] 北方中原地区几乎不可能封闭自守，因此成为中国历朝历代中央集权的重点统治地区和文化覆盖地区。

相对来讲，西南地区地处偏远，深山大川，交通不便，且产出有限，较晚才纳入儒家文明的版图，西南地区很少成为中央集权的统治中心和被中国文化强力覆盖，因此，西南地区农民受到儒家文化的影响较小。

大致说来，当前中国文化核心区包括华北、西北、东南、中南地区，西南地区则为中国文化的相对边缘地区。尤其是以鲁豫皖为典型的中原地区，更是中国传统文化的核心区（也可以说是重灾区）。陕南秦岭山区距中原地区很近，人口也大多是从中原进入，与中原地区一直保持密切的商业与文化交换，所以陕南同样属于中国文化核心区，农民行为模式与中原农民没有本质差异。

云南民族地区则是文化边缘地区具有典型性的代表。

文化核心区与文化边缘区是长久以来的中国历史发展所造成的。在实行大一统体制两千多年的中国，中央权力大多数时候都集中在中原地区，这些地区因此深受中国儒家传统文化的浸润和影响。相对来讲，云南民族地区，地处边陲，儒家文化影响力正如中央集权对其的影响力一样都有所不足。经过几千年传统文化浸润的中原地区，几乎所有农民的血脉里都有了儒家文化所赋予的"基因"，而云南等中国传统的边陲地

---

① 参见曲墨封：《这就是南京王朝的真相》，微信公众号"牛弹琴"，2019年11月26日。

带，农民依然保留了"自由"的基因。

三、村庄社会结构与社会分层角度的区域差异

在过去的研究中，笔者分别从村庄社会结构和社会分层两个维度讨论过中国农村的区域差异。从村庄社会结构来看，当前中国农村大致可以分为南、中、北三大区域，其中南方农村普遍存在聚族而居形成的宗族组织，宗族与村庄同构，村庄是团结型的；北方农村（华北和西北），村庄中往往存在着众多相互独立且相互竞争的小亲族集团，村庄是分裂型的；以长江流域为代表的中部地区农村，村庄内缺少超出农户的血缘共同体，村民原子化程度很高，村庄是分散型的。因为村庄社会结构不同，村庄内集体行动模式和个人行为、心理模式就大为不同，又因为村庄社会结构的分布具有显著的区域特征，从而形成了村庄社会结构分布的区域差异。这种区域差异与历史和地理因素有关，此处不展开①。

从村庄社会分层来看，中国农村可以划分为东部沿海经济发达地区和广大的中西部农村地区。东部沿海已经完成工业化的农村地区实际上已经成为沿海城市带的组成部分，农民基本上不再从事农业生产，而主要从事二、三产业。村庄广泛存在的二、三产业机会被村庄中的一些人抓住，成为企业家，变成了村庄高收入群体和老板阶层。这个群体人数不多，但他们可能就是在村庄中取得事业成功者并且仍然住在村庄，他们就成了村庄熟人社会中的强者，就会对村庄其他村民产生巨大压制和压力。在东部沿海发达地区农村，容易存在经济发展→经济分化→社会分层→政治排斥→边缘反抗→宗教救赎的机制。而在广大中西部地区，几乎所有农户家庭都可以从全国劳动力市场获得就业机会，从而家庭青壮年劳动力进城务工经商，获得全国平均工资，留村中老年人种自家承包地，耕地面积差不多，农业收入也相差不多。因此，农民家庭之间的

---

① 具体讨论可以参见贺雪峰等著：《南北中国》，社会科学文献出版社2017年版。

收入差距主要与家庭劳动力周期有关，村庄存在着农户收入去分化的机制。即使有村民在外务工经商发财了，这些发财的村民也是在外面发财及在城市生活，一般不愿回到村庄生活，因此对村庄社会缺少影响。中西部农村去分化机制构成了中西部农村与东部沿海地区农村的巨大差异，这方面的讨论也不展开[①]。

因而，从文化核心区与边缘区的角度来讨论中国农村区域差异，构成了讨论中国农村区域差异的第三种视角。

四、城市化与市场经济的拉平作用

改革开放以来，尤其是进入21世纪以来，中国城市化加速，大量农村劳动力进城及农户家庭进城，市场经济已在国家经济发展中起到决定性作用。城市化和市场经济彻底改变了中国农村，传统的中国农村区域差异被削填拉平，并开始形成新的农村区域差异。

新的农村区域差异主要是由经济发展不平衡引起的。传统中国农村经济发展也是不平衡的，不过，改革开放以后尤其是中国出口导向型经济使整个中国东南沿海地区迅速工业化了，从而产生了完全不同于中西部农村的村庄经济分化与社会分层，也就是形成了当前中国农村的东中西差异。相对于广大中西部地区，东部沿海发达地区农村的代表是长三角和珠三角，这些地区农村地域面积不大，经济发展水平高，政策影响大，且聚集了与其地域面积不相称的大量人口，包括大量外来农民工。广大的中西部地区农村，随着农民进城，农村出现了空心化，变得越来越萧条。

随着城市化的进一步发展，东部沿海发达地区农村越来越成为沿海城市带的内在组成部分，中西部绝大多数农村衰落了。当前表现为东中西地区农村区域差异越来越类似城乡差异。这个意义上讲，东中西部农村区域差异将不复存在，因为东部沿海发达地区农村已经城市化了。

---

① 具体讨论可以参见贺雪峰：《论中国农村的东西差异》，《学术月刊》2018年第3期。

中国农村的南北差异，关键在于村庄内是否存在超出农户的血缘联合体。南方农村普遍存在聚族而居的与村庄同构的宗族，北方农村村庄内存在着众多相互竞争的小亲族，长江流域村庄则缺少超出农户的血缘联合体。在农民进城及市场经济强力作用下面，全国农村人财物流出农村流入城市，市场经济也极大地改变了农民行为逻辑，刚开始农民外出务工经商是为了在村庄中获得竞争优势，后来他们务工经商不过是为了能进城安居，之前村庄内的血缘联合体认同降低了，行动力变弱了，甚至不复存在了。这个意义上，中国农村正在原子化。当然，不同地区村庄内社会结构差异虽然被削平了，不同地区仍然存在着底色的不同。因此，在未来很长一个时期，中国农村南北区域差异仍然会对农民行为模式、家庭积累方式、代际关系以及城市化诸方面产生重要影响。

文化区域的差异也受到城市化和市场经济的削平。一方面，即使在文化核心区，中国传统文化也受到强烈冲击，传宗接代观念越来越淡薄了，农民进城也降低了村庄面子竞争的强度。父母为儿子娶媳妇而无限付出，子女却利用父母的责任心来无限制地剥削父代，终究会引起父代的反制。另一方面，在文化边缘区，随着市场经济的不断渗透，市场经济原则就会侵蚀地方小传统，逐步改变边缘区闲暇最大化的生活方式。经过多年改变，中国不同文化区域农民行为模式会共同向市场经济原则靠近。市场经济和城市化在很短时期就可以将整个中国农村整合为一个越来越同质的整体。

结语：真正理解区域差异才能更精准理解中国乡村

中国是一个巨型国家，有五千年文明。因为开发时期、地理区位、种植结构、地形地貌的差异、距中央权力的远近，中国形成了不同的农村区域，不同区域农村具有不同的特征，这些特征影响了农民的行为模式及乡村治理状况。文化核心区与边缘区的差异，从村庄社会结构角度来看的中国农村南北差异，以及从村庄社会分层角度来看的中国农村东西差异，都是中国农村区域差异的重要分类特征。

只有真正理解了中国农村区域差异，我们才能更加精准地理解中国乡村，理解中国。也只有真正理解了中国农村区域差异，我们才能更加精准地理解不同区域农民的行为模式与特征，从而才能来更加精准地实施农村政策。比如精准扶贫政策。仅就文化核心区和文化边缘区来反思精准扶贫政策，就至少有两个值得进一步讨论的政策问题：一是在文化核心区范围的秦岭、大别山等地区，随着国家在农村基础设施建设尤其在交通方面建设的大进展，几乎所有农户家庭都可以对接到市场上并从市场上获利，这些地区的贫困状况就不会很严重。实践中，有太多本来不贫困农户被误评为贫困户，徒增扶贫的成本与降低了扶贫政策的绩效。二是对于文化边缘区农村，如果当地农民闲暇最大化的目标没有改变，扶贫只可能制造更多懒汉。文化的改变远非一代人的事情。因此，对于文化边缘区的扶贫，重点就不在生产生活上面而应在文化教育上面。

第三章

县域经济

——战略支点抑或过渡阶段

第三章 县域经济——战略支点抑或过渡阶段

第一节 中西部县域：大城市的"脚"还是乡村的"脑"

中国正处在史无前例的快速城市化进程之中。农民进城到哪里，中国城市化应当如何布局，县域经济如何定位，以及乡村振兴战略与共同富裕目标下面县域城镇化如何进行，都是极其重要的需要学界问答的问题。

通常的认识是，发展县域经济既可以缓解中国区域不平衡和城乡不平衡，又可以为乡村振兴提供战略支点，还可以为共同富裕目标的实现提供扎实基础。中国发展不平衡，最大的不平衡就是城乡不平衡，县域经济的发展对增加农民就业和收入，缓解城乡不平衡，具有特别关键的作用。因此，全国几乎所有省级政府都进行了扩权强县改革，以期推动县域经济的快速发展。县级领导人也都在积极经营县城，以推动县域经济超常规发展。研究也证明，中国经济奇迹的一个很重要的原因是地方法团主义，也就是地方政府类似公司，在推动地方经济的成长。中国两千多个县，如果每个县的积极性都充分调动起来了，每个县都通过经营县城，将所有资源调配用于推动县域经济发展，中国经济就具有巨大活力，也必然可以创造出持续高速成长的经济奇迹。

现在的问题是，经过几十年高速成长，当前中国经济为县域经济保留了多少空间？县域经济发展的目标究竟是什么？中西部县域经济还可能复制东部沿海地区县域经济发展的经验吗？中西部县级政府工作重点到底是推动经济发展还是提供基本公共服务？目前全国中西部地区正在强力推进的扩权强县目标是否存在误判？当前中西部县级负债的原因及后果将怎样等，均是特别需要回应的问题。

一、中西部县域经济，需要服从农业逻辑

当前中国发展不充分与发展不平衡的问题是很突出的。发展不充分就是中国仍然只是中等收入国家，现代化程度还不高，还要再经过30年发展才能达到高度现代化阶段。发展不平衡，一是区域不平衡，二是城乡不平衡。当前中国城乡居民收入差距比较大，虽然我国居民收入倍差从2008年起连续13年下降，2020年下降到2.56，但从世界范围来看仍然属于较高水平。[①] 某种意义上讲，当前中国发展中的城乡不平衡是很容易理解的，原因有三：其一，当前中国经济主要成长机会在城市，农业和农村产业所占GDP比重持续下降。活跃的城市经济为城市人口提供了更多获利机会。城市住房货币化也为城市人口提供了以住房为代表的巨额货币化财富。其二，当前中国城市化是农村人财物的进城，经济条件好、人力资源充沛的农户家庭和人口进城了，留守农村的农民往往是缺少进城机会的相对弱势农民。其三，中国式现代化进程中仍然有数以亿计缺少进城能力的相对弱势农民，农村为他们提供了农业收入和基本生活的保底，国家倾向保留农民在农村的基本土地权利，以避免农民成为城市流民，在城市形成大规模贫民窟。农村里农民有住房，有自给自足经济，生活成本低，在城市无法获得体面生活，在农村却可能生活得不错。

这个意义上讲，共同富裕的目标显然不是要将农村相对弱势农民的土地市场化，由城市资本下乡来发展现代农业，提高职业农民收入，却将缺少城市就业机会的大量农民赶进城市，成为城市流浪者。在中国式现代化的当前阶段，必须为缺少进城机会的农民保留农村基本保障和进城失败退路，这不仅是共同富裕的需要，而且是中国式现代化能否顺利实现的关键前提。

这个意义上讲，看起来中国城乡居民收入差距比较大，不过是一种

[①] 参见叶兴庆等：《为什么说共同富裕最艰巨最繁重的任务，仍然在农村》，"瞭望智库"公众号，2022年2月9日。

假象，实际上是中国保护农民基本权利的特殊制度，防止农民失去土地成为流民，从而为中国式现代化提供了比较可靠的后方基地。这不是中国式现代化进程中的劣势与问题，而是制度优势。

除城乡不平衡以外，中国经济发展区域不平衡也十分显著。东部沿海地区人均 GDP 已达到中西部地区的两倍，更重要的是，东部沿海地区在有限国土上创造了很高密度的经济成果。2021 年，仅广东、江苏、浙江、山东、上海，GDP 占到全国近一半，国土面积却只占到 5%。也就是说，东部沿海地区尤其是长三角地区和珠三角地区已经形成了经济的高度密集，或已经形成了沿海城市经济带，这些城市经济带内农村实际上已不再是以农业为主的农村，而是遍布二、三产业，乡村早已工业化了。简单地说，虽然沿海城市经济带内的县域农村，即使体制上仍然是农村，其实质却已变成城市内在组成部分，这些城市经济带内的农村成为包括现代制造业在内的二、三产业迅猛发展的良好空间。

相对于东部沿海城市经济带，中西部地区绝大多数县域经济缺乏二、三产业的成长，尤其是缺少现代制造业的成长，其中原因很简单，就是中西部地区绝大多数县域经济缺少现代产业发展所需要的最低限度的规模，很难形成现代制造业成长起来所需要的产业配套条件。

因此，全国中西部地区县域经济发展情况远不如沿海地区，最典型的是全国百强县集中在东部沿海城市经济带，中西部能进入百强县十分罕见，且中西部百强县主要集中在省会城市和资源城市，一般中西部农业地区县域经济与沿海地区县域经济 GDP 总量有数量级差异，且结构也完全不同。

二、三产业发展天然适合城市，或天然适合聚集与规模，沿海地区县域经济以二、三产业为绝对主导，现代制造业有很好的成长条件，原因是沿海地区农村实际上是沿海城市经济带内在组成部分。正是因此，县域广阔土地上到处都是可以发展二、三产业的空间。中西部地区县域经济本质上仍然是农村，在具有强大的适合二、三产业发展条件的沿海城市经济带的挤压下，中西部县域缺少发展二、三产业的基本规模与基础条件，所以，中西部县域经济发展缓慢。

如果将沿海发达地区尤其是长三角地区和珠三角地区看作城市经济带，则这些城市经济带就是包含县域经济在内的规模极其巨大的城市，这些城市经济带再加上中西部地区省会城市和部分地级区域中心城市，就可以形成一个庞大的可以容纳现代制造业的中国城市群，其他广阔地带则往往缺少发展现代制造业的条件。正是沿海城市经济带和中西部以省会城市为代表的区域中心城市发展已经形成规模，具有良好二、三产业发展条件，就使广大中西部非区域中心城市地带很难再有二、三产业发展起来的空间了。

简单地说，当前中国经济发展中的区域不平衡，表现在沿海城市经济带二、三产业蓬勃发展，和广大中西部除区域中心城市以外地区二、三产业发展艰难的鲜明对照。某种意义上可以讲，东部沿海地区与中西部地区发展的不平衡，实质上就是城市与农村发展不平衡的另一个版本。东部沿海城市经济带的农村实质上已是城市内在有机组成部分，其县域经济是地地道道的城市经济。广大中西部农村地区，因为县域经济缺少对以现代制造业为代表的二、三产业的容纳能力，这样的县域经济就不能算作城市，而只是农村经济的组成部分。

区域发展的不平衡，本质上是城乡发展的不平衡。

正如前述对城乡发展不平衡讨论中得到的认识，这种不平衡性不仅具有合理性，而且正是通过这种不平衡，为中国式现代化的高水平平衡提供了可能。

仅从县域经济角度来看，当前中国有两种完全不同的县域经济，其中之一是地处东部沿海城市经济带或区域中心城市近郊的县域经济，这些县域经济的重要特点是体制上仍然保留农村，实际上却已是城市内在有机组成部分，二、三产业早就成为主导产业，乡村工业化，农民早就从农业转移进入二、三产业就业。东部沿海城市带内的县经济实际上是城市的"脚"，其发展规律遵从城市经济发展规律。因此，东部沿海城市经济带产生了中国绝大多数百强县。

广大中西部地区的县域经济却几乎不再有容纳现代化制造业、大规模发展城市二、三产业的机会与空间，乡村更是不可能工业化了。因此，中西部绝大多数县域经济实际上不过是农村和农业经济的自然延伸，服从于农业的逻辑。这样的县城就不是城市的"脚"，而只是乡村的"脑"。

二、县域城镇化：顺应农民进城和乡村振兴战略的目标

当前全国中西部县域经济大都被给予很高期待，全国几乎所有省级政府都推动扩权强县改革的目的，就是希望充分调动县级积极性，复制沿海发达地区百强县的经验，将县域经济纳入城市经济体系，成为可以有效容纳现代制造业的城市空间。从实践来看，中西部县域发展二、三产业情况却不理想，典型是县工业园区招商引资效果差，企业进不来、待不久、活不了，结果就是工业园区荒草丛生。

某种意义上讲，在已经形成东部沿海城市经济带，且中西部业已形成以省会城市和部分地级市为代表的区域中心城市的情况下，县域经济很难形成对现代制造业的吸引力（有效容纳）；反过来，县域经济千方百计吸引制造业，会与中西部区域中心城市形成竞争关系，结果很可能就是县域经济发展不起来，却又造成地级城市经济达不到合理规模，拖垮了地市经济。

因此，在农民进城，县域城镇化进程中，如何定位中西部县域经济发展、县城建设，以及如何做好与乡村振兴的衔接，是特别需要讨论的问题。

从农民进城来看，当前中国农民正在快速进城过程中，这种进城有两个阶段或两种形态：一是进城务工经商，这是自 20 世纪就已经开启的历程；二是进城买房，在城市安居。一般情况下，农民要到沿海发达地区和区域中心城市务工经商，这些地方就业机会多，收入比较高，农民却很难在这些地方买得起房。因此，在外面务工，回县城买房，成为多数进城农民的选择，农民家庭将一直以来的积蓄和未来预期收入

（通过借贷形式）用来在县城买房，从而实现真正的进城。

农民到县城买房，就给了县城巨大的发展机遇。农民买房，房地产市场发育起来，县级政府通过卖地获得土地财政收入。房地产带动县城经济全面繁荣，县城在很短时间就快速发展起来。反过来就是，正是农民进城买房推动了县城经济甚至县域经济的快速发展，县政府就有动力通过各种办法来进一步推动农民的进城，其中最典型的是很多县政府有意识地让优质教育资源进城，从而引导农民进县城买房[①]。

农民在县城买房就要压缩在农村的消费，就要将农业收入用于城市消费，就会有更多城市务工经商增加收入的机会。一般来讲，中西部地区县城缺少高收入的就业机会，因此，农民在县城买房之后，就越发难以增加农村的消费，就越是要到沿海地区或大中城市务工以获得较高收入。农民进县城买房，县城变得繁荣，是建立在向农村和农民索取的基础上的，正是靠农户家庭中的农业收入和他们外出务工收入，以及他们将未来预期收入的抵押（借贷），才买得起县城住房，才支撑起了县城房地产繁荣。

农民到县城买房，归根结底是要实现真正进城，他们在城市就业、居住、生活，享受城市基础设施，接受城市公共服务。现在的问题是，县城缺少较高收入就业机会，农民进城买房后更加依赖农业收入和外出务工收入，从而造成农民的一家三制：年轻夫妻到沿海务工，年老父母留村务农，年幼子女待在县城上学（当然需要母亲或奶奶陪读），农民并没有真正实现城市化[②]。

县城缺少高收入就业机会，却又通过推动教育进城等办法加速农民县城买房，就造成了新的城市向农村索取。在中西部地区县城注定不可能再通过招商引资引进现代制造业，从而无法提供大量较高收入就业机会，县城的农民也就不可能算是完成了进城，他们就要开启第二波的进

[①] 参见安永军：《中西部县城的"去工业化"及其社会影响》，《文化纵横》2019年第5期。
[②] 参见刘超：《城镇化进程中的农民家庭策略与发展型家庭秩序——基于"一家三制"的讨论》，《宁夏社会科学》2022年第1期。

城。他们一直要进到有就业机会，从而可以实现居住与就业一体、家庭不再分离的地点，这个合适的地点是作为区域中心城市的地级市或更大城市。

这个意义上讲，农民在县城买房只是过渡性的，县政府过度鼓励农民在县城买房，甚至通过教育进城等办法逼农民进县城买房，很可能的结果就是农民在县城买房了却无法安居，县城新楼盘卖不出去，或卖出去却无人居住，成为"鬼城"。

更糟糕的是，中西部县政府往往可能将不切实际的发展县域经济目标与鼓励农民进城买房结合起来，试图通过经营县城来实现县域经济暴发式增长。经营县城很重要的一个方面是成立城市建设投资公司，通过资金拆借来获得巨额城市基础设施建设资金。结果就是，全国中西部地区县级政府普遍形成了巨额政府负债[①]，一些地区县级政府财政收入还不够偿还政府负债利息。

经营县城的前提是县城可以成为现代制造业中心。实际上，如前节讨论，当前时期，中国广大中西部地区县城基本上没有接纳现代制造业的条件，也就不可能复制沿海发达城市经济带内县域经济发展的经验。中西部县城发展是建立在农民农业收入和外出务工收入基础上的，县城发展应当服务和服从于农民进城的内在规律。在中西部县域经济普遍缺少成为经济成长中心条件，从而不可能成为容纳农民城市化稳定载体的情况下，县域经济如何定位，以及县城应当如何经营，就有很大的讨论空间。

按中央乡村振兴战略部署，2050年乡村振兴全面实现。乡村振兴全面实现的前提是农民早已完成城市化，进城农民实现了在城市的安居，农业主要由留守农村的数千万职业农民经营，农业兼业大幅度减少甚至不再存在。农民完成城市化在城市体面安居，就意味着绝大多数进城农民都已经进入区域中心城市，而不是住在县城，导致一家三制，家

---

① 具体数据可查财政部官网。http://yss.mof.gov.cn/zhuantilanmu/dfzgl/sjtj/202202/t20220209_3786613.htm。

庭分离。

乡村振兴有两个不同阶段。第一阶段，乡村振兴战略要服务于中国式现代化总体战略，助推中国式现代化的艰难突围，农村是中国式现代化的稳定器与蓄水池。到2035年中国式现代化基本实现，国家有足够能力来重整河山，没有农业农村现代化，就不可能说中国建设成为社会主义现代化强国，乡村振兴战略就转而成为借国家力量来建设"强富美"的新乡村，得以在2050年实现乡村全面振兴的伟大目标。

结合农民城市化、乡村振兴战略，再来讨论县域经济发展与县城建设，对经营县城就可以有较为清晰的认识。

在乡村振兴的第一阶段，农民快速进城，很大一部分农民进入县城，在县城买房却无法在县城充分就业。县域经济要为农民进城提供支撑，要为农业生产提供保障，要为农民提供有效的公共服务，从而保障城市化进程中的农村稳定与秩序。

进入乡村振兴第二阶段，县域范围大量农民已经完成城市化，农业主要由职业农民来经营，在县域范围如何形成与职业农民和现代农业相匹配的公共服务，就是县域经济与县城发展的重点。

在县域范围内，经营县城，发展县域经济，应当服务于农民进城和保障县域范围内的基本公共服务，而非必须在县城大力发展二、三产业创造出大量就业机会，这当然不是说不愿意发展经济而是缺少这个发展的条件。不讲条件、不惜代价推动县域经济发展和经营县城，结果可能就是不仅盘剥了农民，而且欠下巨额债务，造成县域经济破产。

不是从发展经济、增加就业方面，而是从保障农民进城、为农民提供基本公共服务方面考虑县城经营与县域经济发展，就会有完全不一样的思路。

发展经济、增加就业必须服从市场规律，讲求效率。不具有区位优势的绝大多数中西部县城实际上已经失去了发展现代制造业的可能。中国960万平方千米国土上也不可能每一处都密布工业生产力。工业本身是高度聚集的，中国沿海城市经济带与中西部区域性中心城市已经足以高效容纳现代制造业，中西部县域经济缺乏与这些城市的竞争力，强制上马，必遭失败。这是逆市场规律与经济规律而动，因此必然无功。

虽然中西部绝大多数县城缺少发展现代制造业的条件，县域范围却仍然有正在进城的农民，仍然依托农业的农户，以及越来越多出现的职业农民，县域范围还有各种传统二、三产业及其就业人员，因此，县域范围就还需要有效治理，就需要基本公共服务，就要为农民、农业和二、三产业及其就业人员提供生产生活秩序。

在乡村振兴战略和共同富裕目标下，虽然农民致富只能主要靠自己，国家却应当保障其基本公共服务，甚至不断提供较高质量的公共服务。从全国来看，沿海发达地区经济发展水平高，地方财政充沛，就可以有更高水平的公共服务。中西部县域经济薄弱，地方财政不足，无法仅靠地方财力建设较高质量的公共服务，中西部地区基本公共服务供给就应当更多依靠国家财政转移支付。

对于广大中西部县域经济来讲，最重要的功能并非逆市场和经济规律发展产业，这是市场本身的事情，应当让市场自身去运转。中西部县域经济最重要的功能是顺应农民进城、乡村振兴战略和共同富裕目标，为农民提供有效公共服务。

三、县域治理：以公共服务有效供给为核心

如果将公共服务有效供给作为县域治理的中心工作，而非以推动经济发展作为中心工作，当前县域治理就有很大的调整空间。

乡村振兴战略和共同富裕目标都建立在农民城市化的基础上。农民城市化有两层含义：第一层含义是，中国城市是向农民开放的，哪里有获利机会，农民就可以到哪里去，也就会到哪里去。农民致富的根本和关键在于农民积极响应市场机会，参与市场竞争，获取市场利益。农民美好生活要靠他们自己去创造。农民创造美好生活的空间并不局限在农村，而是在广阔的城乡展开，甚至主要是在城市展开。第二层含义则是，正是大量农民进城，将农村获利机会和经济资源留给仍然留村农

民，留村农民才可能缓解资源紧张，增加获利机会，从而才可能仅依靠农村甚至农业收入致富。

中西部县域经济缺少快速成长的空间，所以农民进城往往不只是进到县城，而且要进入中国经济成长最快的沿海发达地区和区域中心城市。正是农民从县以外务工经商的获利，为县域经济提供了主要经济来源。县城缺少高收入就业机会，进入县城往往只是城市化的过渡阶段，他们会持续地进入地级市及以上城市，才算是完成了城市化。第七次全国人口普查，几乎所有中西部县级人口都是净流出，原因就在这里。

农民进城，到经济中心务工，在县城买房，保留农村土地以防止进城失败等，都是当前中西部地区正在发生的现实。城乡关系正在重组，村庄面临巨变，一切都是不固定的，所有静止的东西很快都会烟消云散。这个时候县域治理的关键就是要为重组提供秩序，以保障重组的顺利完成。

具体地，县域治理应当特别关注两点，防止一点。应当特别关注的两点：一是在农民进城过程中可能出现失败者，无论是因为自然风险还是因为市场风险，失去基本生活保障的农民都应当得到国家的救助，以获得基本生活保障，以及获得发展的基本能力。二是为农民提供维持基本生产生活秩序所必需的基本公共品。

应当防止的一点则是，农民生活富裕以及他们对美好生活的向往，只应当是农民自己的事情，应当由农民自己通过努力奋斗来获取。离开农民的参与，国家单方面为农民提供美好生活，农民不会珍惜，当然也就不可持续。

中西部县域治理重点不是具体帮农民致富和建设美好生活，也不是过度介入县域经济发展的推动中，而是为正在巨变和重组的城乡提供秩序，提供基本公共服务。基本公共服务是公共品，地方财政有实力就用地方财政，地方财政无力供给，就应当由国家转移支付来承担，因为这是中国式现代化顺利实现的基本保障。

如果中西部地区县域治理或县政府主要工作不是招商引资、增加

GDP，以及为推动县域经济快速成长而过度经营县城，而是以有效供给公共服务作为中心，实现从以经济增长为中心到以公共服务有效供给为中心的转变，则县域治理工作就会有很大不同。

既然中西部绝大多数县都不可能复制沿海城市经济带内县域经济发展的经验，主要工作不应当以经济建设为中心，而应当以提供有效公共服务为中心，县域治理的核心就变成如何为全县提供与农民城市化相适应、与乡村振兴阶段相匹配、与共同富裕目标相支撑的公共服务体系，经营县城的重点也不是要发展经济，而是要布局公共服务。

在当前乃至未来很长一个时期，农民进城却并不会放弃在农村的住房与土地，农民家庭中老年父母仍然留守农村，进城农民普遍保留农村退路以防止进城失败，以及农民可能年轻时进城而老年时退回农村养老，等等。因此，村庄一级的公共服务，重点是保障基本生产生活秩序，不是也不可能是建设美丽村庄。

在农民进城背景下，如何布局县域范围公共服务，包括如何布局教育、医疗、公共文化资源，既适应县域人口状况，又达到公共服务效率最优，就需要在县域范围进行有效统筹。县城是地方公共服务中心，乡镇是基层公共服务中心，村庄是农民生产生活的场所，县城、乡镇和村庄教育、医疗、文化资源如何分配，既保证农民的教育、医疗和文化生活便利，又保证教育、医疗、文化效率，应当是县域治理的重点。

当前的村庄，国家应当提供基本公共服务，包括基础设施和保障基本生产生活秩序的公共品，超出部分则应当由农民自己组织起来建设，毕竟美好生活应当由自己来创造。同时，村庄建设不能一味高要求，更不能按城市标准来要求农村。比如，限制农民养殖家畜家禽就毫无道理；有地方甚至不允许农民种菜园，将菜园改成绿地，就更加荒唐了。

乡镇一级是连接县城与村庄的重要纽带。乡镇距离村庄比较近，又可以有一定规模，从而可以形成一定公共服务的聚集，比如乡镇中学、乡镇卫生院以及乡镇文化站等，都可以为农民提供便利的服务。乡镇工作不宜安排太多，要求不宜太高，更不应当脱离实际按高要求建设乡镇所在集镇，毕竟乡镇既不是村庄，也不同于县城，不具有生产性。乡镇集镇建设要因地制宜。

县城则是提供公共服务最重要的场所，尤其是教育、医疗和文化资源，对于农民来讲极其重要。农民进县城，很大程度上是为了获得县城良好教育、医疗和文化资源。

目前县城公共服务存在的问题有二。一是县政府囿于经营城市的理念，刻意推动优质教育资源进县城，以吸引农民进城买房，从而繁荣县城经济。如前所述，在县城缺少就业机会情况下，人为推动农民进县城买房，加重了农民负担。这是不好的。二是当前全国县城公共服务普遍存在超标准的问题，典型是几乎每个县都高标准兴建豪华体育馆、博物馆、图书馆等景观性政绩工程，实际上却与农民需要几乎无关，也就几乎没有发挥作用。

以经济建设为中心来配置资源建设基础设施，与以公共服务有效供给为中心来配置资源建设基础设施，重点与方向是完全不同的，思路也是完全不同的。

四、县乡村体制：稳健、简约，消极行政

以经济建设为中心经营县城，发展县域经济，必然就要面对市场的不确定性，就要积极行政，就要想方设法抓住市场机会，竞争性获取外来资源，也很容易形成严重负债。

以有效供给公共服务为核心的县域治理，治理确定性就要高得多，主要是打基础、补短板，乡村体制也以消极行政为主，主要考核目标不是创新创建，也非竞争最好，而是能保证基本生产生活秩序。

在县域治理以有效供给公共服务为核心的背景下，县乡村体制总体来讲是消极行政，目标是保持秩序底线。具体来讲，县乡村三级体制应当从目前过度亢奋状态中冷静下来，以适应当前中西部县域经济相对有限发展空间的现实。

中西部县域治理资源，除当地财力以外，很大程度上要依靠转移支

付，也就是当前国家每年超过 2 万亿元的惠农资源。

从村一级来讲，国家只应当为农民提供与城市均等的基本公共服务，超出部分就应当由村庄农户筹资筹劳进行建设，国家最多给予一定的以奖代补资源支持。村级组织最重要的工作不是完成上级安排的任务，而是将农民组织起来，回应农民现实的诉求，解决农民的问题，关键是组织农民自己解决自己的问题，自己建设自己的美好生活。

乡镇一级没有发展经济职能，更不创造财政收入，其职能就相当于县政府的派出机构，代县政府为农民提供超出村庄范围的基层公共服务。

县一级则极大地简化工作复杂性，注重重点，做好基础工作，不折腾。

以基本公共服务均等化为主要目标、以公共服务有效供给为中心工作的县域治理，与以经济建设为中心的县域治理，对县乡体制和县乡干部要求是根本不同的。其中关键是，经济建设面对大量不确定性，需要县乡村干部具有敢闯市场、敢冒风险、敢于担责、积极作为的精神，或需要狮子型的干部队伍。而几乎所有基本公共服务都是由国家规定、有国家标准且由国家财政来保证落实的，公共服务有效供给需要面向基层实际，面对群众需要，县域治理无须弯道超车。县乡村干部只需按国家要求，做好规划，统筹县域资源，将虽然并不特别亮丽却特别基础的基本公共服务建设好，为农民提供生产生活基本秩序的保障，就算是治理有效。

因为建设基本公共服务几乎不存在不确定性，积极行政就没有空间，县域治理相对稳健，县乡村体制就可以高度简约而高效。

结语：中西部县域经济发展和治理本质是农村的

当前中国发展中存在显著的不平衡，其中最重要的不平衡就是东部沿海地区与中西部地区发展的不平衡。实际上，东部沿海发达地区已经形成经济高度密集、基础设施健全、产业分工细密的城市经济带，这个城市经济带内每块土地上都具备发展二、三产业的条件，因此，东部沿海地区县域经济本质上是城市经济的内在部分，其县城是大城市的"脚"，形式上看仍然是农村的，实质上早已服从城市发展与治理的内在逻辑，这也是全国百强县集中在东部沿海地区的主要原因。这些东部地区百强县，农业 GDP 占比都已微不足道，绝大多数当地农户家庭不再从事农业兼业，而主要从事二、三产业，大量外来人口流入，这些县因此也是"七普"人口净流入县。

与东部沿海发达地区情况相反，广大的中西部地区，县域经济缺少容纳现代制造业的空间，县域发展主要资源来自农户家庭的务农收入和农户家庭外出务工经商收入，县城房地产主要建立在农民进城买房需求之上，农户家庭将过去数十年积蓄和未来可能家庭收入一次性用于在县城买房，支撑了中西部县城繁荣。但是，因为中西部县城缺少二、三产业就业，农民在县城买房，无法在县城安居，因此，进到县城的农民可能不得不二次进城。

也就是说，当前广大的中西部地区，县域经济与县城发展本质上仍然是农村的逻辑，县域经济的繁荣主要依靠农民家庭的农业收入和外出务工收入，县域经济只是乡村的"脑"，而不是城市的"脚"。

目前看来，东部沿海发达地区的县域经济并非中西部县域经济的未来，或者说，中西部地区县域经济已经失去了发展成为沿海地区县域经济的可能。因此，作为在城市内在组成部分、服从城市发展逻辑的东部沿海发达地区的县域经济，是大城市的"脚"，而中西部绝大多数县域经济只是乡村的"脑"，其发展和治理本质上仍然是农村的，是与沿海地区截然不同的。

截然不同的东部地区县域经济与中西部县域经济，决定了东部地区与中西部地区在建设目标、体制安排、乡村振兴诸方面必然会有不同的设计。相对来讲，当前中西部地区县域经济应当以公共服务有效供给为中心任务来设定治理目标和县乡体制，当前中西部地区县域治理应当尽快实现从以经济建设为中心到以公共服务有效供给为中心的战略转变。

第二节　强县改革：偏离县域经济定位的扩权赋能[①]

在中国，县是一级非常重要的建制，大力发展县域经济几乎是全国共识，尤其是伴随乡村振兴与共同富裕的推进，以县为载体促进区域经济发展平衡成为普遍做法。进入 21 世纪以来，全国几乎所有省级政府都进行了扩权强县的尝试。然而，一个不争的事实是，当前中西部地区县域经济发展陷入了严重困境，典型表现为：一方面，县城基础设施建设大跃进；另一方面，县级开发区闲置荒废，县城住房空置，县级负债压力大。绝大多数县域经济中没有像样的制造业，与其说县城是生产性的，不如说县城是消费性的。因为缺少制造业基础和制造业就业，县城经济就建立在对农业收入和农民工外出务工收入的依附基础上，这样的县域经济当然是不可持续，以及不可能通过还权赋能来获得大发展的。

也即，如果县域经济中没有制造业发展的空间，县域经济还权赋能带来的可能只是县与县之间的恶性竞争，是县政府在缺少上级监管情况下利用被赋权能乱作为。调查中看到，一些地区县级负责人权力高度集中，因此也几乎有迷之自信：魄力很大，指点江山，激扬文字，却每每留下乱摊子。因此，当前县域经济中乱作为的危害远甚不作为。

若以上判断是对的，则一些地区此轮扩权赋能强县改革就颇值得商榷。扩权赋能的关键是将县一级权能从市级政府中释放出来，加强省级政府对于县级政府的直接监管。实践中，省级政府直接监管近百个县级政府是不可能的。扩权赋能之后，在缺少监管的条件下，县级政府乱作

[①] 本节由贺雪峰、卢青青、桂华共同撰写。

为就会留下更大后患。当前时期县域经济发展中的乱象与后患已是确凿无疑的，对此视而不见仍然进一步扩权赋能，显然是不明智的。

综上，有必要讨论发展县域经济的条件与定位，提出关于如何发展县域经济的看法，以抛砖引玉，引起关于县域经济发展的进一步讨论。

一、郡县治、天下安？扩权强县的依据难以成立

"郡县治、天下安"，应当是对中国秦汉以来两千多年历史具有高度共识的总结，这也被当作扩权强县发展县域经济的历史依据。

传统农业社会，县以上城市显然是消费性的，乡村才是生产性的。因为传统时期农业是最为重要的产业，农业产出依靠土地，土地成为最为重要的生产资料，土地占有情况成为决定个人阶层地位甚至成为决定国家统治形式的主要依据。农业土地分布在空间上具有平面覆盖的特征。传统农业是自然农业，要靠自然界的光、热、水、土，具有光热水条件。相对来讲，中国国土中的胡焕庸线以东地区具有更好的自然条件，土地农业产出多，可以养活更多人口，支撑更多、更大的城市。

在胡焕庸线以东地区广袤的土地上，形成了基于地理边界划分的行政区划，其中县级行政区划是秦汉以来最为稳定也极为重要的行政区划，县域治理为国家提供了稳定的农业税赋和粮草供给，是国家统治的基础。可以说，在传统时期，人口、经济总量的90%都是在县域范围内发生的，占人口和经济总量比例不到10%的城市主要是消费性的而非生产性的，无法脱离农业和县域经济而独立存在下去。

秦汉以来的中国被分成一千多个区划相对稳定的县，几乎所有用于农业生产的土地都被纳入县管辖范围内。县域经济发展状况与其辖区内的土地总面积和土地产出能力成正比。县管理好辖区内的土地、人口，也就为国家治理提供了基础。农业社会主要经济来自土地产出，土地平面分布格局决定了传统时代的均衡性，郡县土地产出总量及其剩余决定了郡县经济乃至政治地位。总体来讲，胡焕庸线以东地区土地产出能力

比较强，近代以来，尤以长三角地区土地产出能力最强，江南成为中国经济重心，江浙郡县治理在中国国家治理中占据重要位置。

以土地产出为主的传统农业经济，经济分布相对均衡，县域经济差距有限，且县之上的城市是以县域经济为基础的，是消费性甚至是剥削性的，是无法脱离县域经济的，也就是无法脱离土地产出的。正是在农业经济基础上，郡县保持稳定的农业产出，国家经济就有了保障，自然也就"天下安"了。

进入工业时代以后，经济分布情况有了很大不同，即工业是以聚集为前提形成的，工业生产不依靠土地自然属性，而可以在有限土地上形成巨大经济产出，因此就有了以大规模聚集为特点的现代城市。与传统消费性城市不同，建立在工业生产基础上的现代城市是生产性的。

依托工业生产而发展起来的现代城市，深刻地改变了经济的地理分布，出现了城市与农村之间的巨大差异。传统城市本质上是农村的延伸，是依附于农村的，因此，郡县就具有极其重要的地位。现代城市则不再是农村的延伸，也不依附于农村，而构成了与农村的对立。表现在地理分布上，就是城市越来越成为经济中心，也成为人口中心。现代国家的经济分布不再依托土地产出能力，而是依托城市工业发展状况。

工业发展又与资源、交通、人口、消费等各方面有复杂的关系。尤其沿海口岸地区可以借用海运优势，在全球化时代获得巨大的区位发展优势。全世界几乎所有大江大河入海口的三角洲都获得了经济的高度集聚，就是这个原因。

近代以来，中国开始工业化，经济开始聚集，大批口岸城市和工业城市发展起来。新中国建立以后，重化工业优先的赶超型现代化战略，形成了若干以大城市为中心的工业制造和经济发展中心。改革开放以后，沿海地区尤其是长三角地区和珠三角地区利用区位优势，快速工业化，很快就成为世界工厂的主要车间。中国经济前所未有地集中到东部沿海地区和城市，县域经济尤其是中西部地区县域经济占比也前所未有地下降。依据中经网统计数据库，全国 1431 个县①的 GDP 总量在全国 GDP 总量中的占比逐年下降，从 2014 年的 23.71% 下降至 2019 年的 21.38%，尤其是 2016 年以后呈现显著下降趋势（具体见图 3-1）。

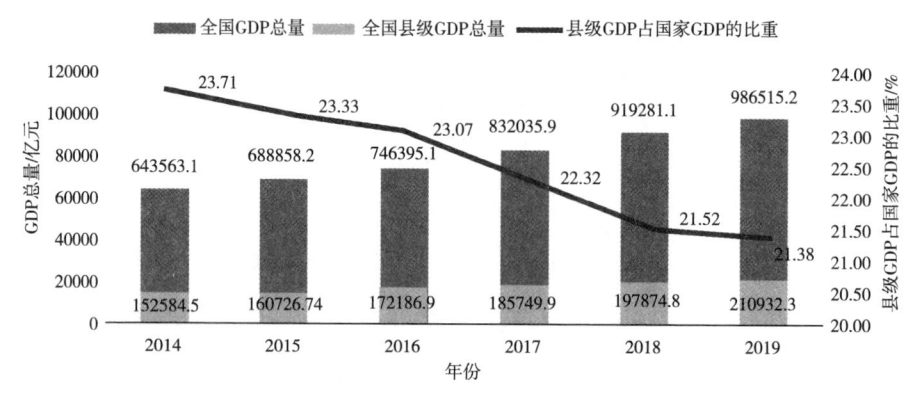

图 3-1 县级 GDP 总量与国家 GDP 总量对比图

注：数据在处理中采取四舍五入方式。

数据来源：县级 GDP 数据源自中经网统计数据库，国家 GDP 数据源自国家统计局官网，由笔者整理而成。

在工业化时代，尤其是在全球化时代，经济高度聚集，区域之间以及城市之间的不平衡已是常态，以土地产出为主要经济产出从而形成的相对均衡的传统经济格局不复存在，基于行政区划的县域经济就可能因为产业差异，而在经济体量上差异巨大。同样是县级行政区划，江苏昆山 GDP 已过 4000 亿元，而中西部相当部分县域 GDP 可能不足百亿元。这种情况下，再泛泛地讲"郡县治、天下安"，显然就没有道理了。尤其是以此来讨论发展县域经济的重要性就更加没有道理。

二、扩权强县，不能一刀切

在当前中国，县级行政区划仍然是极为重要的一级行政建制，中国

---

① 所统计的县中不包括港、澳、台、市辖区、林区、县级市、自治县、旗、自治旗等，此外，黑龙江省有两县数据缺失，未计入。数据来源：中经网数据库。

两千多个县级行政区占据了全国90%以上国土，70%以上人口，约一半的GDP。在现行行政体制架构下，县一直是极为重要的行政建制，具有相对完整的政府架构和政治、经济、文化功能，能否及如何调动县级政府积极性，充分发挥县级政府各方面功能，对于中国这样幅员辽阔、人口众多国家的稳定与发展，具有极为重要的意义。

新中国行政架构本来是设有四级政府，即中央、省、县、乡镇四级，全国两千多个县级政府，平均下来每个省级政府管辖范围内就有七八十个县级政府，这样的管辖幅度超过了合理规模，很难管好，因此在省以下设立地级行政公署代省管县。改革开放以后，地级行政公署普遍改为地级市政府，中国因此有了当前的五级政府架构，县级政府隶属地级市政府，省不直管县。

改革开放以后，为调动地方发展经济积极性，允许地方政府具有一定发展经济的政策灵活性。具有完整政权架构和功能的县级政府在推动经济方面具有优势。调动县级政府发展经济积极性，大力发展县域经济，成为一个时期国家的重要政策导向。其中最为典型的是一些县大力发展乡村工业，包括支持兴办集体经济性质的乡镇企业和以私人小作坊为基础的民营企业。前者代表是20世纪八九十年代的苏南地区，后者代表是浙江地区。同期，珠三角地区大力发展以"三来一补"为基础的"两头在外"的外向型企业。乡村工业发展过程中涉及关于土地、金融、税收、环保、安全生产、社会保障的许可与审批，县级政府往往权限不足，需要向市级申请审核，再报省级批准。在经济快速发展、管理复杂性不断增加的情况下，县一级发展经济的权限不足成为影响县域经济持续健康发展的重要障碍，地市一级对县级的管理拉长了行政链条，提高了行政审批成本，也就阻碍了县域经济的发展。到2000年前后，从浙江开始，全国掀起了一场声势浩大的强县扩权运动，几乎所有省级政府都要求地市不能再限制县级行政权力，行政管理和审批权限"能放尽放"，以"减少层次，扩权简政，增强县域经济发展活力"。具体地，一般有两种扩权形式：第一种是直接将一些重要的县计划单列，将之从原属的地市中独立出来，由省直管；第二种是虽然县仍然隶属地市，减少地市对县的审批权责，县在很多重大管理审批事务上直接对省负责，仅在市级备案。

通过强权扩县，省县之间联系更加畅通，甚至直接越过市级层次，减少了管理层级，提高了行政效率。站在基层看，县一级有了更大管理与审批权限，就更有主动性和积极性来推动县域经济发展，可更好地激活县域经济，县域经济持续发展必然会带动地方经济的成长。不少研究揭示，正是县域经济的活力，推动中国创造了持续高速经济发展的奇迹。

细数改革开放以来县域经济的成长，大概可以分为三个时期：一是乡镇企业快速发展时期，大概到20世纪90年代中期止；二是招商引资时期；三是规范发展时期。与此相应的中国市场经济有两个阶段：第一个阶段是改革开放至20世纪90年代的卖方市场阶段，这个阶段只要能生产出工业品，就不愁卖不出去，这是乡镇企业可以快速成长的前提；第二个阶段是进入买方市场，工业品出现过剩，质次价高的乡村工业产品被市场淘汰，全国绝大多数乡镇企业关停转制，中西部地区乡镇企业几乎全军覆没。苏南地区利用集体经济优势招商引资，保持了经济增长势头，浙江民营经济利用体制优势顺利实现了优胜劣汰；珠三角地区一开始即"三来一补""两头在外"，伴随中国加入WTO后，如鱼得水，经济持续增长。

在发展乡镇企业阶段，甚至在招商引资阶段，县级政府发展经济的自主权是十分重要的，县级政府经济自主权越大，就越是可以在土地、税收、环保、金融、劳动保障诸方面采取有利于本县经济发展的政策，也就越是可以推动县域经济的持续发展。不同县和不同地区之间存在激烈的经济发展竞争，县级自主权力是推动地方经济发展的有利因素，除此之外，地方经济发展还依赖其他方面的条件。同样是强县扩权，不同地区存在很大差异。改革开放以来，沿海地区成功抓住了地方经济发展的时机，占据了市场先机，实现了经济增长与发展转型。虽然中西部地区县级政府也建了开发区，大力度招商引资，给予巨大政策优惠，却因为难以形成规模经济及不具有区位优势，而导致很多的开发区不死不活，既不能创造 GDP，提供就业，更难创造税收。以我们调查的中部 A 县为例，A 县规模以上企业有 80 多家，集中在县城工业园区的规模以上企业有 65 家，其中 80% 是"可以维持，但利润稀薄"的低端制造业，其余 20% 则是"僵尸企业"。园区所能创造的税收贡献有限，A 县工业税收只有 2 亿多元/年，其中税收过千万的企业只有 5~6 家。

沿海地区内部也存在差异。浙江是全国最早推动强县扩权的省份之一，浙江县域经济发展也相当好，全国百强县，浙江有 20 余个，仅次于江苏。无疑，浙江强县扩权改革对于激活县域经济，发展县域经济，具有重要作用。不过，强县扩权与县域经济发展之间远不是简单的正相关关系。江苏是全国强县扩权改革比较晚的省，却有全国最多的百强县，超过浙江地区。

近年来，强县扩权改革给予地方更大的发展空间，有助于调动地方积极性。但是地方政府的积极行为并不必然带来当地经济发展。江苏、浙江和珠三角地区，县域经济强大，几乎无一例外是制造业发达，而制造业正是当前中西部县域经济的短板。缺少制造业，就没有制造业带来的大量就业，也就不可能支撑起第三产业。中西部县域经济发展当然也就不可能建立在房地产市场上。农民进城买房，要是没有就业，他们在县城就不可能待得住。

以浙江代表的一些地区实现县域经济良好发展，有四个方面的条件：一是浙江地处长三角地区的良好区位；二是民营企业在卖方市场时期获得高速成长的先机；三是相对于其他地区的市场先机；四是浙江实际上已成为沿海城市经济带的内在组成部分。这些市场条件是促进县域经济发展的基础因素，强县扩权促进了这些因素发挥，起到了放大作用。而中西部地区，除靠近省会城市的极少数县进入百强县以外，无论这些中西部省是否进行了强县扩权改革，都很少有县进入全国百强行列。离开有利的市场条件，单独进行强县扩权改革，不能引爆当地经济腾飞。

三、中西部县域经济发展的逻辑

仅从县城建设来看，最近十年，几乎全国县城都换了模样。县城变化表现在以下几个方面：市政基础设施（市政管网设施、市政交通设施等）提档升级；交通运输枢纽，智慧城市，购物步行街，豪华电影院、体育馆、剧场、博物馆、图书馆等场馆，大广场，城市绿道、步道、亲水平台，城市公园、湿地公园、体育公园、游乐场，气派的市民中心，政务中心，建筑规模庞大的医院和学校，星级旅游景点，棚户区改造、老旧小区改造，垃圾无害化资源化处理设施、污水集中处理设施，新建环境优雅的县委党校，星级宾馆，新城区，高档居住小区，中央商务区（CBD），电子商务城，一、二、三产融合的综合农贸市场，物流产业园，经济开发区（工业园区）。

归纳起来，县城建设主要包括三个部分：最显著的变化是城市基础设施提档升级，很多县城的基础设施完全可以与发达国家的城市媲美了；野草般疯长的居民小区楼盘；大规模经济开发区。这三个部分在县城建设和县域经济发展中承担着不同的功能。

首先是经济开发区建设。县域经济发展显然不能仅依靠农业，而必须有现代制造业。现代制造业不仅可以快速提高 GDP，而且可以提供大量就业。大量就业不仅可以让进城农民有收入，而且为第三产业提供了可靠的服务对象。制造业还可以提供税收，从而提高县政府的财力。有了财力才能建设最好的城市基础设施。

建设了开发区，就要招商引资。要招商引资，往往就要在土地、税收甚至金融方面给予优惠。中西部县城能招来的商往往是东部沿海地区淘汰的落后产能，高能耗高污染，投入高收入低对地方经济带动作用小。即使这样的落后产能也往往不稳定，或破产或跑路，刚刚好不容易稳定下来却又出了问题。真正能在开发区进行生产，创造就业与税收的企业，少之又少。我们调查的中部 A 县招商引资采取"三免两减半"政策，也即符合条件的企业可以享受五年优惠政策，前三年免税，后两年缴税减半，招商来的企业 80%～90% 是普通低端制造业，几年之后当地官员发现，"有些企业还没过这个（优惠）周期就死了，有些干脆就是套优惠政策，实际重点不放你这"。比如 A 县的两家造纸厂因为环保投入几千万元，自身利润稀薄银行也不再放贷，背负的民间借贷已超过千万元，资金链基本断掉，还有几家模具厂也在濒死边缘。即使是本地发展相对较好地几家龙头企业提供的税收也大幅缩水，其中磨具产业 2019 年完成税收 1300 多万元，较上年减收 1600 多万元；电子信息产业 2019 年完成税收 2200 多万元，较上年减收 4100 多万元①。

现在全国中西部县域经济中存在的最大问题就是，在各自为战的地方政府竞争下，各地开发区规模搞得大，可以容纳的制造业生产力几乎是无限的，真正能招到的可以进行生产、创造就业与税收的企业却寥寥可数。地方政府大量低价供地，以开发区建设吸引企业，推动地方工业化的方式越发难以持续，开发区的建设并不能带来产业的集聚式发展②，这种过度建设反而导致开发区滋生大量债务。比如，中部 A 县经济开发区 2017 年依托 PPP 项目投资 8.9 亿元建设产业孵化园，开发区每年要还本付息 7000 万～8000 万元，而租金和税收收益还难以覆盖征地、厂房建设及配套等的投入成本。

当前，中西部地区政府支出主要依赖于上级转移支付，很少有中西部县域经济的主要财力来自开发区创造的税收③。与开发区创造就业和税收十分有限形成鲜明反差的是，县城以及县域基础设施投资巨大。强县扩权意在进一步加大地方政府在县城建设上的投资力度。以中部 C 县（省直管县）为例，该县"县城城镇化补短板强弱项"项目，仅在 2020 年前后就有 109 个项目开工，涉及金额 666 亿元，其中政府投资 250 亿元，而 2020 年全县一年完成工业增值税仅 3.7 亿元。县域基础设

---

① 数据来源：A 县财政局 2019 年财政收支月报。
② 参见赵延东、张文霞：《集群还是堆积——对地方工业园区建设的反思》，《中国工业经济》2008 年第 1 期。
③ 参见焦长权：《中国地方政府的财政自给能力：历史演变与层级差异（1990—2014）》，《开放时代》2020 年第 3 期。

施提档升级的投入都是真金白银,现在的问题是,这些基础设施投资的钱来自哪里。

与全国情况一样,中西部县级政府财政收入往往有限,地方税收分成加上级一般性财政转移支付构成县级可用财力,这些一般只能保运转,搞建设的资金就只能通过其他途径筹措。一般来讲有四个途径:一是整合上级专项财政转移支付资源,用于县级重要基础设施建设,比如将水利建设资金用于城中湖建设;二是地方性基金收入,主要是卖地收入,卖地收入来自将征收为商住建设用地的土地卖给开发商,开发商建楼盘卖给农民;三是通过贷款、发行债券形成借贷收入;四是利用社会资金,即通过产权、收益分享来吸引社会资金投入。以上四个途径都值得讨论。

第一个途径中,国家专项财政转移支付一般都是向农村转移服务三农,尤其是服务农业和农民的,每个专项转移支付都是有专门目标要解决特定问题的。之所以给县级政府一定的资金整合权,是为了防止资源落地时重复浪费不衔接,现在县政府将资金整合用到城市基础设施上,就背离了专项财政转移支付的初衷。扩权赋能强县改革只会进一步加剧县级政府将专项资金整合到背离初衷地方的后果。

第二个途径中,即使目前县城基础设施建设也严重依赖土地财政收入。要获得土地财政收入,就要有农民进城买房,要让农民进城买房,就不仅要顺应农民进城的愿望,而且要创造条件让农民进城买房,其中最为常见的是教育进城,农民为了获得县城较高质量的教育就不得不到县城买房。越多农民进城,就有越多农地非农化产生的土地增值收益,变成土地财政收入,从而也就可以为建设县城基础设施提供资金支持。不过,因为县域经济实力有限,进城农民有限,土地财政收入也有限,往往不足以支持县城基础设施建设之需,土地财政也不可持续。

第三个途径是通过各种方式拆借。比如通过成立城市建设投资公司来贷款。城投公司将所有国有资产都打包成为资产,甚至将基础设施证券化,以提高城投公司直接融资能力。城投公司融资越发成为中西部县级各项建设支出的主要资金来源。以中部B县城投公司为例，该城投公司自2016年以来融资资金不断攀升，到2020年已高达32.8亿元，2021年计划融资40亿元，而该县2020年地方公共财政预算收入不足15亿元（具体见图3-2）。

图3-2 中部B县城投公司年度总投资额与总融资额对比图

注：数据处理中采用四舍五入。

数据来源：笔者根据中部B县城投公司年度工作总结整理而成。

第四个途径是在具有经营性或准经营性的城市基础设施和市政公用设施建设和运营中，采取政府与社会资本合作模式，引进社会资本，加快基础设施和公共服务设施建设。这四条途径实际上构成了当前中西部县域经济建设中很关键的"经营县城"的重点和关键。

作为中西部地区县域经济发展的基本手段，"经营县城"通过各种技术手段、资金拆借、政策运用以达到两个目标：其一，农民进城，在县城安居乐业；其二，县域经济繁荣，基础设施提档升级。具体过程大致如下：县政府成立各种名义的城市建设投资公司，向银行贷款、发行债券等筹资，投入改善基础设施；好的基础设施为招商引资创造条件，吸引制造业入驻开发区，创造就业机会与税收；就业机会为进城农民提供就业岗位，越来越多农民在城市就业，享受城市公共服务，也在城市买房和消费，带动第三产业；农民买房让开发商开发房地产有利可图，政府通过向开发商供地获得土地财政收入；土地财政收入又可以建设更好的基础设施；更好的基础设施吸引更多制造业投资和更多农民进城；更多制造业入驻开发区，更多农民进城买房和在县城安居乐业，就可以创造更多税收和土地财政收入；地方政府再用创造出来的增量收入还银行贷款和发行债券的负债。结果就是经历一个经营的过程，招商引资成功，县域经济大发展，GDP迅速提升，大量农民进城买房，并在城市安居乐业，城市基础设施提档升级，县城基础设施堪比发达国家的城市，经营县城因此成功。

某种意义上，这正是某些东部沿海发达地区县域经济发展和县城经营之路。也正是在这种经营成功逻辑与案例的鼓励下，中西部后发地区的省级政府希望通过扩权赋能强县，以达成经营县城和发展县域经济的目标。

现在的问题是，如果被扩权赋能的县政府无法完成招商任务，进城农民在县城买房却无法就业，经营县城就可能带来严重问题，最大的问题有二：一是农民几乎是将过去所有积累和未来预期收入都拿来在县城买房了，却无法在县城找到稳定就业机会，他们不得不将县城买房空置在那里而再次外出务工去；二是政府借贷形成债务难以偿还，每年财政收入还不够还利息，政府面临破产。也就是说，经营县城，县城基础设施提档升级，在招商引资环节不能同步跟上时，就会造成严重后果：一是通过各种办法让农民到县城买房，农民过去的积蓄与未来预期收入都被县城所盘剥，出现新一轮的城市对乡村的"剥夺"；二是严重债务会造成县级治理的不可持续，成为县级发展的沉重负担。

省级层面越是扩权赋能强县，县级越是具有经营县城和发展县域经济的权能，越是少受到上级的监管，县级就越是有能力和有胆量让更多农民进城买房，借下更高债务，从而一旦招商引资不成功时，就留下更大县域治理的隐患。相对于中西部地区上千个待发展的县级区域来说，沿海产业向内陆转移的覆盖能力有限。中西部地区通过强县扩权来增加县级竞争，存在很大的无序性、浪费甚至折腾。强县扩权不构成中西部产业发展的充分条件。在招商引资不成功的情况下，强县扩权作为政策"杠杆"加剧已经比较普遍存在的地方债务。一部分基层"狮子型"干部的激进行政行为，会被省级政府的强县扩权政策放大，每个省数十个县的做法叠加在一起，造成基层体制过热，加速地方债务增长。

财政部公布的数据显示，截至2021年底，全国地方政府债务余额为304700亿元[①]。CCEF研究（2021）根据各省市自治区的债务余额和财政收入计算发现，全国中西部省份普遍债务率较高，其中青海、黑龙江、宁夏、内蒙古四省份的地方债务率超过300%[②]。具体到县级，刁伟涛等[③]统计发现全国县级政府债务余额从2016年的80264.56亿元上涨到2017年的86988.16亿元，其中专项债务余额在不断攀升，县级债务压力增大。此外，县级城投债也不容小觑。徐军伟等[④]构建的融资平台新名单显示，截至2018年底，全国共有2571家发债融资平台，其中县级及以下（含县级市）融资平台有556家，占比21.63%。中正鹏元研究所（2021）依托wind数据库整理的300家县级城投公司在2020年前三季度共发行城投债数量603只，规模为3904.43亿元，在全部城投债资金规模的占比为12.01%[⑤]。城投公司融资的资金主要用于偿还债务，中泰证券研究所（2021）整理的数据显示，区县级城投发债用于偿还有息债务的占比高达80%，用于项目建设的占比只有12.6%[⑥]。县级城投公司融资资金基本是净流出的，还本付息的压力大，而县级城投

---

① 数据来源：财政部官网，http://yss.mof.gov.cn/zhuantilanmu/dfzgl/sjtj/202202/t20220209_3786613.htm。

② 数据来源：CCEF研究，《中国各地政府债务地图》，https://mp.weixin.qq.com/s/zoG0Xj964Qpr0emzQHiz2A。

③ 参见刁伟涛、傅巾益：《我国县级政府债务风险的分类度量、区域分布和变化特征：2015—2017》，《财政研究》2019年第5期。

④ 参见徐军伟、毛捷等：《地方政府隐性债务再认识——基于融资平台公司的精准界定和金融势能的视角》，《管理世界》2020年第9期。

⑤ 数据来源：中正鹏元地方财政投融资研究所，《全国县级城投研究报告》，https://mp.weixin.qq.com/s/tElmCp4yOuHxcQAEIzi_Bg。

⑥ 数据来源：中泰证券研究所，《今年城投债都干嘛了?》，https://www.djyanbao.com/report/detail?id=2710830&from=search_list。

公司因为平台等级相对较低,其持续发债依赖地方政府隐性担保,最终都将转化为地方政府的财政风险①。

如前节讨论,在当前及未来一段时期,除个别例外,中西部地区县域范围招商引资发展现代制造业的可能很小,能够"经营"成功的中心县城占比不会大。只要东部沿海城市经济带继续发展,在市场配置资源下,中西部地区的人财物将继续流出,人财物流出的中西部地区不可能重新变成类似东部地区的经济带,中西部地区的县域城市作为消费性城市和依托于农民外出务工收入支撑房价的发展形态不会改变。在没有制造业提供就业与税收源头的情况下,县城经营无论看起来多么繁荣,都必然是不可持续的,因为借债过日子,总有还债时。不仅所有投入到无法产生经济效益的基础设施与公共服务需要偿还,而且缺少就业而难以在县城安居的进城农民本身又成为县级公共服务支出和基层社会治理负担。因此可以得出结论,当前全国出现的省级扩权强县改革存在盲目性,蕴含很大风险,值得深入研究讨论。

四、三个层次:未来中国区域经济的布局

中国区域经济如何布局,是当前必须直面讨论的问题。前文讨论的县域经济发展背后指向的是区域经济布局定位。从实践来看,当前中国经济布局与传统农业经济时代已完全不同,其关键有两个方面:一是城市不再只是消费性的,而且也是生产性的,且以生产性为根本;二是经济高度向城市集中,城市又集中分布在具有区位优势的地点,尤其集中分布在口岸地区比如长三角地区和珠三角地区。在全面推进现代化过程中,如何布局中国经济,以及如何对待地区之间的差异形态,却似乎缺少清晰的讨论。

更重要的是,在讨论中国发展不平衡问题时,很多人倾向通过大力支持农村产业和县域经济发展,来缓解中国发展中业已存在的区域不平

---

① 钟宁桦、陈姗姗:《地方融资平台债务风险的演化——基于壑"隐性担保"预期的测度》,《中国工业经济》2021 年第 4 期。

衡与经济不平衡。对于国家确立乡村振兴战略，部分研究者倾向于倒推，认为如果没有县域经济的发展，也就不可能真正实现乡村振兴。这种倾向看似有道理，实际上不过是将乡村振兴战略下降到了策略层面。

未来中国区域经济的布局大概可以分成三个层次。

一是作为经济增长中心和科技进步中心的城市带地区、省会城市和区域中心城市（地市级城市），中国经济成长和科技进步将主要依托于这个层次的区域（城市）。

二是作为地方公共服务中心和地方治理主体的县域经济。

三是遍布乡村的以土地为基本生产资料的农业生产。

以下分别讨论。

（一）县域经济：地方行政和治理中心

从目前情况来看，除东部沿海经济带地区之外，大多数县域范围内很难容纳现代制造业，因为现代制造业需要有相应配套及相对完善的服务体系，而县域范围很难形成相对完整的产业集聚，无法形成规模经济效应。县域经济的主要支撑多为面向当地的轻加工、农产品加工以及承接沿海地区淘汰的落后产能。总体来讲，县域经济中先进制造业比重低，容纳就业少。其中的典型是当前中西部地区县域范围的经济开发区，无论是招商情况还是容纳就业与创造税收都相当有限。

县域经济尤其是县城业态中，特别重要的有两个方面：一是以教育、医疗为代表的公共服务体系较为健全；二是面向全县的服务业相对发达（零售、餐饮、物流、交通通信等），当前农民进县城，很大程度上是为了获得县城较高质量的教育、医疗等基本公共服务。

农民为了享受县城教育医疗服务和较高质量的基础设施，往往要到县城买房或租房，推动了县城房地产发展，进一步带来土地非农使用增值收益，为县政府带来土地财政收入。土地财政进一步转化为县城更高质量的基础设施建设。因为县城缺少制造业，进城农民难以在县城获得充分就业，县城服务业就业市场过度拥挤，服务业就业收入低，服务价格低。

由于缺少制造业，县城是消费性的，主要是提供公共服务和市场服务。县域基本服务对象或消费对象是全县农民。农民是生产性的，他们从农业以及外出务工经商中获得收入。正是农民将他们从农业和外出务工经商中获得收入用于在县城买房，才有了县城房地产繁荣，农民买房不仅掏空了积蓄，而且往往欠下家庭债务①。

无论如何，农民希望获得更高质量的教育与医疗，也希望能享受到更好更现代的基础设施，县城构成可以为农民提供一定程度上集中且有规模效益公共服务的地方中心。

在当前及未来时期，县一级当然是非常重要的，不过，县一级并非一定要成为经济成长中心，更非现代制造业和科技进步中心，而可以定位为地方行政和治理中心、地方公共服务中心以及地方服务业中心。考核县域发展不应当过度使用经济指标，也不应当贪大求洋，而应当依据当地实际情况进行发展定位，这个实际情况最重要的是为农民提供医疗、教育等公共服务的能力、水平与效率。

如果说县城是地方公共服务中心的话，乡镇则是基层公共服务中心。在治理层面，如何在县城与乡镇之间进行公共服务的布局，也要因地制宜，结合当地人口、空间和经济社会状况进行具体讨论。

（二）农村与农业经济：中国式现代化的"压舱石"

在中国广袤的国土上，分布着 20 亿亩耕地和无数可以用于农业生产的林地、水面、草地等。正是在广袤的国土上，通过光合作用，借助光热水肥条件，农业为全国人民提供了充裕的农产品，中国也才能做到将饭碗牢牢端在自己手中。

农业的基础地位不能变，同时农业 GDP 占比持续下降，越来越无法让 2 亿农户依靠农业致富。当前中国仍然从事农业生产的农户超过 2 亿户，这 2 亿多农户绝大多数只是兼业，甚至只是老年人留守种地。如果不兼业只种地，农户达到全国平均收入水平最少要种地 100 亩，也就

---

① 参见陈文琼：《半城市化：农民进城策略研究》，社会科学文献出版社 2019 年版，第 226—227 页。

是说，20亿亩耕地只能容纳大约2000万农户（家庭农场主）。如果将中国农村土地集中到大约2000万户家庭农场主，虽然这些家庭农场可以实现适度规模经营，提高劳动生产率，却可能造成其他2亿农户无地可种。这笔账很多人算过。改革农业经营体系时如何同时容纳农民的农业就业是国家制定政策的出发点之一。当前之所以仍然有2亿多农户兼业种地，很重要的一个原因是农户家庭中老年人缺少城市就业机会，他们种地不仅是为农业收入，而且是要有就业、有劳动、有事做[1]。有劳动才有价值感，才体面和有尊严。劳动是中老年农民的内在需求，用农民的话说，"无事可做就是等死"，虚度的日子不好过。

简言之，当前中国发展阶段，城市只能吸纳有限农村人口的情况下，中国以20亿亩土地为基础的农业，不仅解决了中国人吃饭问题，粮食安全问题，而且为数亿农民提供了农业收入、就业和意义。这样看来，当前中国农村普遍存在的小农户农业、"老人农业"，还有继续存在的价值，也还将继续存在下去。

进一步，因为农村存在着大量自给自足经济，农民住房不要钱，与土地结合起来就有收入有就业，就使农村可以成为应对老龄化的一个重要阵地：农村养老成本远低于城市，而与土地可以结合，就可能让劳动与意义生产结合起来，收入与休闲结合起来。

再进一步，2亿多户农户仍然兼业农业，进城农民就可以年老返乡、进城失败返乡、遭遇重大经济危机时选择返乡，农村就成为中国式现代化的稳定器了。正是有农村这个稳定器，中国式现代化就有能力应对全世界的各种风险（包括经济波动风险和新冠疫情风险），中华民族伟大复兴也才更有保障。

乡村构成中国式现代化的"压舱石"。在这个定位上发展县域经济和推进农业农村现代化便有了总体目标定位。以上两个方面放在一起看，"县域经济+农业经济"构成了当前中国广袤土地上大多数人民的

---

[1] 参见夏柱智、贺雪峰：《半工半耕与中国渐进城镇化模式》，《中国社会科学》2017年第12期。

基本生活生产场景，这些县以下的经济以保障为主、以退路为主、以休养生息为主、以稳健为主。这是中国的腹地与纵深，是中国社会的稳定器。

（三）城市带与区域中心城市：中国经济重心

无疑，当前中国经济重心越来越集中在沿海发达地区和区域性中心城市当中。沿海发达地区因为经济密集、交通便利、产业互补、基础设施良好，而形成沿海城市经济带，位于沿海城市经济带的每个空间都具有发展二、三产业的区位条件。正是这个意义上，以长三角地区、珠三角地区为代表的沿海城市经济带内不存在真正意义上的农村，乡村工业化和服务配套使县域经济极为发达，几乎所有沿海城市经济带内的县都可以进入百强县。因此，在沿海地区的县域经济实质上并非因"县域"而起，县域是一个管理、治理和统计单元，不是孤立的经济单元。忽视沿海地区县域经济背后的城市带经济体系，抽象而笼统地强调沿海县域经济本身是一种误导。

沿海发达地区城市经济带不仅是制造业中心，而且也是科学研究和技术进步中心，是中国最重要的经济发展极。除沿海城市带以外，全国省会城市一般都有良好的基础设施、完善的社会服务、健全的产业配套以及各类技术服务，从而具备发展二、三产业的条件。除省会城市以外，地市级城市一般都会有科研院所，是地方区域经济中心和交通枢纽，通过高铁网络连通，具有较大人口规模和经济规模，具备发展二、三产业的条件，其中部分地市级城市已成为区域经济中心。

沿海城市经济带和以省会城市为代表的区域中心城市，具有优越的发展现代制造业、发展服务业和科技进步的区位优势。当前中国经济总产出的大部分都是由沿海城市经济带＋区域中心城市创造的，这个比重还会继续增大，且其经济质量也更高。

（四）地级城市还是县城：转移来的产业走向哪里

仅就地级市来讲，存在两种情况，一种情况是已成区域中心城市的地级市，比如洛阳、襄阳、赣州、芜湖等 GDP 在 5000 亿量级的区域性

第三章　县域经济——战略支点抑或过渡阶段

中心城市，具有较大经济体量及与之匹配的基础设施、服务体系、物流条件、产业配套，从而为先进制造业提供了良好的落地空间。另一种情况是有待成为区域中心的地级市，比如中西部地区比比皆是的经济体量不足千亿的地级市，其城市规模、产业配套方面仍有不足，还不能为现代制造业提供足够落地所需的便利。

更具体来看地级市经济总量，实际上，地级市往往是由若干县级行政区构成的，地级市是全市行政中心和经济中心，县级政府尤其是县级市政府，则往往是独立于地级市政府所在城区的，若扣除市辖区以外的县和县级市 GDP，全国大多数地级市所在城区 GDP 都不过千亿元，与县级城市的量级差异不大。

现在的问题是，在地级市以下的区域，到底是集中发展地级市所在城市，还是调动各个县城积极性发展县域经济。显然，经济发展是有极化效应的，尤其是二、三产业的发展，越是有规模就越是有完整产业配套，就越是可以降低生产成本。中西部地区目前正在对接从东部沿海地区转移而来的产业，这些转移来的产业当然倾向到具有规模经济的区域性中心城市，而不是到县城去。

如果省级政府进行扩权赋能的强县改革，县政府就会想方设法通过政策优惠来吸引外资，从而将外来投资分散到全省各县。本来就缺少经济规模和投资不饱和的地级市所在城市，在县域经济的无序竞争中就更难获得成长，结果就是县与县竞争、县与市级城市竞争，很有可能出现县域经济搞不活，地市经济却很可能被搞残废了。

越是中西部经济发展比较落后的地区，就越是应当将主要资源用在打造地级市的城市上，而不是分散发展县域经济。有了适度规模的地级市才可能对接产业，才可以成为区域性经济中心，才有可能进一步改善基础设施条件，从而为产业转移做好准备，并为当地农民提供就业，提供进城的安居乐业，走向工业化促进城镇化的良性循环。

结语：未来中国经济区域格局设想

扩权赋能强县目标是强县，实质上是要减少省市对县的监管，允许

163

县有更大自主权进行发展，以及加强对县的发展考核。然而，强县往往不只是意味着县对地级市经济发展机会的争夺，从而造成地市与县的两败俱伤，更重要的是，县一旦失去了省市有效监管，有了更大自主权，就会在相互间的激烈竞争中将全县所有可用资源孤注一掷地用来拼发展、拼政绩。如此，经营县城的结果就是，看起来县城建设上了档次，短时期内县域经济也有统计上的增长，却几乎是竭泽而渔：农民进城却又无法安居，城投公司建设了大量基础设施和面子工程却欠下巨额债务，经济开发区荒草丛生。看起来县城有了很多现代建筑，却因为缺少经济内核而徒有其表，不可持续。当前中西部地区已经普遍出现了因为经营县城而发生的失败案例，报道出来的比如贵州独山县、黑龙江鹤岗市等。

基于历史条件和区位条件，东部地区已经形成先发局面和积累出先发优势，广大中西部县域经济基本上不可能重新发展成为沿海发达地区的县域经济。沿海城市带的县域经济是城市经济的内在组成部分，依托全国甚至全球产业体系发展出来，绝大多数中西部地区县域经济是从属于农村、是依赖于农民农业收入和务工收入的，因此是消费性甚至是剥削性的。对中西部县域经济寄以不切实际的期待，指望通过扩权赋能来强县，结果可能不仅分散了地级市的经济规模与经济吸引力，破坏资源配置的市场效率，而且加大政策"杠杆"，因为缺少监管而造成经营县城的破产。这个破产将导致县域经济面临严重问题，治理不可持续，百业凋敝，农民难以获得有质量的地方公共服务，进城农民无法安居乐业，县域治理失败带来自下而上的系统性风险。

还权赋能强县的改革要慎重。广大中西部地区县城建设成为地方公共服务中心，再以乡镇作为基层公共服务中心，县乡统筹考虑，为农民提供较高质量的公共服务，是当前绝大多数中西部县域经济和县城建设的重点。

全世界所有现代国家的经济都是高度集中和地区不平衡的。最后做一个最基本的展望，未来中国经济区域格局可以设想如下。

第一，农业农村很重要，不仅对保障农产品供给很重要，而且为大量缺少城市就业机会的农民提供了农业收入与农业就业。农村还可以成为应对老龄化挑战的主阵地。

第二，发展到一定阶段后，环境优美宜居的农村，可以在未来开发成为城市人的第二家园，让他们享受自然。

第三，县和乡镇是地方和基层治理与公共服务中心。

第四，中西部地区集中资源打造地级市，以对接东部转移而来的产业，形成区域经济中心。

第五，省会城市和沿海城市经济带是中国经济成长的主要中心，也是科技进步的主要场所，当然还是政治中心和金融中心。

这种情况下，中国经济虽然不平衡，主要经济成长集中在东部沿海地区和大中城市，但中西部地区也有地级市为代表的区域经济成长中心，县城和乡镇作为地方和基层公共服务中心，为广大农村的农民提供完善的教育、医疗等公共服务，村庄也有通过国家转移支付建设起来的较为健全的基础设施。农村当然还具有亲近自然的优势。在960万平方千米的国土上，每块土地上的人民及其行政建制，都可以各尽所能，各得其所。

尊重经济发展不平衡的规律，正视东部地区与中西部地区差异，区分本质不同的东部地区县域经济和中西部地区县域城市。中西部地区县域及以下构成农业生产、农民退路和养老、吸纳风险的空间，东部地区加快高质量发展，再辅以再次分配制度，通过强有力的国家财政转移支付，支持中西部地区以县域为整体的乡村振兴建设，促进共同富裕。通过非均衡的发展策略来建设一个所有人都可以享受到基本公共服务和市场机会平等的高水平平衡，是本文所要表达的总体思路。

第三节 县城安居：农民进城与县域城市化的风险

改革开放之初中国城市化率只有18%，到2019年中国城市化率已达60%。在大约40年时间，中国城市化率提高了42个百分点，平均每年城市化率提高大约1个百分点，其中城市化又是在进入21世纪加速的。2000年中国城市化率只有36%，2019年城市化率提高了24个百分点。按每年新增1个百分点的城市化率，未来20年将继续是中国快速城市化时期，到2040年中国城市化率将达到75%～80%，就应该达到了中国城市化的极限，中国也就大致完成了城市化。

假定未来20年继续是中国快速城市化时期的判断没有错的话，那就还有两个重要的问题需要讨论，第一个问题是当前中国城市化率是按居住地来计算的，若按户籍来计算，中国城市化率则只有45%左右，与居住地城市化相差15个百分点。户籍城市化率与居住地城市化率相差15个百分点并非仅仅是统计口径上的差异，而是与进城农民对自己在城市就业与收入判断有密切关系。后面我们将做简略讨论。第二个问题也是最为关键的问题，那就是农民如何进城，他们应该进到哪个城市才算是完成了城市化？

一、三个原因：户籍城市化率缘何低于实际城市化率

户籍城市化率低于实际城市化率有三个原因：一是沿海发达地区某些农村已经实现工业化，变成沿海城市经济带的内在组成部分，这些地区农民虽然仍然是农村户籍，他们却早已完成由农业到二、三产业的就业转移，实际生活也已经城市化了。这些地区农村是就地城市化，虽然

是农村户籍,却早已有城市就业收入与生活方式。二是农民家庭进城了,甚至已经在城市买房了,他们却仍然保留了农村户籍。包括农村户籍子女考取大学,却未必将户籍迁往城市,而多保留农村户籍。当前各项政策中,将农村户籍转为城市户籍并无特殊的好处,保留农村户籍对于在城市教育、就业乃至居住并无不便,而一旦迁入城市再想获得农村户籍几乎没有可能,因此,虽然进城却仍然保留农村户籍也就很正常。三是农民工仅是进城务工,他们虽然在城市务工并被统计为城市人口,但却并未在城市安居,他们的父母和子女仍然留守农村,他们当然也不会将户籍转入城市。

应当说,经过多年改革,城市几乎不再对农民进城设有门槛。之所以户籍城市化率远低于实际城市化率,并非进城农民由农村户籍转入城市很困难,进城农户无法在城市落户,而是进城农户实际上并没有完全脱离与农村的关系,进城农民普遍希望保留农村这个退路。之所以农民普遍希望保留农村退路,很大程度上又与进城农民在城市体面安居的预期不足有关。

因此,未来城市化的核心一是有越来越多农民进城,二是进城农民在城市可以获得稳定就业、收入,从而可以在城市体面安居。

二、买房并非安居,农民进城必须有就业

改革开放之初,农业家庭经营责任制充分释放出农户家庭经营的积极性,农村出现了大量剩余劳动力。仅靠农业显然无法提高农民家庭收入,"无工不富",以村办工业为典型的乡镇企业快速发展,大量农村剩余劳动力"离土不离乡""进厂不进城",农村工业化和就地城市化成为一个时期的主导理念。不过,到20世纪90年代,因为产权不明晰,面源污染难解决,乡镇企业纷纷关停,农村剩余劳动力离土离乡,进厂进城,中国开始快速城市化进程。

显然,无论是"进厂不进城",还是"进厂进城",农民离开土地是要获得就业和收入的,没有就业的离土是不可能的。哪里有就业,农

民就到哪里去；哪里就业收入高，农民就到哪里去。

当前，就业机会集中在沿海城市经济带和大中城市，这些地区经济发达，城市聚集效应明显，是中国经济发展的主要增长极，不仅有着广泛的就业机会，而且收入比较高，因此成为农村劳动力的主要流入地。不过，这些经济高度发达的大中城市房价高，生活成本也很高，仅靠务工收入，农民工很难在这些发达的大中城市安居，农民家庭策略因此变成"以代际分工为基础的半工半耕"，即年老父母留村务农，年轻子女进城务工。进入大中城市务工的年轻人在城市赚钱，而将家庭再生产基地放在农村这个大后方。他们生育子女也由留守农村的父母来抚养。留守农村的中老年父母缺少城市就业获利机会，留村却可以获得务农收入。农业具有很强自给自足性，农村生活成本低，因此，"以代际分工为基础的半工半耕"农户家庭往往可以有较多积蓄。

在进入 21 世纪之前甚至到 2010 年前后，"半工半耕"的农民家庭普遍将积蓄用于在村庄建房。农村剩余劳动力出去了，他们将城市务工收入汇回农村，农村因此变得繁荣。进入 21 世纪尤其是 2010 年以后，农民似乎发现进城也并非没有可能，地方政府尤其是县级政府也发现，农民进城买房可以带来土地财政收入，可以繁荣县域经济，可以制造地方政绩。县城也有远好于农村的基础设施和医疗、教育等公共服务，且进入县城买房，虽然房价一直在涨，却似乎没有跌过，只要在县城买了房的都说不错，因为房价持续提升，买房都增值了。当然，很多买房农民还是没有入住，甚至全国县城很多楼盘都无人居住。

农民进城买房，发展房地产，可以在很短时间增加政府财政收入，繁荣地方经济，产生看得见的政绩，因此几乎所有地方政府都有很高的发展房地产的积极性，核心又是动员农民进城买房。要让农民进城买房，地方政府就有意无意在两个方面采取了措施：一是不断地将公共服务向城市聚集，尤其是将教育向城市聚集，有些县市甚至将绝大多数中学都集中到县城，农民为了接受较好教育就不得不进城。二是鼓励农民进城买房，包括有意无意暗示"无房不嫁"，全国中西部地区普遍出现了结婚必须在县城买房的潜规则。

现在的问题是，全国绝大多数中西部地区县一级经济发展都缺少工业支撑，而没有工业就没有就业机会，就难以为进入县城的农民提供维持体面城市生活的收入来源。缺少工业的县域经济，有限的服务业和几乎无限供给的进城劳动力使县城就业机会不足，就业待遇差，一些餐饮服务行业工资甚至只有发达地区的1/3。这样，县城就不可能留得住青壮年劳动力。农民即使可以在县城买房，也很难在县城获得稳定就业与收入条件，从而就很难在县城安居下来。

无论农民家庭是否在县城买房，广大中西部农村"以代际分工为基础的半工半耕"家计模式，却决定了农户家庭主要收入仍然来自农业和进入大中城市、沿海地区的就业收入，县城收入只是补充性的。主要是当地农民利用农闲时间进入县城务工，主要集中在流动性很高的建筑行业，以及进城年轻妇女进入当地服务行业，如餐饮零售等行业。

也是因为县城缺少就业机会，即使农民进入县城买房，县城也不是农民可以安居之地。尤其重要的是，一个农户家庭，如果年轻子女为教育而在县城买房，并不得不在县城居住，这个农户家庭就更加没有能力将留守农村的父母接到城市安居，就更加需要有年老父母提供农业剩余的支持。农民在县城买房不是降低了农业对农民家庭的重要性，在很多时候反而是增加了农业和农村对农民家庭的重要性。

三、返乡种田——农民进城留下的后手

当前农民进城目标十分清楚，就是要在城市体面安居，如若不能，农民就不会完全进城，而要保留农村的退路。农民进城的关键不只是在城市有房子或不只是要上楼，而是要有足以支撑城市生活的收入机会。

因此，中国农民进城的过程就颇为复杂，并非一次性将农村的家搬到城市去，而是在城乡之间不断往返和试探。对一个农户来讲，进城可能是几十年的事情；对于中国农民来讲，进城则是一个长期、反复、曲折的过程。逐步地，越来越多农民家庭完成了进城安居任务，真正变成

了城市人，也不断有少数进城失败的家庭以及不愿进城的老年人退回农村。同时，农民进城的层级也会越来越高，开始进到具有较好基础设施和公共服务的县城，再到具有较多就业机会的地级以上城市，最终完成城市化。

从农民进城的具体过程来看，早在20世纪90年代农民就开始进城，只不过那时是因为农村人多地少，出现了大量剩余劳动力。农村剩余劳动力进城是为了获得更多家庭收入，他们从城市获得务工经商收入，提高了农村家庭的收入水平，农村因此变得更加繁荣：农民翻建新房，也有了更多进行社会人情交往的本钱。不过很快，进城农民工尤其是第二代进城农民工开始筹划在城市安居。他们开始在县城买房，收入不够，就不仅无法将父母接到城市，而且指望父母为自己的城市生活提供支持——农户家庭农业收入转而变成了对城市生活的支持。因此，农民进城会在相当长一个时期保持城乡之间的半工半耕，年轻子女进城，年老父母留村。城乡之间相互支持、相互补充，使中国农民可以最有效地体面进城。

即使到了当前阶段，农民进城仍然并未完成：一方面，农民进到县城只是城市化的过渡地带；另一方面，农民也为进城留下后手，就是万一进城失败，他们还可以返乡种田。此外，即使将来农民可以全家体面进城，农民也很可能愿意在年老劳时返乡养老——与大自然亲近，与土地结合起来，对于老年人有天然的吸引力。

也就是说，不仅过去农民的城市化没有离开过土地，而且未来很长时期，农民的城市化也不会离开土地。看起来土地成为束缚农民城市化的力量，其实，正是农民进城时并没有放弃土地，而让农民城市化之路变得稳健。农民稳健的城市化之路反过来又为中国应对现代化进程中容易出现的各种危机提供了强大基础，农村因此构成中国式现代化的稳定器与蓄水池。

有一种意见认为，农民城市化了就应当退出农村宅基地，当前中国快速城市化进程中出现了城市建设用地增加，农村建设用地又没有减少的情况，这是不正常的，浪费了土地资源①。实际上只要认真观察中国农民城市化进程，就会发现农民并非全家进城，年轻子女进城了，年老父母仍然要留村务农，这个时候怎么可以又何必非得减少农村建设用地？还有一种主流认识，就是中国式现代化进程中应当"四化同步"，即"农业现代化、城市化、工业化和信息化"同步，具体实践中，中国城市化过程远比"同步"要复杂得多。

中国农民城市化是一个长期、艰难和复杂的进程，是农民通过代际接力来完成的历史使命，又通过可以在城乡之间往返，而让中国城市化具有不同于任何其他国家的特色。这是中国城市化的优势，是以中国数千年形成的村庄制度和社会主义农村集体所有制为基础的。我们必须在中国特色城市化道路基础上研究"三农"政策和研究中国特色的城市化路线。

四、农民上楼不等于农民城市化

从以上讨论来看，如果县城工业化程度不高，则未来县城就可能无法为农民提供足够的就业机会，农民在县城买了房也很难安居下来。农民城市化必须以就业为前提，农民城市化一定是生产性的城市化。当前中国中西部县城能否重新工业化从而创造出大量就业机会，现在看起来很难。

无论中西部县城是否有可能重新工业化从而创造出大量就业机会，在县以下的乡镇、村庄，除极为特殊情况以外，基本上没有可能工业化，也就没有可能成为农民城市化的迁入地，农村就地城市化已基本上不可能了。

当前地方政府城市化认识中有一个误区，就是以为农民上楼就是城市化，尤其山东合村并居拆农民房子，将七八十个村庄农民的房子拆了集中在一起居住。农民上楼了，也形成了几千上万人的居住规模，建设

---

① 参见黄小虎：《建立城乡统一的建设用地市场研究》，《上海国土资源》2015年第2期。

了一些基础设施，当地政府就以为农民城市化了，其实这根本就不是城市化，因为集中起来居住没有解决就业，反而让农业生产变得极不方便。山东德州市曾推动所谓"两区同建"①，即合村并居的同时建工业园区，为上楼农民提供就业机会，但实际上几乎没有产业会进入这些缺少基本配套的所谓工业园区来。

在进行县域规划时，应当有一个清晰的判断，即至少县以下的地区包括乡镇和村庄，人口都是会持续减少的，也正是乡村人口减少，才让留守农村的人口可以有相对较多的资源条件，从而可以依靠农业获得社会平均收入水平。

结语：乡村振兴战略的近期重点在于保底

乡村振兴是当前及未来一个时期的农村发展总战略，这个总战略只能在当前中国快速城市化背景下去理解。关于乡村振兴战略，中央有一个三步走的规划，第一步是2018—2020年，第二步是2020—2035年，第三步是2050年。其中2035年乡村振兴目标是基本实现农业与农村现代化，2050年是实现"农业强、农民富、农村美"的乡村振兴。从现在到2035年还有15年时间，这15年时间正是中国城市化接近完成，进城农民竭力在城市安居的关键时期。可以肯定地说，正竭力进城的农民，他们所有的关切都在于如何能在城市体面安居，他们留在农村的家主要起两个作用：一是通过留守父母的务农收入来支持进城年轻子女的体面进城。至少留守父母在农村生活成本要比城市低。二是进城农民要留下农村退路为自己万一进城失败保底。既然是保底，且正竭力进城，进城农民当然不会在农村建设比城市更好的享乐基地。更没有能力在城市和农村同时投资搞建设，他们仅保留农村退路这个最后保障。因此，在2035年前的乡村振兴战略，重点就应当适应农民进城需要，千万不要借美丽乡村建设，提高农民农村生活环境折腾农民，逼农民在农村投

---

① 关于山东德州"两区同建"，可以参见倪建伟：《如何消解"两区同建"后的新问题——山东省德州市新型城镇化跟踪调查》，《农业经济问题》2015年第1期。

入建设外观看起来比较好的房子或环境。这个时候，农民需要的是生产生活秩序的保底。

到 2035 年，农民进城大致结束，留守农村的农民人数有限时，留守农村农民的人均资源就相对较多，依靠农业和发展乡村旅游，农民就可能获得比较高的收入。这个时候再进行第三步的乡村振兴，国家也有比较多的财政资源投入能力，"强富美"的美丽乡村就可能成为我们的目标。

乡村振兴战略首先要解决的是农民富的问题，在当前时期，中国农村仍然有 6 亿居民，还有 2 亿多仍然依托农村的进城农民工，农民致富当然就不可能完全靠农业，也不可能靠乡村旅游，因为不可能由占人口大多数的农民为占人口少数的城市人搞服务来让农民富裕起来。只有减少农民才可能富裕农民，减少农民的根本就是农民进城，农民进城的关键又是要让农民进城时安心，让他们进城万一失败时有退路，所以要保留他们的土地包括宅基地，又要让农民进城时可以减少不必要的两头牵挂，因此不能用乡村振兴来诱导农民在城市和农村两边进行消费性投入。

"三农"政策必须研究当前农民城市化的规律，研究农民进城的过程，以及当前中国城市化的时代条件。"三农"政策是个系统工程，不能头痛医头、脚痛医脚，要按规律办事，否则就会好心办坏事。

第四节 农村宅基地：是否堪当拉动乡村振兴重任

乡村振兴是未来一个时期统领"三农"工作的重大战略。如何实施乡村振兴战略，是当前一个时期学界和政策部门需要回答的问题。在城市化的背景下，乡村振兴依靠谁？为了谁？钱从哪里来？这些都是需要回答的问题。有一种乡村振兴的思路，就是将农民宅基地与农民城市化实行人地挂钩，通过盘活农民宅基地资源，既为乡村振兴筹集资金，又为进城农民提供进城的第一桶金，从而实现在城市化背景下的乡村振兴。具体地，人地挂钩设计中，"建立健全城乡统一的建设用地市场"，"深化农村宅基地制度改革试点，深入推进建设用地整理，完善城乡建设用地增减挂钩政策"，"探索建立全国性的建设用地、补充耕地指标跨区域交易机制"。这种设计中，农民进城了，他们让出自己宅基地，这些让出的宅基地作为城市建设用地指标进行城市建设，从而获得城市建设巨额增值收益，将部分增值收益返还农村，就可以为乡村振兴提供资金来源。国务院参事夏斌在一次演讲中提出一个问题，"45万亿土地出让金多少到了农民手中"，就是一个灵魂之问[①]。农村宅基地被称为"沉睡的资本"而寄予厚望。那么，宅基地是否堪当如此重任呢？

一、农村宅基地，真的是"沉睡"资本吗

以乡村振兴统领"三农"工作，是未来一个时期的基本方向。乡村振兴是历史性任务，需要很长一个时期，分阶段分区域推进，因此，

---

① 参见王海燕：《国务院参事夏斌：45万亿土地出让金多少到了农民手中》，上观新闻2020年12月3日。

不同阶段的乡村振兴具有不同含义。因为对乡村振兴战略理解的差异以及不同地区经济社会发展水平的差异，乡村振兴有多种不同的实践样态。

总体来讲，很多人指望通过撬动农村宅基地改革，来筹措实施乡村振兴战略所需巨额资金。

按照人地挂钩的设计，城市化也就意味着大量农民进城，进城农民不再需要农村宅基地，农民腾退出宅基地，形成城乡建设用地增减挂钩指标，将指标交易到城市作为新增建设用地指标，这样一来，城市就获得了新增建设用地指标，可以满足城市化扩展的需要，以让城市可以容纳进城农民。城市购买增减挂钩指标的费用流入农村，一部分给到腾退出宅基地的进城农民，让他们带着资源进城，一部分留在村集体作为乡村振兴建设资金。而且，因为城市新增建设用地的征收或占用是以进城农民退出宅基地复垦为耕地来获得的，城市化占用的耕地、农民进城退出宅基地形成新的耕地，中国城市化就不会减少耕地，或在耕地没有减少的情况下面，中国城市化顺利地获取了建设用地。

这样看来，人地挂钩城市化是一石多鸟的绝佳方案。

这样一种城市化进程中的人地挂钩，更抽象的表达则是"要素市场化配置"，试图借市场的力量来有效配置资源，同时完成好的城市化和好的乡村振兴任务。不过，这里的市场并非真正的市场，而是通过政策设计出来的市场，因为农民腾退出宅基地并不会用来进行城市建设，而只是将宅基地复垦形成耕地，从而形成农村建设用地的减少，再通过城乡建设用地增减挂钩制度，允许城市新增相应城市建设用地指标。也就是说，通过增减挂钩政策人为设计出来一个土地要素市场，从而让本来与城市建设用地无关的农民宅基地可以通过腾退复垦形成联系，具有价值。既然是人为政策设计出来的，且制度设计的目标不是有效配置资源而是保护土地，这个时候的要素市场化配置，就只可能是一种特殊的市场。实际上，城市化占用土地需要的城市建设用地指标，之前一直是由国家根据地方经济社会发展需要下达的。指标是政策性的而非市场性的。

宅基地与乡村振兴的关系更通俗理解，就是媒体报道时常用的宅基地是"沉睡"的资本。比如，《人民日报》报道福建晋江宅基地改革试点的标题就是《沉睡的资本 这样被激活》[1]，介绍安徽金寨县农村宅基地改革经验时的标题也是"'沉睡'的资源这样被唤醒"[2]。那么，这个"沉睡"的资源有多少呢？一般性的说法是大概有2亿亩农村宅基地，因为越来越多农民进城，这2亿亩宅基地的一半甚至更多可以腾退出来，作为"沉睡"的资本被激活，仅按每亩40万元计算，就可以形成40万亿资本量，这么巨大的资本用于乡村振兴，将对乡村振兴起到相当关键的作用。政策部门受到这种思路的影响很大，之所以农村宅基地制度改革会不断引发整个社会关注也与此有关。当前全国各级地方政府正在规划乡村振兴，所有项目都涉及巨额资金投入，而几乎所有地方政府乡村振兴资金来源都是计划通过唤醒"沉睡"的宅基地资本。我们在调研中甚至不止一次听基层干部说，现在乡村振兴不缺钱，缺的是思路，他们的意思也就是只要允许做宅基地文章，允许跨区域进行增减挂钩指标交易，农村就可以通过指标交易获取大量乡村振兴资源。

二、宅基地入市，并没有创造财富

宅基地是农民免费获得无偿使用的一块用于自建住房的土地，一般都是坡地、旱地或荒地。因为免费获得无偿使用，农民进城以后一般也就将宅基地退出来，种树种大豆，条件好的改造为耕地种粮食。现在何以宅基地会引发广泛社会关注，并突然之间就成为"沉睡"的资本了呢？

宅基地具有两个重要属性：一是区位，即每块宅基地都处在一个特

---

[1] 赵鹏、林晓丹：《沉睡的资本 这样被激活——晋江农村土地制度改革试点调查》，《人民日报》2018年5月17日。
[2] 常钦：《"沉睡"的资源这样被唤醒——来自宅基地制度改革试点县的调查》，《人民日报》2017年6月19日。

定区位上面，这是宅基地的自然属性；二是政策属性，即宅基地是用于农民建房居住的农村建设用地。建设用地就是非耕地。在保持18亿亩耕地红线以及最严格耕地保护的背景下，城乡建设用地增减挂钩政策出台，就使通过复垦宅基地为耕地，减少农村建设用地，增加了农村耕地，也就可以为城市增加相应的建设用地指标。

现在的问题有二：一是宅基地本来只是集体为农民免费提供无偿使用的一块用于建住房的荒地，何以现在将宅基地腾退出来复垦耕地，就可以换取新增城市建设用地指标，且可以获得比较高的交易指标收益呢？显然，这并非宅基地复垦创造出来的巨额财富，而是拜增减挂钩政策所赐，通过增减挂钩政策，国家试图将本应免费下达给地方政府的新增城市建设用地指标减少了，而让地方政府通过增减挂钩来获得部分新增城市建设用地指标，从而以宅基地为媒介向农村转移部分财富。无论通过增减挂钩政策以宅基地为媒介将城市资源向农村转移是否合理，增减挂钩都没有创造出财富，最多只是以宅基地为媒介将城市财富转移到了农村。问题是，无论是宅基地复垦还是复杂的增减挂钩制度的实施，都是有很高成本的，甚至不乏地方政府为了获取新增城市建设用地指标而强迫农民腾退宅基地，比如山东2020年合村并居的做法。也可能出现本来缺少进城安居能力的农民将宅基地腾退出来，进城失败后却无法返乡的情况。基本保障不允许失去，增减挂钩却可能让农民失去宅基地这个基本保障。

宅基地复垦为耕地，耕地种粮食，一亩粮食每年产值不会超过2000元，按5%的财务成本，耕地价值最高不超过4万元/亩，而实际上全国耕地流转地租很少有超过1000元的。将宅基地复垦为耕地要付出很高的复垦成本，而且宅基地大部分都是不便于耕种的荒地，宅基地复垦出来的耕地质量不好，基础设施不配套也是肯定的。如此情况下，宅基地复垦形成的新增城市建设用地指标动辄几十万元，这不能不说是相当鲜明的黑色幽默了。

以上是由宅基地政策属性而来的。

除一般农业地区通过宅基地复垦借城乡建设用地增减挂钩获取城市转移而来资源外，宅基地还有作为区位属性而来的财富性质。具体地说，位于沿海城市经济带内、城中村、城市郊区以及风景名胜地区农村，其宅基地区位便利，靠近城区或就在城区，宅基地上的房产就有相当于城市房产的价值。大量外来人口流入，城市土地住房稀缺，高昂的城市房价、活跃的租房市场和较高的房租，使这些地区宅基地及宅基地上的住房具有了相当强的财产性质，一块宅基地就可能价值上百万元（虽然法律上宅基地是不允许买卖的）。如果允许宅基地进入市场交易，宅基地就可以产生出更高价值。

无疑，在沿海城市经济带、城中村、城郊村和风景名胜地区拥有一块宅基地是相当划算的事情：其一，可以就近就业；其二，可将房屋出租；其三，可以获得与当地高价商品房等值住房却几乎不花钱。如果允许这些具有显著区位优势的宅基地上市，尤其是允许在宅基地上建商品房出售，就相当于将当前小产权房合法化了，这些具有区位优势地区农民就真的可以一夜暴富，成为地地道道的土地食利者。只是这些土地食利者的暴富并非他们真正创造了财富，也不代表全国所有农民因此可以获利。他们获利来自之前由地方政府垄断、通过"土地财政"进入地方政府手中、最终主要用于城市基础设施建设的资源。简单地说，允许占有特定区位农村宅基地入市，没有创造出财富，而只是将之前主要用于城市基础设施建设的土地财政收入转移给了极少数城郊土地食利者。无论是从城郊土地食利者暴富的合法性，还是从土地财政收入减少对城市基础设施建设负面影响的公共性与正义性上，具有区位优势的农村宅基地直接入市都有待讨论。

三、三重困境：以宅基地筹措乡村振兴资源难以实现

试图主要通过农村宅基地来推进乡村振兴，筹措乡村振兴资金，会遇到两重困境。

第一重困境就是在土地城市化已近完成时期，试图借城市建设需要

新增建设用地，通过城乡建设用地增减挂钩来将城市建设用地增值收益转移到农村，已无可能。

改革开放以来，中国进入快速城市化阶段，当前中国人口城市化率已超过60%，按学界相对一致的认识，中国城市化中，土地城市化是快于人口城市化的，一般预期中国人口城市化率达到75%～80%即完成了城市化，按14亿人口计算，未来20年中国将仍然有大约2亿农村人口进城，按每人100平方米城市建设用地来计算，2亿进城人口需要新增城市建设用地3000万亩。因为当前中国土地城市化事实上是快于人口城市化的，也就是说，未来中国需要城市建设用地最多不超过3000万亩，即使未来中国所有城市建设用地指标都只允许通过城乡建设用地增减挂钩来获得（这当然是不可能的），城市最多也只能容纳出3000万亩农村腾退出来的宅基地。而当前中国农村宅基地总面积大概2亿亩，远远多于城市建设需要的3000万亩。

有人提出希望通过扩大增减挂钩指标交易范围来提高增减挂钩指标价格，持有这种观点的人，可能忽视了，在农村可以腾退宅基地数量接近无限而城市需要新增建设用地指标有限的情况下，农村宅基地腾退形成增减挂钩指标就一定是一个买方市场，指标价格就只可能由众多卖方最低价来决定，这个最低价无限接近农村腾退宅基地的成本价，这个成本价在很多地区可能只有1万元～2万元/亩，指望依靠这个价位的有限资源来进行乡村振兴，显然不靠谱。

指望依靠宅基地来实现乡村振兴的还有第二套方案，就是将农民宅基地卖给城里人，让城市人来农村买宅基地造别墅，看星星看月亮，让农民进城去。农民卖出宅基地拿着卖宅基地的钱进城，城里有钱人通过买农村宅基地建别墅，城里人成为农村人。这样一来，因为收入较低的农民进城，高收入城市人下乡，城乡之间的收入差距就大幅度降低了。城市人下乡不仅买宅基地，而且投资建别墅，农村就成为有钱人休闲的地方，这样的农村自然也就会有更好的环境，美丽乡村指日可待，乡村自然而然也就振兴了。

将农民宅基地卖给城市人建别墅的方案显然也没有可行性。首先的一点是，中国是人口众多土地资源稀缺的国家，在可见的未来，国家不可能允许城市人同时在城市有住房又到农村建别墅。在资源有限的情况下，即使允许城市人到农村建别墅，国家也是一定要收取重税的，也就是说，城市人到乡下建别墅不可能成为普遍现象，而只可能是少数特例，因此不可能支撑起城乡人口的大幅度变动，以及城乡居民收入差距的缩小，更不可能带动整个乡村振兴。

即使允许资本下乡，允许城市人到农村买宅基地建别墅，城市人也只可能到具有区位优势的农村买地建别墅，区位优势包括两个方面：交通便利、环境优美。因此，放开农村宅基地交易的结果就是，交通便利和环境优美的农村，宅基地可以卖到高价，一般农村宅基地则无人问津。浙江德清县莫干山就是一处交通便利、环境优美的地区，宅基地改革、民宿发展就可以红红火火。一般中西部农村资本则不愿下去。实际上，中国绝大多数宅基地资源都在中西部农村，乡村振兴的重点也在中西部农村，这些农村却几乎不能从国家允许资本下乡中得到好处。

虽然放开城市资本下乡，缺少区位优势的中西部农村很难从下乡城市资本中获益，却很可能被泡沫化的过剩城市资本收割宅基地，从而失去进城失败的退路。简言之，越是缺少进城能力的农民越是可能通过将作为基本保障与退路的宅基地低价交易出去，以增加在城市立足的机会，一旦进城失败，他们就失去了返乡的退路。

为了让更多不具有区位优势的农村农民也受益，一种建议是让农村建设用地和农民宅基地异地入市，即选择具有区位优势的耕地作为入市地块，由不具有区位优势农村农民的宅基地复垦为耕地，形成指标覆盖在具有区位优势的耕地上，从而可以获取优势区位地块的区位收益。这里的问题是，具有区位优势耕地的农村和农民，凭什么会将这个区位优势让渡给不具有区位优势但有建设用地资源的农村和农民？有区位优势的土地是很少的，拥有宅基地的农村和农民却是很多的，有区位优势土地上的农村和农民必然倾向选择要价最低的建设用地来覆盖，结果就是，没有区位优势的农村和农民仅获得土地整理的成本价，具有区位优势农村和农民获得了所有优势区位的增值收益，包括耕地非农使用的增值收益。这部分优势区位农村和农民因此成为事实上的土地食利者，因为土地交易而一夜暴富，绝大多数农村和农民却受益很少。

通过宅基地来筹集乡村振兴资金的第二重困境是推高了中国城市化的成本。中国城市化创造了世界城市化的奇迹，可谓既快又好，其中一个根本原因是借土地公有制实现了农地非农使用的"涨价归公"，城市快速发展与通过土地财政建设的良好城市基础设施形成了正反馈。城市快速发展又为进城农民提供了大量城市就业机会，进城农民也就有可能在城市获得稳定就业收入而在城市体面安居下来。试图以宅基地为媒介通过城市建设用地增减挂钩为农村筹措资金，即使宅基地是一个好媒介，增减挂钩是一个好的政策工具，人地挂钩也会提高城市建设用地成本，从而会造成城市化成本的上升。城市化成本上升，不仅会影响城市化快慢和城市生产力的发展，而且会直接影响进城农民就业机会的获取和在城市安居的难易。当前中国农民本来都是想进城的，只有进城失败他们才回农村。对于农民来讲，他们并没有期待农村生活比城市生活机会更多，质量更高，而只是将农村作为基本保障与退路，所以农民的主要关切是能在城市安居，乡村振兴对于农民来讲则是次要关切，且他们不能因为乡村振兴而失去了返乡退路。

何况当前以宅基地为媒介、以增减挂钩为工具的将城市资源向农村转移的办法，存在着两个几乎不可克服的痼疾：一是转移过程中存在严重的资源耗损，甚至一半以上资源都耗损了；二是转移资源分配不均，往往只是造成了少数具有区位优势农村和农民一夜暴富，成了土地食利集团，而绝大多数中西部农村的农民却受益不多，更遑论乡村振兴了。

结语：世界上没有无缘无故的财富

试图通过宅基地来筹措乡村振兴资源，建设"强富美"的新农村，甚至希望通过宅基地一石多鸟，既为进城农民筹措进城第一桶金，又为乡村振兴筹措资源，既为城市化提供新增建设用地指标，还能坚持耕地增减平衡，这显然是过于理想了。世界上没有无缘无故的财富，表面上看起来，通过宅基地筹措乡村振兴资源是一项多赢的方案，实际上，这种方案无非通过增减挂钩政策将城市发展资源转移到了农村，这里只有资源或财富的转移，没有产生新的资源或财富。也就是说，看起来对乡村振兴有利的增减挂钩制度（配套人地挂钩和城市建设用地指标控制）不过是将城市发展资源转移过来而已，也就是说，是以牺牲城市发展为代价的。

更糟糕的是，以宅基地为媒介、以增减挂钩为工具的乡村振兴方案，在将城市发展资源转移到农村时存在着严重的机制问题，核心是增减挂钩是一个十分笨拙的政策工具，在转移资源的过程中会产生巨大资源耗损，甚至有一半多的资源被耗损了。此外，宅基地这个媒介因为同时具有区位属性和政策属性，放开宅基地筹资还会造成优势区位土地食利集团的形成、农民基本保障（返乡退路）丧失等严重问题。地方政府也可能借增减挂钩政策来侵犯农民基本利益，比如某些地区借口建设乡村振兴样板强迫农民上楼等。

在中国正处于快速城市化的现阶段，乡村振兴战略的第一步就是要服务和服从于中国城市化，而非相反。以为宅基地是"沉睡"的资本，指望通过政策来激活所谓"沉睡"资源，来推进城市化且筹措乡村振兴资源，达到所谓多赢目标的政策设计或方案，是不切实际的，是既无理论依据，实践中也行不通的。

第四章

乡村养老
——如何应对农村人口老龄化

第四章 乡村养老——如何应对农村人口老龄化

第一节 未富先老——超龄农民工路在何方

2022年3月18日,《工人日报》刊发文章《多地发布建筑业清退令,超龄农民工路在何方?》,关于超龄农民工的建筑业"清退令"很快就成为一个持续性的热点话题。普遍情况下,超龄农民工会在农村参加城乡居民基本养老保险,且绝大多数农民工只按最低档缴纳个人养老保险,至60岁后可以获得每月100多元养老金,这一养老金水平显然很难养老。

实际上,无论是否超龄,农民工都有一个路在何方的问题。总体来讲,大多数农民工并未参加城镇职工基本养老保险,无法获得城镇职工标准的退休金,而是参加城乡居民基本养老保险,即使按最高档缴费,60周岁之后发放的养老金每月也不足1000元——这个保障水平不足以让农民工在城镇获得体面养老。根据《2021年度人力资源和社会保障事业发展统计公报》,2021年末全国参加城镇职工基本养老保险中参保离退休人员13157万人,全年城镇职工基本养老保险基金支出56481亿元;2021年末城乡居民基本养老保险中实际领取待遇人数16213万人,全年城乡居民基本养老保险基金支出3715亿元。也就是说,如果将城乡居民基本养老保险平均发放水平提高到城镇职工基本养老保险的水平,则每年要支付的社保基金将超过10万亿元,即要占到全国财政收入的一半以上。如果要将全国财政收入的一半用于养老,中国就可能会落入"未富先老"陷阱。因此,超龄农民工路在何方的问题,从根本上讲并非"清退令"的问题,而是我们应当如何设计中国城乡的社会保障制度,以应对"未富先老"背景下中国人口老龄化挑战的问题。

一、清退令：保护还是伤害超龄农民工

截至 2022 年 3 月，全国已有多个地区发文进一步规范建筑企业用工年龄管理，上海、天津、广东深圳、江苏泰州、江西南昌、湖北荆州等地均作出此项要求。早在 2019 年，上海市住建委、市人社局和市总工会共同发文，明确规定：禁止 60 周岁以上男性及 50 周岁以上女性进入施工现场从事建筑施工作业。2021 年 5 月，上海市再次重申这一要求。之所以各地会出台限制从事建筑业农民工年龄的规定，与建筑工地是超龄农民工安全事故高发易发区域有关。随着年龄的增长，农民工精力、体力、反应能力都会下降，建筑工地已成为超龄农民工安全事故高发地。"清退令"规范建筑行业管理，对于减少安全事故，保障超龄农民工生命安全是有好处的。

全国各地出台建筑业"清退令"的初衷是出于安全考量，减少安全事故，尤其是降低恶性安全事故的发生率。根据规定，发生安全事故后要追责，因此，从地方政府管理的角度，清退超龄农民工，降低建筑工地伤亡事故率，直接关系地方政府利益。地方政府有很强的出台建筑业"清退令"的动力。

仅从建筑工地来讲，作业危险程度实际上是不同的，超龄农民工高空作业尤其容易出现安全隐患。若要精准治理，建筑业"清退令"的重点就应当是限制超龄农民工进入高危建筑岗位工作。实际上，有的地方政府为了管理的便利，往往禁止超龄农民工从事任何建筑施工作业，甚至有的地方出现禁止超龄农民工进入工地的规定。可以预期的是，有的地方政府可能会进一步将"清退令"从建筑行业向其他存在作业风险的领域延伸。因此，超龄农民工就可能会失去更多就业机会。

从建筑企业来讲，当前大部分年轻人不愿意进入建筑工地，建筑业工人主要出生于 20 世纪 60 年代和 70 年代。《2021 年农民工监测调查报告》公布的数据显示，2021 年全国农民工总量 2.9251 亿人，50 岁以上农民工所占比重为 27.3%，农民工平均年龄为 41.7 岁，而建筑业工人

平均年龄远超农民工平均年龄。一方面，建筑业"清退令"可能会让一些建筑企业无工可用，未来建筑工地工人缺口可能更大。另一方面，超龄农民工出现事故的风险相对较高，且保险公司也不愿意为超龄农民工承保，一旦发生事故，企业要承担比较大的责任。同时，在地方政府出台建筑业"清退令"的背景下，行业监管力度、处罚力度不断加大，一旦发生安全事故，并且事故中有超龄农民工，地方政府就可能会重罚出现事故的建筑企业。因此，正规建筑企业都会避免招录超龄农民工。

从超龄农民工角度来讲，由于长期工作于建筑行业，突然间被限制进入建筑工地，相当于失业，农民工的利益受到损害。很多超龄农民工为了获得就业，就不得不进入非正规建筑市场，或不得不从严格执行"清退令"的一线、二线城市转向三线、四线城市的建筑工地。结果，建筑业"清退令"名义上是要保障超龄农民工的利益，减少他们发生意外事故的可能，实际上却是让他们丧失了选择机会。超龄农民工成为建筑业"清退令"的直接受害人。

二、农民超龄还打工的三大原因

建筑业"清退令"的对象是超龄农民工，而所谓"超龄"实际上并无法律依据，即没有法律规定超过60周岁的男性和超过50周岁的女性就不能再工作。多地建筑业"清退令"，比如，上海市"依据《中华人民共和国劳动法》《国务院关于工人退休、退职的暂行办法》等法律法规，结合建筑施工作业'高空、高危、高风险、重体力、技术要求高'的岗位特征"，进一步规范建筑施工企业施工现场用工年龄管理有关要求。又如，天津市要求"应当严格执行国家关于法定退休年龄的规定"。

实际上没有任何一部国家层面的法律和法规禁止超过一定年龄农民工工作的规定。《国务院关于工人退休、退职的暂行办法》第一条规定，"全民所有制企业、事业单位和党政机关、群众团体的工人"符合"男年满六十周岁，女年满五十周岁，连任工龄满十年的"应该退休。

这里面有一层意思是退休、退职后,可以领取退休金。

然而问题是,一是建筑业"清退令"禁止超龄农民工从事建筑业,却没有为农民工办理退休、退职手续,没有发放城镇职工标准的退休金。事实上,《国务院关于工人退休、退职的暂行办法》的对象并不包括农民工。二是即使男年满60周岁或女年满50周岁,超龄农民工也可以与建筑施工企业签订合同,正如退休人员也可以再签合同一样。农民工没有城镇职工标准的退休金,因此,禁止超龄农民工进入建筑行业,在一定程度上是对农民工利益的实质性损害。

那么,为什么超龄农民工还愿意打工?大体来讲,原因大概有三个:其一,趁自己还能劳动,多为自己攒点儿养老钱。因为大部分农村居民养老金每月仅100多元,养老保障显然不够,超龄农民工就要趁有劳动能力时多挣钱,以备将来不时之需。其二,希望为子女多挣钱。超龄农民工的子女也多在城市务工,且往往在城市买房,他们希望多挣钱,减轻子女进城压力。一直以来,中国农村都是由子女赡养父母,赡养父母是子女法定义务。不过当前农村子女赡养父母存在两个问题:一是农民正在进城,农村年轻人大部分都已进城,而超龄农民工大多数要返回农村,于是出现家庭养老中子代与父代分离的情况,导致子女赡养父母不如过去便利,也就远不如过去可靠。二是以往进城务工的农民,将城市务工收入带回农村,现在年轻农民工将务工收入主要用于在城市买房,并且往往需要父母的经济支持。因此,作为父母的超龄农民工就有强烈的在外继续打拼挣钱的愿望。其三,超龄农民工务工还有证明自身价值的心理,不愿退出社会主流劳动群体。

因此,超龄农民工希望延迟退出劳动者队伍的时间,延迟返回农村的时间,延迟进入养老阶段的时间。虽然不同农民工的想法有差异,但是应该让农民工自己选择。给不给超龄农民工选择权,以及给予多大选择权,这会影响超龄农民工的福利水平。

三、谁为超龄农民工养老

农民工总要退出劳动阶段,进入养老阶段。谁为超龄农民工养老就成了一个问题。目前绝大多数农民工没有参加城镇职工基本养老保险，而是加入了水平比较低的城乡居民基本养老保险，而城乡居民基本养老保险很难为农村老年人提供养老保障。

当前农村主要依靠家庭养老，包括自养和子女赡养。虽然农村养老中也存在生活不能自理的高龄老年人养老难题，但总体来讲，农村养老问题不是很大，或超龄农民工养老问题不是很大，其中原因就在于当前体制为农民工及其家庭提供了一个相互衔接的自主选择空间。农民工在力所能及时，会尽可能延长在城市务工时间；当不能在城市务工时，他们可以选择返回农村务农，务农收入足以维持生活开支；只有当丧失生活自理能力时，子女才需要花费较多时间来照料父母，老年人自己的养老积蓄也派上用场。

另外，也存在子女对丧失生活自理能力的父母照料不够及时、不够精细的情况，有的老年人也不愿长期拖累子女，出现了养老悲剧。现在的问题是，因为城市化和农民家庭的分离，以子女赡养为基础的农村家庭养老确实比过去更加困难。这种养老方式是以农民只要能劳动就继续劳动为前提的，也是以各种体制向农民开放为前提的，比如，城市务工机会向农民开放，农村土地仍然向返乡农民工开放（农民工返乡后可以要回承包地自种），以及农民工在农村仍然有自己的住宅，等等。

与以上养老思路不同的第二种思路，是让农民工参加城镇职工基本养老保险，获得城镇职工标准的退休金。既然"清退令"将农民工退出建筑行业的年龄限制在男60周岁和女50周岁以上，在农民工超龄后不再劳动而获得城镇职工标准的退休金，就成为必然选择。实际上，当前，按照《中华人民共和国劳动法》，国家是强制要求农民工加入社会保障体系中的。他们的社会保险基金同样由三部分构成：一是农民工自己所缴部分，二是企业负担部分，三是国家负担部分。三个部分积累起来作为社会保险基金，当农民工60周岁后再发放用于养老。截至2020年6月底，全国有6375万农民工参加企业职工养老保险，2020年全国农民工总量为28560万人。国家负担部分也存在国家能否负担得起的问题。农民工未来的养老收入来自自己、企业和国家现在的积蓄。未来收入越高，当下积蓄就要越多。如果按城镇职工养老保障水平，由国家向农民、农民工发放养老金，国家财政每年可能要多支出7万多亿元，相当于国家财政每年1/3以上。这显然不符合中国当前国情。

按第二种思路解决农民工的养老问题，农民工就可以获得城镇职工标准的退休金，从理论上也可以让农民工退出自己的承包地经营权（因为退休了）。而如果目前中国发展阶段还无法建立完善的惠及全体的社会保障体系，城乡居民基本养老保险仍然无法与城镇职工基本养老保险并轨，且在大多数农民工没有参加城镇职工基本养老保险的情况下，应对农民工养老的主导办法，就是以返乡为基础的养老。这种养老方式主要依靠农户家庭和农业农村，同时要有一个前提，就是尽可能将各种城乡就业获利机会向农民开放，让农民依据自身实际情况进行理性选择。

四、保留农民工自由返乡的空间

当前农民进城不仅表现为农民进城务工经商，而且表现为农民在城市买房。调研中发现，农民工主要是在家乡的县城买房。但在县城买房的进城农民家庭往往是"一家三制"：年轻人到收入比较高的沿海地区和大中城市务工，超龄退出行业的农民工返乡种地，家庭中的儿童则在母亲或老人陪读下在县城上学。

当前有的城市清退超龄农民工，第一代农民工正陆续返回农村，建筑工地的城市务工主力是第二代农民工，第二代农民工现在仍处壮年，40岁左右，不过将来也会到被清退的年龄。最重要的是大部分第二代农民工仍然没有参加城镇职工基本养老保险，一旦到了被清退年龄，他们的出路在哪？毫无疑问，第二代农民工有比第一代农民工更多的选择。第二代农民工中有更多人参加了城镇职工基本养老保险，一部分已在县城购房，不少人有一技之长，而且随着国家财政能力的逐渐增强，以及县城提供越来越多较高收入的就业机会，从而为进城农民家庭提供更多在城市体面生活的可能。不过,至少有相当一部分第二代农民工还要返回农村。换句话说,只要保留了第二代农民工返乡的通道,他们就并非不得不要有城镇职工标准的退休金,而是可以依据自身进行选择。国家也因此没有巨大的社会保障压力,以及中国也就有了应对"未富先老"困难的办法。

从目前情况来看,政府要在城市为农民工创造更多机会,让城市变得对农民工更友好,让农民工可以依据自身的状况和资源,自行判断是否继续留在城市,以及留多久,由农民工自行决定是否返回农村养老。既然当前国家还没有经济实力为所有进城农民工提供如城镇职工一样的退休保障,当前中国的制度就需要保留农民工的选择空间,就需要有对农民工友好善意的制度,就需要具有弹性的制度,而不能简单地为了管理方便,为了防止意外,以及以保护农民工生命安全为理由,实行对超龄农民工不友好的制度,将超龄农民工拒在城市这个最重要的就业获利市场之外。从这个意义上看,当前一些地方的建筑业"清退令"可能是值得商榷的。

除了城市,农民工的选择空间还包括农村。对农民工友好的农村制度,核心是允许农民进城,同时允许农民工返乡。允许农民工返乡的意思是,在一定程度上要限制资本下乡,因为资本下乡就可能会挤占农村有限的机会与资源。部分农民工进城后,让渡出农村获利机会,这样的获利机会应当由缺少进城机会的留守农民获得,而不能让资本挤占了小农户的生存空间。小农户和"老人农业"对于农民家庭至关重要。一种允许农民进城,限制资本下乡,以保留不愿或者不能留在城市的农民工返乡退路的制度,可以称为"保护型城乡二元体制"。正是这种体制给农民尤其是农民中的弱势群体提供了选择空间,农民因为有农村这一退路保底,就敢于在城市打拼。城市是创业的地方,是冒险的地方,是过好日子的希望;农村则是保障,是保底的地方,也是退养的地方。

结语:从战略角度解决农民工的养老保障难题

没有脱离具体语境的制度。当前中国正处于跨越中等收入、奔向社会主义现代化的关键阶段，正在这个关键阶段，中国进入到老龄化社会。中等收入阶段、城市化、老龄化社会，这几组关键词结合起来，形成了讨论超龄农民工的具体语境。

当前，"未富先老"的现实很容易造成社会活力不足，从而影响社会主义现代化的顺利实现。通过建立"保护型城乡二元体制"，形成"保护型城乡二元结构"。中国的独特制度优势是，"保护型城乡二元结构"使中国可以将更多资源用于发展生产、创新科技。在某种意义上，正是借助农村和农业的保障与保底，中国不仅有一个现代化进程中的稳定器，而且具有一个防止陷入福利陷阱的蓄水池。

在未来一个时期，借助"保护型城乡二元结构"的优势，中国将主要资源集中于科技进步和产业升级，从而推动中国实现高度的现代化。一旦中国实现了高度现代化，也就必然实现乡村振兴，农民就不仅有土地的保障，而且有较高标准的养老保障。

未来中国实现社会主义现代化有两种可能，第一种可能是顺利实现高度现代化，跨过中等收入阶段，中国就进入城乡一体的阶段，农民工普遍参加城镇职工基本养老保险。第二种可能是中国在实现高度现代化的进程中有曲折，过程更加漫长，则农村就可以为中国高度现代化的实现提供强有力的支撑。借助"保护型城乡二元结构"，使国家在"未富先老"的情况下，仍然可以将资源集中于推动科技进步，集中于冲破国际既得利益集团对中国的围堵，最终实现社会主义现代化的战略突围。

当前，城乡的制度安排应当更多考虑农民的利益，这不只是从道德角度改进，也远非技术上积累，而应该在更根本层次上（战略上），让农民有更多的自由选择机会。对农民友好的制度与政策也必然会有助于社会主义现代化的实现。

第二节 多元福利观:"低消费、高福利"何以可能

快速城市化带来了中国农村普遍的老年人留守问题。对农村老年人留守有两种截然相反的评价:一种观点认为老年人留守农村,农民家庭分离,这是不人道的,是我们这个时代最难以忍受的罪恶之一。另一种观点认为,老年父母普遍不愿与子女在城市同住,他们住在农村更加亲近自然,对农村老年人来讲,留守未尝不是好事。

中央决定实施乡村振兴战略,缩小城乡差距。有一种很主流的观点认为,实施乡村振兴战略,缩小城乡差距,解决中国发展不平衡和不充分的问题,关键在于打破城乡壁垒,加快市场要素流动,就是要允许农村劳动力进城,允许城市资本下乡,包括开放市民到农村买宅基地建房。农民进城、市民下乡可以缓解城乡发展不平衡的问题。

2005年中央提出建设社会主义新农村,当时提出的20字方针是"生产发展、生活宽裕、乡风文明、村容整治、管理民主"。对此,主流看法当然是将"生产发展"摆在第一位,笔者当时认为,中国经济发展的主战场在城市,农村是中国式现代化的稳定器与蓄水池,城乡关系不是齐头并进、一起发展的关系,不是两条腿走路、两个拳头打人的关系,而是相辅相成、相互补充、相互支持的关系,城市是发展极,农村是稳定器。正是基于这一点,新农村建设的重点在于文化建设而不在经济发展,新农村建设的核心是建设"低消费、高福利"生活方式,在2006年出版的《乡村的前途》一书封面,笔者曾写下这样一段话:

在这 60 多篇文字中，我试图提出一个关于中国发展道路的新方案。这个方案的核心就是以新农村建设为契机，重建农村生活方式，提高农民的主体地位和文化感受力，让农民可以分享到现代化的好处，从而能过上体面而有尊严的生活。

我希望重建田园牧歌的生活。希望温饱有余的农民可以继续享受青山绿水和蓝天白云。可以继续享受家庭和睦和邻里友爱，可以继续享受陶渊明式的"采菊东篱下，悠然见南山"的休闲与情趣。劳作是有的，却不需要透支体力；消费是有的，却不一定奢华；闲暇是有的，却不空虚无聊。

这是一种强调主体体验和人际联系的"低消费、高福利"的生活方式。农民不一定特别有钱，却可能因为有生活的主体体验而生活充实。

若是抽象讨论新农村建设或乡村振兴战略，每种意见都有合理性。具体来看情况可能就有不同。当前中国正处在快速城市化阶段，农村青壮年进城务工经商是必然的，并且越来越多进城青壮年农民获得了在城市体面安居的收入与就业条件，他们自己以及家人都进城去了，真正留守农村的是中老年农民，他们已经失去了进城务工经商的年龄优势，或进城失败要退返农村。问题是，留守或退返农村的中老年农民在农村生活得好吗？"低消费、高福利"有没有可能？怎样才是可能的？

一、留守老年人的多元福利观

在计算农村老年人福利时，我们要区分出农村老年人的不同阶段。前面我们讲"半工半耕"家计模式是以代际分工为基础的，即进城务工经商的年轻子女和留村务农的中老年父母，其中中老年的起点可以从 50 岁来计算，一般超过 50 岁，继续在城市务工经商的机会就开始减少，而越来越多人返乡。50 岁当然不能看作老年人。从 50 岁到 65 岁甚至 70 岁往往都是身体健康有劳动能力的人。因此，当前仍然留村的中老年人大致可以划分为四种类型：身体健康、年富力强的中年人，50～60岁；有劳动能力的老年人，60～70岁；生活能自理的老年人；生活不能自理的高龄老年人。

凡是有劳动能力的留守中老年人，他们身体健康，有能力与土地结合起来，从土地上获取收入，他们生活质量大都比较好。一方面，子女大都已经成家，父母已经去世，生养死葬的人生任务已经完成，他们最大的任务是安排好自己，他们是农村家庭"负担不重的人"；另一方面，他们有劳动能力，可以从土地上获得超出支出需要的收获。他们留守农村，真正第一次安静下来过自己的日子，他们感到自己生命进入了"第二春"。

年龄更大的老年人进行农业生产已力不从心，但生活可以自理，这样的留守老年人生活虽然不如有劳动能力的老年人舒心愉快，却也不会太差。一方面，农村老年人可以留有积蓄；另一方面，子女会给赡养费；再一方面，国家也经常会有各种补贴。农村生活成本也低，各种开销不大，日子还是可以过的，甚至是可以过好的。

真正成为问题的是丧失生活自理能力的高龄留守老年人，这有三种情况。第一种情况，丧失生活自理能力的高龄老年人，他们子女往往也步入中老年，这些步入中老年的子女或已回到农村来照料失能高龄父母，这样就告别了留守。第二种情况是进城子女将失能父母接到城市一起生活。第三种情况是子女既不回来照顾失能父母，又不接失能父母进城，留守失能高龄老年人独自居住生活，状况凄惨。这种情况虽然只占留守老年人的极少数，其悲剧性后果影响却极其恶劣。

以下我们重点讨论占绝大多数的具有劳动能力和具有生活自理能力的留守老年人的福利。

与年轻人不同，留守老年人不再有创业锐气，他们的生活已以退养为主，因此，收入最大化既不是他们的目标，也不在他们的能力范围。站在退养的角度，具有劳动能力的留守老年人就有了多重计算自己行为合理性的福利观。

中国农村有两个很重要也很基本的制度设置：

一个是延续千年的村庄，在南方农村，农民往往居住在聚族而居的宗族村庄。村庄是一个农民世世代代居住的熟人社会，生于斯长于斯也死于斯。村庄农民的根，是他们的宗教，也是他们的归宿。中国人缺少抽象的宗教信任，中国人的家乡就是中国人的宗教。家乡的一草一木都魂牵梦绕。村庄是世界上绝大多数原住民社会都具有的传统制度设置。

另一个是新中国集体经济尤其是集体土地制度。中国农村按人均分承包地，每户都有承包地，这些承包地在分田到户之初是农户家庭收入的全部来源；后来农户家庭年轻人进城务工经商，中老年人种地，既有农业收入又有务工收入；再后来，有农户全家进城，而将承包地流转给亲朋邻里，亲朋邻里因此有了扩大种植规模的机会。正是每个农户家庭都有承包地，农户家庭有具有劳动能力的留守老年人时，他们就可以与土地结合起来进行农业生产。

此外，中国农村居民都有宅基地，也有自己的宽敞住房，房前屋后还有空地搞庭院经济。

这样一来，有劳动能力的留守老年人的生产生活安排中就有了以下一些重要的方面。

第一，可以与土地结合起来进行农业生产，所以就有农业收入。农业收入不高，农业投入也不大。在农业基本实现机械化的前提下，农村老年人年龄比较大也搞得了农业，因为农业主要是田间管理。正是田间管理让留守老年人春种秋收，春天播下种子，秋天收获果实。农业是季节性的，农忙时间种田，农闲时间过节。农忙时间忙生产，农闲时间搞副业。留守老年人在房前屋后搞庭院经济，种蔬菜种瓜果，养鸡养鸭养猪养狗或者捞鱼摸虾、打点儿零工。

一般情况下面，农村留守老人通过劳动获得的收入远远超过他们的支出。他们收获农产品也许不值钱，却为自己提供了充足新鲜安全的食品来源，所以他们的生活成本很低，仅需要购买一些自己无法生产出来的必需品。几乎所有能与土地结合起来的有劳动能力的农村留守老年人都不缺钱,他们每年都可以有积蓄,其中很多人主要是为子女积蓄,也为自己未来养老积蓄。

第二,农民住在自己房子里不用交房租。村庄是熟人社会,亲朋邻里都居住在一起,相互帮助,相互照看,相互比较,形成了村庄社会,产生了社会交往,具备了社会意义。

留守老年人住在自己房子里,有安全感,不会担心被人赶走,不用看人脸色。生活怎么安排全都由自己决定,吃干吃稀、早起晚起,都是个人的事情。有兴趣时可以邀请亲朋好友聚餐(更多时为过节)、打麻将。住自己房子有安全感,社会交往产生意义。熟人社会提供帮助,自由时间随心所欲。

第三,农村生活离大自然最近最亲密。花开花落,日落月起。农村空气最清新,四季最分明,夜晚最宁静。花花草草、虫鱼虾鸟,都是自然的精华,都有自然的意趣。春天春色盎然,秋天果实累累,夏天热情似火,冬天银装素裹。

一般来讲,老年人年龄大了喜欢清静而不喜欢竞争,喜欢大自然而不喜欢凑热闹,喜欢慢生活而不喜欢快节奏,喜欢自由自在而不喜欢受到约束。他们变得因循守旧,他们弃绝竞争。他们要享受人生"第二春"。回到村庄这个距大自然最近的地方,与大自然保持亲密接触,可以让留守老年人从大自然中获取生命的乐趣。

第四,村庄是农民的根,家乡是农民的宗教。落叶归根,年龄大了,在自己家乡生活、在村庄生活、在自己家里生活,有最大的心灵上的安全感,因为百年以后灵魂有了归处。人老了,死在何处,在现代社会确实是一个问题。中国人没有无处不在的宗教,只有祖祖辈辈而来的村庄,这个村庄也是农民的家乡,这个家乡永远让游子魂牵梦绕,是农民的宗教。中国人最大的遗憾之一就是客死他乡。留守老年人如果不能返乡,而是在城市漂泊,即使他们有自己住房,在精神上仍然是漂泊的,是没有安全感的,人生也是不圆满的。

第五,留守老年人与土地结合起来,通过劳动获得收入,在劳动基础上建立社会关系,通过春种秋收、花开花谢形成生活节奏,这样的劳动本身就创造价值。正是可以从土地上获得收入,留守老年人觉得自己活着就不是等死,就是有意义的。劳动本身是人的需要,一旦没有劳动,变成纯粹消费者,留守老年人就会丧失活着的意义。

第六,与子女不住在一起也可以产生距离美。留守老年人与子女共同住在村庄当然是最好的,可以相互照应。共同住在城市比较狭窄的空间里,尤其是经济比较拮据时,就容易闹矛盾,相对弱势的老年父母就可能不得不看子女脸色,因此生活不自在、不愉快。子女进城,父母留村,一个较好的办法是子女住在县城,距父母留村不是很遥远。父母可以随时带着自己生产的新鲜农产品来城市看望子女,子女也很方便就可以回到农村照看父母。这样就既保持了家庭关系的亲密,又避免因为天天生活在一起产生矛盾。

正是因为以上六点,农村留守老年人具有远比我们通常仅按经济收入、基础设施、生活便利以及想当然的家庭亲情要多得多的福利。所以很多农村老年人即使有条件与子女一同进城生活,可以在城市享受到更好基础设施、医疗条件、生活便利以及儿女亲情,但他们却仍然愿意回到农村。

因此,在计算农村留守老年人福利时,就不能仅依靠对他们消费水平的统计,而要进行全面的涉及留守老年人各方面主观评价的福利统计。农村留守老年人的福利是多元的,正是这种多元福利,使农村留守老年人可以实现"低消费、高福利"生活,即低消费情况下却可以有较高的生活品质。这也是农村对难以在城市体面生活的农民的重要性所在。

因此,留守老年人的多元福利包括以下几个方面:一是经济收入,二是社会关系或社会资本以及安全感,三是生活环境,四是精神生活或宗教价值,五是劳动成为需要,六是距离产生美。

有一个显而易见的事实,就是决定个人行动以及幸福感的不只是收入与消费水平,而是各种综合因素在起作用,收入与消费只是这些综合因素之一。在基本生活保障解决以后，经济以外的因素可能会起到更大作用。农村老年人是中国社会绝对弱势群体，对这个弱势群体的保障事关中国式现代化的大局，也是中国应对"未富先老"问题的关键。多元福利观及其展现出来的"低消费、高福利"可能性，为国家决策提供了远比当前只是从经济收入方面考虑问题多得多的政策选项。与主张通过让农村弱势群体进城、让城市富人下乡以缩小城乡差距的主流意见相反，笔者以为，正是农村的多元福利为相对弱势的农民（尤其是农村老年人）提供了远高于其消费水平的福利水平，而使农民可以有一个相对幸福的、满足的生活。如果这些收入比较低的农民进入城市，他们就真的没有办法，就被城市所牺牲，就成为中国式现代化进程中的问题。

二、围绕多元福利观，调整乡村振兴战略重点

按以上农民多元福利观，"低消费、高福利"是可能的，则当前中国乡村振兴的重点就不应当是发展经济提高农民收入，更不是要为城里人提供到农村看星星看月亮的度假村，而是要围绕增加农民尤其是留守老年人的多元福利水平来做文章。

（一）农村基础设施和公共服务的重点是小农户

未来相当长一个时期，中国农村仍将是小农的世界。农业不仅要解决农产品的供给问题，而且还要为数以亿计的农村留守中老年人提供农业就业机会。正是可以与土地结合起来，为农村留守老年人提供了在农村的多元福利机会。

因此，当前国家为农村提供的基础设施和公共服务的重点就应当是为以留守中老年农民为主体的小农户提供服务，而不是想方设法消灭小农，推动小农户将土地流转给资本和大户，也不是为大户服务。

当前在实施乡村振兴战略过程中，出现大量国家资源投入到支持资本和大户以打败和消灭小农户的现象。借发展农村二、三产业，将大量资源投入建设全域旅游、农业综合体、文化小镇上面，这是绝对错误的方向。

（二）文化也是生产力，注重农村文化建设

文化也是生产力，乡风文明使生活在农村的留守老年人可以避免受到恶俗的拖累。比如农村人情攀比、大操大办、封建迷信都会误导和拖累留守老年人，降低他们生活的质量。

倡导移风易俗，组织老年人开展有意义的文化活动，成立老年人协会，让老年人自己组织起来关心自己的生活，这些活动可以提高老年人闲暇生活质量，消除老年生活的寂寞，增加生活趣味。

（三）关心村庄失能留守老年人生活

一般来讲，只要生活能够自理，农村留守老年人就可以有较高生活质量。问题仅在于，当留守老年人失去生活自理能力，子女都不能细致照料时，老年人生活质量就会大幅度下降。如果国家能给予部分失能老年人补助，同时组织村庄健康老年人轮流看护失能老年人，比如建立村庄失能老年人看护中心，将极大提高失能老年人的生活质量，也给其他留守老年人较好的未来预期。

（四）为小农户提供社会化服务

在当前大量农村人口进城，农民土地细碎化，农业社会化服务缺乏的情况下，如何解决小农户包括留守老年人希望将细碎地块和分散产权整合起来，以便于土地耕种的问题，应当提上议事日程。以土地确权为典型的不了解农村和农业情况的僵化政策应当引起政策部门高度反思[1]。

应该说，一直到2035年，乡村振兴的重点都应当是为小农户服务。不能仅有一个美丽的乡村，而这个乡村却容不下数以亿计的留守老年人。2035年以后，中国式现代化初步实现，国力大幅度增强，农民也有了更多在城市体面安居的机会，农业可能就不再需要承担提供就业及多元福利的功能，进城农民也不再需要"低消费、高福利"，而真正变成"高消费、高福利"群体，则农业就回归农业本身，农村也可能不再是为农民提供退路，而成为城市市民接触自然、亲近自然的地方。到

---

[1] 参见王海娟、胡守庚：《农村土地"三权分置"改革的两难困境与出路》，《武汉大学学报》2019年第5期。

2050年，农村"强富美"，堪比城市，甚至比城市更现代、更美好。

结语：乡村振兴应为农村留守者服务

中国的一个特殊国情是"未富先老"，是世界上罕见的仍然处在发展中阶段却进入老龄化的国家，并且中国是大国，有14亿人口，大多数老年人集中在农村。更特殊的是，中国农村老年人大多为留守老年人，他们的子女进城务工经商，自己则留村务农。

农村留守老年人情况怎么样？这是一个极为敏感的牵动整个社会神经的问题。农村留守老年人群体极为庞大，在缺少子女细心照料的情况下，丧失生活自理能力的留守老年人处境可能相当凄惨。这个惨境，以及所有老年人都会逐步丧失劳动能力甚至丧失生活自理能力的预期，造成了整个社会的恐慌。不过，只要真正深入农村考察留守老年人的情况就会发现，只要生活能够自理，尤其是仍然具有生产能力时，他们就可以与土地结合起来，在劳动中产生多元福利。他们的日子过得比较不错。正是因此，当前中国农业不仅解决了中国人的温饱问题，而且为中国数以亿计农民提供了就业和远比收入更多的各种福利。正是农业就业为留守老年人提供了"低消费、高福利"的可能。

若计算农村留守老年人多元福利，而不只是从收入与消费进行计算，城乡差距也许并没有当前主流认为的那么巨大。反过来，正是因为农村存在着比收入和消费更多的福利，农村就为农民这个弱势群体提供了庇护，整个中国也因为有一个庞大的、可以为农民提供庇护的农村，而保证了中国式现代化的稳定。

基于此，在未来相当长一个时期，乡村振兴战略的重点都应当是为小农服务，而不是抽象地发展生产、建设"强富美"的新乡村。现在的关键是要为谁来建设乡村。

有人批评中国当前政策中发展主义思路太过强烈，应当摒弃[①]。总

[①] 参见叶敬忠：《留守女性的发展贡献与新时代成果共享》，《妇女研究论丛》2018年第1期。

体来讲，当前中国的发展阶段，经济增长是最优先目标应该是有合理性的。不过，经济增长肯定不是唯一目标，尤其是对于已经退出生产领域的老年人，他们的生活和生命质量本身就是最为重要的。

回到人的生命意义本身，农村老年人与土地结合起来，就可以具有比在城市漂泊要高得多的生命质量，就可以有相对高质量的退养生活，因为回到农村他们就可以有多元福利，而不是在城市（或养老院）度过余生。他们在与土地结合起来的过程中，在村庄熟人社会生活中，可以有更强生命感受力。甚至可以将农村老年人组织起来开展各种艺术活动，写诗、打牌、唱歌、跳舞，自由而快乐。让艺术来表现他们的生活，让他们自己去表演，这岂不是农村老年人人生的"第二春"？虽然他们消费不多，他们却有丰富的精神生活、社会资本乃至物质条件，他们又岂不是"高福利"的？

第三节　实践与应对：农村养老模式新探索

在当前时期，农村养老问题已成为一个必须认真研究、认真对待、亟待解决的问题。一般来讲，当农民失去在城市就业优势时，他们不愿与子女在城市共同生活，而愿意回到村庄，与土地结合起来，过相对自由的生活。甚至有农民讲，到60岁再回村种田就是回到了人生"第二春"，因为这个时候不再有家庭压力：父母去世了，子女成家了，他们唯一要做的是过好自己的日子，虽然他们在城市务工已无年龄、体力优势，与土地结合起来种田却完全没有问题。农忙种地农闲打麻将的日子还是蛮值得期待的。即使年龄再大，参加农业生产已力不从心，只要生活还能自理，他们在农村的养老也就还不错。最大的问题是农村老年人失能之后怎么办。

农村养老最好的办法是原地养老，这样就可以让老年人保持与社会的有机联系，从而提高养老质量。[1] 福建、广东、江西等宗族型地区，农村发展基于宗族的互助养老比较容易，很有潜力。[2] 李永萍等学者也有大量福建基于宗族互助养老的案例报道[3]。河北省邯郸市肥乡区在全国最早推进农村互助养老，也是基于村庄基础[4]。农村互助养老具有

---

[1] 参见任杰慧：《把"无缘"变"有缘"：中国农村养老模式研究》，《西南民族大学学报》2018年第7期。
[2] 参见甘满堂等：《社区互助养老与村办敬老院可持续运营——以福建省晋江市萧下村敬老院为例》，《重庆工商大学学报》2020年第1期。
[3] 参见李永萍：《"多元一体"：集体主导的村社养老模式》，《求实》2020年第5期。
[4] 参见刘妮娜：《中国农村互助型社会养老的类型与运行机制探析》，《人口研究》2019年第2期。

"离家不离村、离亲不离情、养老在乡村、享受家门口"的特点[1]。江苏射阳也进行了基于村庄的居家养老实验,不过,射阳实验是以政府巨大财政投入为前提的,且基本上未涉及失能老年人养老[2]。

总体来讲,农村养老应当基于三个原则:其一,低成本;其二,原住地,即不脱离村庄熟人社会,不脱离农村自然生态环境,不脱离农业与土地;其三,互助。现在的问题是,虽然从肥乡区发源的互助养老已实践20多年,却一直没有在全国推广普及,而当前"未富先老"的现实又特别需要回应农村养老问题。

2019年12月,笔者到江西宜丰县调研了农村养老问题。宜丰县当前养老可以分为机构养老、互助养老和家庭养老三种。机构养老又分为民办养老与政府办养老,民办养老中有相当高端的社会资本投资的康养一体养老机构和数量众多的民办非企业私人养老机构。政府办的养老机构主要是县一级的福利院和每个乡镇都有的敬老院。乡镇敬老院主要是为农村无子女的孤寡老人提供养老服务,也为其他农村特困群体提供服务。农村互助养老有两个典型,一是高家村由村集体主导建设的互助养老,二是在整个宜春市正在推行的村庄幸福食堂。家庭养老方面,宜丰县是比较典型的传统宗族型地区,农村有比较好的赡养老年人的传统,家庭养老质量较高。

总体来讲,当前宜丰县农村养老有着相当丰富的探索,积累了很多很好的经验,存在的问题也值得深入讨论。

一、三种机构类型:宜丰县机构养老探索

宜春市宜丰县地处江西省西北部,面积为1935平方千米,辖16个乡镇(场),人口30万。2018年全县实现生产总值130.16亿元,财政总收入20.5亿元,其中一般公共预算收入12.78亿元。宜丰机构养老包括政府办、企业办和私人办三种。

---

[1] 参见赵志强:《河北农村互助养老模式分析》,《合作经济与科技》2012年第10期。
[2] 参见张学法:《打造居家养老的"射阳样本"》,《紫金湖》2021年1月4日。

(一) 政府办：乡镇敬老院

宜丰共有 16 个乡镇，办有 15 个敬老院。目前共收 591 名孤寡老人，即之前的高龄五保户。一般来讲，只要身体健康，五保老年人仍然愿意住在村里，自己种点儿田，国家每季度发放 1035 元特困救助金。五保户失去生产能力，尤其是丧失生活自理能力之后，他们一般都要到敬老院。乡镇敬老院一般都有院长、副院长、会计，聘用若干护理人员。五保户进了敬老院，特困救助就不再发给个人，而是留作敬老院统一养老。当然，每季度 1035 元特困救助远远不够支付敬老院的支出，政府每年都要为敬老院提供比较大额的补助。同时，敬老院也会组织老年人种菜、养猪。敬老院还会安排相对年轻的老年人照顾生活不能自理的老年人。

因为出现过养老机构失火烧死老人的恶劣事件，国家有关部门对所有正规养老机构都有严格的消防要求，2017 年江西 13 部门联合印发《江西省养老院服务质量建设专项行动实施方案》，提出 115 项达标要求，除建筑面积低于 300 平方米、床位少于 10 张的小型养老机构不需要配备专门消防设施外，其他养老机构必须三年内达标，不能达标一律关停，其中消防配套设施是最重要也最费钱的。宜丰县 2018 年花费 480 万元为 15 个乡镇敬老院配备了消防设施。

从全国来看，乡镇敬老院养老质量普遍不高，农村五保户除非生活不能自理，一般都不愿意进入敬老院养老，而愿意在村庄散养。在城乡基本公共服务均等化的政策语境下，全国普遍投入巨资建设乡镇敬老院，却出现了"高标准建设与低入住率"困境[①]。

(二) 企业办：康养综合体

2017 年港商在宜丰县投资建设了一个高档康养综合体"中华情"，其中一期二期投入 6000 万元，综合体占地 50 亩，建筑面积达 4 万平方米。建设用地由政府按每亩 10 万元划拨，位于南城区，区位良好。政

---

① 参见焦若水、马治龙：《农民公办养老资源的错配与适应性改进》，《探索》2020 年第 6 期。

府每年给"中华情"20万元运营补贴。目前正投资建设三期项目，主要是建配套的康养医院，规模是医疗床位100张，护理床位60张。三期建设完毕，"中华情"将有接纳1500人养老的能力。目前真正入住老年人不足200人，主要是本地退休人员。

"中华情"设施比较完备，收费也很高，以中高端老年客户为主，标准收费是一张床1700元/月，一个标间3500元/月，进入老年人平均年龄80岁，其中大约一半为生活能自理老年人，20%为生活半自理老年人，另外30%为失能老年人。失能老年人收费比标准收费有较大幅度增加。

宜丰"中华情"目前有聘用人员25人，一年工资支出约80万元。其中运营院长一人，年薪6万元；副总经理一人，年薪4万元；护士长一人（为县人民医院退休护士长），年薪4万元；护理员12人，主要为当地50岁左右农村妇女，人员不稳定，每月工资2700元。另有门卫、保安、电工等10人。

按"中华情"负责人的说法，康养综合体一定要办医院，医院主要给来养老的老年人治疗，也可以对社会营业。入住康养机构的老年人一般都有医保，康养综合体治疗的医保渠道可以十分顺畅，从而保证老年人治病的方便。

"中华情"为宜丰县重点引进的民生项目，所以才可能将黄金地段土地以10万元/亩划拨给"中华情"做康养综合体。

来"中华情"养老的老年人大都是家庭经济条件比较好的退休干部。目前宜丰县"中华情"项目正与当地家政公司联系，试图动员需要请保姆在家照顾的老年人入住"中华情"。

"中华情"项目已经达到《江西省养老院服务质量建设专项行动实施方案》提出的115项达标要求。

（三）私人办：民办养老机构

宜丰县私人办养老机构非常发达，全县有8家办证的民办养老机构，每家养老规模在60~100张床位。另外，有几十家未办证或办证后不达标而被要求关停的民办养老机构。

1. 阳光托老中心。由过去养殖场改建而成，总投入大概200万元，其中仅消防一项即追加投入20多万元。有100张床位，入住76名老年人。2017年开始营运，2018年10月办证。共有护工等12人。按托老中心负责人说法，五年内不考虑盈利，只要能维持就不错。

2. 仁寿养老所。租废弃的一座二层楼房带一个小院，投入约100万元，有床位50张，入住老年人10多人，负责人+护工共3人。消防设施未达标，正在筹钱整改。养老所负责人说，入住老年人超过30人，养老所就可以有盈利。

3. 新庄镇私人养老所。新庄镇新建了比较高标准的敬老院，旧敬老院废弃，被私人以每年3万元租金改为民办养老院，目前有床位50多张，入住20多位老年人，负责人+护工4人。

4. 沐溪托老院。沐溪村前任支书与人合伙创办的养老机构，累计投入50万元，主体建筑面积约500平方米，两层小楼，空间相对封闭，可以入住30多名老人。沐溪托老院建在村庄，独立空间，四周为稻田与水面。建立时间为2013年，2018年获得营业许可。2019年冬至这一天笔者到访沐溪托老院，共有11名老人入住，全部为失能老人，有3人在前一天被家人接回家中过春节，春节后再来。目前工作人员为负责人+两个护工。沐溪托老院之前是合伙，因两个合伙人在托老院发展目标上有分歧，2018年底分开，前支书继续领办托老院，目前正对周边环境进行改造，以建设"休闲式托老院"，分出去合伙人租借高家村幸福院场地另建了一个托老所。

从这些民办养老机构来看，入住老年人几乎都是80岁以上老年人，年龄最大的有96岁。入住老年人收费分三个等次，即生活能自理、生活半自理、生活不能自理。一般包吃住和护理，生活能自理老年人每月收费1000元，半自理1500元，不能自理2000元。当然，这是一个大概的收费标准，具体还要看身体状况。入住的老年人如果身体好，还可以协助养老机构做护理或打扫卫生等工作，收费可能只要几百元，重度生活不能自理老年人收费可能就要超过2000元。

民办养老机构主要集中在县城，原因之一是县城有比较多的可以出租的废弃场所，交通也比较便利，生活就医都比较方便。不过，县城环境比较复杂，在县城的养老机构必须封闭管理，养老机构老年人与自然环境高度隔离且接受入住的老年人来自全县各地，老年人之前互不认识，入住后很难再建立相互信任的关系。

相对来讲，沐溪托老院建在农村，周边都是稻田，环境比城市宁静安全且接触自然，同时，入住老年人也多为当地老人，老人过去比较熟悉，就容易建立信任关系。

民办养老机构聘请护工一般为当地50~60岁妇女，一个月工资2000元，相当辛苦，所以人员变换很频繁。

二、互助养老和家庭养老

与全国一样，宜丰县农村养老主要依靠家庭，可以说95%以上养老是在家庭完成的。除了家庭养老以外，宜丰县还有比较丰富的互助养老实践。

（一）互助养老：幸福食堂和养老服务中心

宜丰县互助养老主要是推广余江市创建的村庄幸福食堂。宜丰县所在宜春市计划2019年在全市建1000家村庄幸福食堂，又称"党建+乐邻"中心，其中宜丰72家，每家由县乡两级投入3万元，利用废弃村部、学校等场所改造建设。每个幸福食堂都由村干部+老干部组成理事会管理，村集体负责幸福食堂水电柴火和炊事员工资，每个老年人每月交200元就可以一天三餐到幸福食堂就餐。有些生活不能自理老年人还可以由其他身体健康老年人送餐。我们调研的2019年12月宜丰县已有22家幸福食堂开业。

棠浦镇高家村利用征地补偿款建设了一个高标准的养老服务中心，总投入620多万元。据村支书讲，如果不是招标而是自己建设，只要350万元就可以建设好。高家村养老中心占地10亩，建筑面积4800平方米，有标间79间，可以容纳158位老年人养老。高家村养老中心聘请了两个管理人员，一名炊事员，管理人员工资为900元/月，炊事员工资为1000元/月，管理人员和炊事员也都60多岁了，也在养老服务中心吃住。

入住高家村养老服务中心的年龄条件是超过65岁，且生活能自理。生活不能自理的不接收。从实际支出来看，平均每个老年人生活费支出最少350元/月，养老中心曾按200元/月收取生活费，老年人普遍嫌贵，只有10多位老年人在服务中心就餐。后来降到100元/月，全村有40多位65岁老年人在服务中心就餐。目前全村接近一半65岁老年人入住养老服务中心，每月只需出100元生活费。养老服务中心主要经费由村集体承担。因为不收生活不能自理老年人，高家村养老互助中心护理任务就不重，相当于幸福食堂，或党建+乐邻中心，只是因为建了较好的养老房间，可以让本村65岁以上老年人吃饭住宿，有很完善的娱乐设施。

宜丰县学习新余市幸福食堂经验，在村庄开办幸福食堂，为村庄年龄比较大的老年人提供低价伙食，大大便利了农村老年人的生活，提高了农村老年人的生活质量，确实很值得推广。

幸福食堂表面上看是由村集体主持办理的，实际上可以看作农村老年人互助养老的形式，因为管理人员由老年人民主推选产生的理事会推选，办事员由理事会聘用，且管理人员和炊事员一般都是本村老年人。参加幸福食堂的老年人自己也承担部分伙食费，只是民办公助，县乡村都给幸福食堂一定补助而已。

从宜丰实践来看，条件好的如高家村者，可以办高质量的农村互助养老性质的幸福食堂，条件较差的村庄也可以办满足老年人吃饱饭甚至吃好饭的互助养老基础上的幸福食堂。幸福食堂目前存在的问题是无法为生活不能自理老年人提供护理帮助。

（二）家庭养老：重点问题在老年人生活不能自理后

宜丰是宗族型地区，农村孝道传统仍然浓厚，很少有老年人因为生活不能自理而自杀的,因为自杀会给子女带来不好声誉且自杀不是好死,不是善终,对于来世不利,也不能为子孙带来好运(风水)。

目前农村养老中,只要老年人生活能够自理,都可以有相对较高的生活质量。尤其是每个村建幸福食堂之后,老年人吃饭有了保障,在村庄生活就会比较舒服愉快。问题是当老年人生活不能自理,子女又在外工作时,如何养老就是一个大问题。大量民办养老机构在宜丰兴起就是要应对家庭养老的这个不足。

宜丰良好民风决定了家庭养老的较高质量,以及子女愿意在老年父母生活不能自理又无人照料时,花钱送老年父母到民办养老机构养老。这也是宜丰民办养老机构兴起的前提。

三、农村养老实践的几个辩证关系

(一)农村养老一般情况:始于老年人丧失劳动能力之后

中国"未富先老",农村养老问题绝不是一件小事。当前中国农民尚未纳入到高水平的职工养老保障中,一般农村老年人每月只有几十元基本养老保险,仅靠这个基本养老保险显然是无法养老的。因此,当前中国农村仍然是以家庭养老为基础的。不过,中国农村家庭养老并非一到60岁就退休,然后由家庭成员支付老年人退休金,老年人离开家庭去养老,而一般是父母与子女共同生活、同居共财,子女承担父母生活治病等开支,父母有生产能力就仍然参加生产劳动。尤其在农村,只要老年人有劳动能力,他们一般都愿意参加生产劳动,劳动可以带来收入,同时劳动也是证明个人价值的需要。

也就是说,当前中国农村养老一般都始于老年人丧失劳动能力之后。按农民自己的说法,现在农业生产条件较好,农村已是"老人农业",70岁仍然可以是农村重要劳力。只要具有劳动能力,农村老年人70岁还不退休。70岁以后,劳动能力渐渐丧失,生活可以自理,这些老年人往往会留有积蓄,子女也会支付一定钱粮,国家也有农村基本养老保险,这个时候农村老年人消费不多,生活不错。在村庄熟人社会生活，住在自己家里，亲朋邻里关系都在，生活比较悠闲自在。农村老年人养老最大问题是在生活不能自理时期，这个时候可能不仅需要有大额资金支付医疗费用，而且需要有人陪伴照料。这是当前农村养老中仅靠家庭难以解决的问题，因为大多数农民家庭都存在子女进城与农村父母不住在一起的情况。大多数情况下，农村老年人生活不能自理时，子女要么将父母接到城市一起生活，要么不得不轮流回到农村照料生活不能自理的父母。生活不能自理的父母成为家庭的负担。

在有一些地区，成为家庭拖累的生活不能自理的老年人可能选择自杀[1]。宜丰县老年人很少选择自杀，一些家庭子女无力照料陪伴父母，因此就有了强烈的将父母送至机构养老的需求，宜丰县养老机构因此发展很快。

(二) 不同性质的养老：农村养老新局面

从宜丰县情况来看，有三种不同性质的养老，第一种最值得关注也是宜丰县发展最快的以照料生活不能自理老年人为主的民办机构养老。第二种是包括以"中华情"为典型的康养综合体养老，和以家庭养老为基础的幸福食堂（党建+乐邻中心）。康养一体养老主要针对高端养老群体，这里的养老目标是让老年生活更有价值，因此就会有书法协会、老年大学、各种较高标准的运动场所。幸福食堂也主要是为留村老年人提供生活便利，主要是为生活能自理老年人提供生活便利。

从宜丰县情况来看，民办养老机构养老，入住的绝大多数都是生活不能自理老年人。这些失能老年人之所以被送入养老机构，主要原因是子女在外工作，缺少照料父母的时间，子女又愿意付高价将失能父母托养在机构。不过，从我们调研机构养老情况来看，机构养老的托老质量不高，虽然可以解决基本温饱和护理问题，精神照料远不如家庭。离开村庄熟人社会进入养老机构的老年人，生活质量大幅度下降。

相对来讲，在康养综合体和以家庭养老为依托的幸福食堂，老年人

---

[1] 参见刘燕舞：《农民自杀论》，社会科学文献出版社2014年版。

才有真正的养老生活，其中关键是他们有精神生活。康养综合体收费昂贵，很少有农村老年人入住。结合家庭养老配合村庄幸福食堂，农村老年人可以保持熟人交往关系。现在的问题是，幸福食堂或一般互助养老往往只面向生活能够自理的老年人。

将机构养老中对生活不能自理老年人的养老与互助养老结合起来，就可能形成农村养老新局面。

（三）机构养老与互助养老：互相配合、互为补充

机构养老尤其是民办机构养老，一般都是由个人租房子配设施，聘请当地村民做护理员，再收住老年人养老，收住的大都是年龄很大丧失生活自理能力的老年人。宜丰县绝大多数民办养老机构建在县城，注册为民办非企业机构，收费相对都不高，对丧失生活自理能力的老年人仅收2000元/月。因为护理任务繁重，民办养老机构很难支付得了昂贵的护理费，聘请护理人员多为当地50~60岁农村妇女，所以护理员队伍十分不稳定。民办养老机构收住生活能自理老年人，收费可以很低，因为生活能自理的老年人可以协助护理生活不能自理老年人，参与机构养老的管理与护理工作，比如守门。

民办养老机构必须经过上级审批核准。老年人安全意识差，出现事故尤其是火灾会产生严重后果。因此，国家对养老机构有严格的基本规范要求。江西也对所有养老机构提出了115项标准要求，尤其是消防要求，达不到标准的养老机构一律关停。宜丰县已关停多家民办养老机构。从调研来看，民办养老机构资金往往有限，规模也都偏小，完全达标几乎不可能。一旦出现事故，无论是机构还是地方政府都难以逃脱责任。

为了防止出现意外，民办养老机构一般都会严格限制老年人外出。虽然如此，民办养老机构的养老质量还是普遍高于乡镇敬老院，有两个原因：一是民办养老机构收费高于敬老院，二是民办机构是竞争性的，一家服务不好，老年人就可以转到另外一家，乡镇敬老院不存在竞争性，进入敬老院的都是本地特困救助老年人。

尽管民办养老机构的服务并不一定很好,民办养老机构基本护理和服务还是有的,这比生活不能自理却又只能待在家中等死要好得多了。当然,相对于农民收入,每月2000元甚至更高护理费,再加上医药费,确实是一笔不小的开支。

相对于民办机构养老来讲,互助养老主要是生活能够自理老年人的互助和养老,典型就是集体搭台老年人自己唱戏的幸福食堂。互助养老是老年人自己组织起来的养老,因此,他们不需要政府审核批准,他们只要能改善现有的状况就可以坚持,而非一定要达到较高标准。互助养老首先要解决的是有和无的问题,再逐步解决好与差的问题。

举一个风险承担的例子来讲,老年人年龄大了,出现意外是高频事件。如果老年人在家庭中出现意外,家庭就自己担责。如果在互助养老中出现意外,因其是自治的,意外责任也是由老年人自己承担。如果在机构中出现意外,机构就要承担责任。因此机构就必须将意外控制在很低水平,就要限制老年人外出(以免出意外事故,比如落水、车祸等),就要有达标的消防设施,就要有各种防护设施。所有这些降低意外事故的措施都会大大提高机构养老成本,最终就会提高老年人入住养老机构的收费。虽然实际上老年人集中到机构养老出现意外事故的可能性要大大低于居家养老,或者说居家养老的老年人更容易出现意外事故,但因为责任分担的差异,对机构却有高得多的安全要求。高安全要求意味着高收费,也就意味着更多老年人被排除在机构养老之外。

互助养老有可能克服机构养老与家庭养老之间的矛盾,即互助养老不存在第三方,所以不存在机构养老那样的风险承担责任,较家庭养老又可能形成互助效应,减少家庭养老能力的不足。

(四)康养综合体:针对高收入人群

宜丰县引入"中华情",低价划拨50亩黄金地段土地让"中华情"建设康养综合体,每年补贴20万元运营经费。康养综合体显然是针对中高收入群体,尤其针对有医保的退休群体。康养综合体是要解决高质量养老而不是保底,因此收费很高,远超一般农户承担能力,正因此,

"中华情"入住老年人基本上都是干部和富人群体，一般农户几乎没有入住的。因为超出了基本保障的水平，康养综合体用市场的办法养老，理应受到鼓励。不过，也因为超出了基本保障水平，政府就不应当给康养综合体以特殊资助，更不应将康养综合体作为第二个房地产项目。

康养综合体普遍自办医院，是否会造成康养综合体借入住老年人医保通道来侵占医保资源，值得注意。

（五）养老、医疗与有尊严的生活

一般来讲，城市退休人员从退休开始就进入养老阶段了，他们有退休金，退休时身体还很健康。如何让退休生活更有意义，是有城市退休金老年人所要考虑的。农村老年人不存在退休一说，不过，一般超过60岁就丧失了在城市务工机会，若父母已去世，子女又已成家，他们就愿意回到村庄生活，一方面从事农业生产，一方面过相对轻松的生活。农村老年人只要有劳动能力，就可以与土地结合起来过好自己生活。只要生活能够自理，他们都可以有较高的生活质量。

一般情况下面，农村老年夫妻双方，只要有一方身体健康，就会为另一方提供较好的护理。若老年夫妻生活都不能自理，或一方已去世，一方生活不能自理，就需要由子女来照料护理，问题是"久病床前无孝子"，长期卧床，子女照料就成为严重负担。有退休金的城市老年人可以入住条件较好的托老院，没有退休金的农村老年人就只能依靠子女出钱入住民办养老机构。

条件较好又能获得充分医疗的失能老年人可以生存很长时间，缺少医疗、养老条件又不好的失能老年人存活时间就要短得多了。家庭养老中，对失能老年人精心照料，失能老年人可以有质量地再活10年，不过这个家庭的主轴可能就要围绕老年人来转，家庭经济因此变得紧张，甚至家庭关系也变得紧张。在缺少精心照料情况下，失能老年人可能很快就去世了。对于失能老年人，在精心照料、充分医护与缺乏基本照料、缺乏基本医护之间有着巨大的中间地带。

在农村调研，很多农村老年人讲，他们不希望过长期失能卧床生活,因为这样的生活没有尊严也没有质量。如何让老年人有一个体面而有尊严的养老生活,确实是要讨论的问题。

结语:农村互助养老具有五大优势

未来很长时期,农村养老还主要依靠家庭养老,且主要是在村庄完成。只有少数情况下农民家庭才会将老年人送入机构养老。

未来一个时期应对老龄化和解决农村养老问题的主要思路应当是开展以村庄为基础和以家庭养老为基础的农村互助养老,宜丰县幸福食堂是一个很好的尝试。

之所以说幸福食堂是一个很好的尝试,是因为幸福食堂可以低成本地为村庄老年人解决吃饭难的问题。幸福食堂可以为所有超过一定年龄(比如65岁)的老年人提供较高质量、较低成本的伙食,尤其为缺少生火做饭能力的高龄老年人解决温饱。

村庄超过65岁老年人一般要占到总人口的10%,一个1000人的村庄,超过65岁的老年人就有100人,如果有一半人参加幸福食堂,就有50人。这50位老年人绝大多数身体都还是好的,不仅生活能自理而且具有劳动能力。幸福食堂炊事员就可以从身体好、做饭技术高的老年人中选拔。可以给一部分工资,比如每月1000元,按宜丰幸福食堂每月伙食成本350元,实际上老人只交200元就可以吃食堂,则当炊事员的老年人每月交了伙食费还可以有800元收入。幸福食堂的不足部分可以由村社集体或国家补贴。幸福食堂还可以为居家无法走动老年人提供送餐服务。

幸福食堂当然也可以与老年人协会结合起来,或就建在老年人活动中心。宜丰县口溪村旧居自然村幸福食堂就建在宗祠旁边,宗祠正好为老年人提供了娱乐场所。

围绕老年人活动中心和幸福食堂,可以建集中养老中心,让村庄生活半自理及不能自理老年人入住,收取一定费用,同时由村庄相对年轻老年人当护理员,给护理员一定报酬,不是很高,但护理时间记入记录,存起来可计算为将来自己失能时入住养老中心时的费用减免。

村庄真正失能老年人是不多的,大量老年人不仅生活能自理而且有生产劳动能力。由村庄占绝大多数的低龄老年人来轮流护理照顾生活不能自理的老年人,对低龄老年人来说不是很大负担。同时,可以对被护理老年人适当收费,国家也给一定以奖代补的经费支持,让参加护理低龄老年人不仅可以获得时间券,而且可以获得一定护理收入,这样就可以相对较好地解决村庄失能老年人的养老问题[①]。

这样一种村庄互助养老,优势至少有以下五点。

第一,互助养老可以形成风险自担的风险管理,较低风险以及有能力自担风险,使互助养老具有顽强生命力,低成本而高效能。

第二,村庄养老既不脱离家庭,又不脱离村庄熟人社会,这样的养老就没有脱离老年人的生活圈,他们就觉得生命仍然有价值、有意义。

第三,村庄互助养老是在农村这片广阔天地中进行的,与自然亲密接触、不脱离土地,使老年人可以亲近自然,可以享受较好的环境条件。

第四,村庄老年互助,低龄老年人照料高龄老年人,都是熟人,非亲即故,这种互助就是有感情的,而不是冷漠麻木的。

第五,国家给互助养老以补贴名正言顺,比补到康养综合体上面要公正得多,也比补到老年人个人身上有用得多。

老有所养是任何一个时代的理想。当前中国虽然处于未富先老的发展阶段,但是,中国有集体经济制度,有村社共同体传统。借助于村社共同体来建立基于熟人社会的村庄互助养老,国家给予补助,村社集体支持,中国农村就可能建立起一个低成本、有效率、温情的互助养老体系,真正做到老有所养。

如果离开了村庄,将养老完全推向市场(包括各种康养机构和民办养老机构),或推向国家,这样的养老成本就极高,再高的养老金也

---

① 笔者曾从必要性的角度提出过建立乡村互助养老的设计,参见贺雪峰:《如何应对农村老龄化——关于建立农村互助养老的设想》,《中国农业大学学报》2019 年第 3 期。

无法填满市场养老的无底洞,国家显然也只可能为极少数弱势群体比如孤寡老年人提供最低水平的养老服务。

中国农村养老不能走城市养老的路子,而是要借助村社熟人社会、村社集体的优势来形成具有中国特色的农村养老制度。

第四节　村社互助：积极应对农村老龄化

随着老龄社会的提前到来，中国进入未富先老的阶段。如何应对老龄化，成为考验中国智慧的重大挑战。

未富先老的问题有两个层面：一是老年人照料问题。在当前快速城市化背景下，家庭小型化，子女往往不再与父母同住，尤其是农村出现了数量极为庞大的留守老年人群体。因为子女已经进城，留守农村老年人很难再获得子女的日常照料，老龄大了生活不能自理，养老就成为问题，甚至出现有老年人去世多日仍未发现的案例。传统中国主要依靠家庭养老，目前阶段家庭养老功能显著下降，如何应对家庭养老功能下降所带来的问题，是当前中国尤其是中国农村必须要尽快解决的问题。二是人口老龄化造成就业人口占比下降，工作人群不仅要通过缴纳养老保险来养活退休人员，而且要承担抚育子女的沉重义务。工作人群收入减少，压力增加，社会财富更多用于消费而更少用作创新资源，社会活力因此降低，社会变得缺少竞争力。这正是欧洲与日本存在的老龄社会弊病[1]。

当前中国"未富先老"主要问题仍在第一个层面，相对来讲第二个层面的问题还只是潜在可能，尤其对于中国农村来讲，目前还不存在这方面问题，原因是当前中国基本养老保险虽然覆盖面广，却只是保基本，保障水平是很低的。反过来，农村父母往往在年老之后仍然帮子女带孙子，也往往仍然从事农业生产。至少在当前中国农村还不存在日欧

---

[1] 参见原新、刘士杰：《日本公共养老保障体系的财政困境及对我国的启示》，《现代日本经济》2010年第2期。

等国家因沉重养老负担所致社会活力的不足。

一、应对农村老龄化的中国思路和智慧

(一) 应对农村老龄化的两种思路

中国应对农村老龄化有两种差异很大甚至截然对立的思路：一种思路就是在当前广覆盖、保基本、低水平基础上完善。这种思路强调通过完善农业、农村本身具有的保障功能，发展互助养老，建立以家庭养老为主体、互助养老为补充、国家给予一定支持的农村养老保障体系。另一种思路是在城乡居民养老保障并轨的基础上，进一步将城乡居民养老保障与城镇职工养老保障并轨，通俗地说就是给农民发退休金[①]。国有农场改革时，普遍建立了国有农场职工退休金制度，规定超过60岁的国有农场职工就要退出租赁的国有农场土地，享受退休金。国有农场职工总数不是很多，但在黑龙江省这些国有农场比较集中的省区，农场职工退休拿退休金，应是黑龙江社保基金入不敷出的重要原因。

农民是否应当退休，以及是否应当拿退休金，这个问题可以讨论。不过，退休金显然不是凭空就可以拿的。农民退休金要依靠之前长时期缴纳社会保障基金，社保基金来自三个部分：一是个人缴纳，二是集体或单位缴纳，三是国家补贴。当前农村集体没有收入，也就只有两个渠道，即农民个人缴纳和国家补贴。中国是一个发展中国家，要国家拿出很多钱来补贴农民，有难度。目前基本养老保险是国家出钱，却显然无力扩大，而从农民来讲，农民都有很强的获得当期收入的倾向，很少有农民愿意为未来养老缴纳养老保险。目前全国农村基本养老保险，绝大多数农户都只是缴纳了个人最低部分。进城农民工可以参加城镇职工养老保障，农民工缴一部分，企业和国家缴一部分。这项养老保险带有一定强制性，有报告显示，"截至2018年底，中国有2.86亿农民工，其

[①] 连续多年均有全国人大代表呼吁建立农民退休制度。学界也有关于建议农民退休制度的提议，参见朱勤：《实现城乡基本养老保障均等化的改革路径——兼议农民退休制度》，《人民论坛》2020年第25期。

中只有 6202 万人参加了城镇职工基本养老保险，参保率不到 22%"①，农民实际上有强烈的将所缴纳养老保险留作当期工资收入的倾向。灵活就业人群参加到职工养老保险的积极性也不高。目前全国灵活就业参加职工养老保险的比例应当不超过 10%。

如果农民参加职工养老保险，60 岁退休，他们就得退出承包地，当前中国绝大多数耕地都是由 60 岁及以上农民耕种的。农民要缴纳个人缴费及代集体缴费，这是很大一笔资金，农民有没有这笔钱及他们愿不愿意缴，这显然是很大的问题。当然，最关键的是，中国作为一个发展中国家，有没有可能通过国家出钱来为所有人建立一个较高水平的社会保障体系。毕竟没有无缘无故的财富。

因此，应对农村老龄化的农村养老制度（农村社会保障制度）就有两种十分不同甚至截然相反的思路：一种是农民不脱离农业与土地，以家庭为主国家补助，发展互助养老的思路，这是相对保守的思路；另一种则是将农民社会保障与城镇职工养老保险并轨，建立让农民脱离土地的新型社会养老保险制度。前一种思路，国家只对农民承担有限的保障责任，后一种思路则要由国家承担主要保障责任。

既然日本和欧洲都受困于老龄化，主要是受困于全民参与的高水平养老保障，在"未富先老"的现阶段，建立由国家承担主要保障责任的高水平的中国农村保障体系，显然是没有可能的。

这并不是说国家就不应当对农民社会养老保障负责任。国家建立的广覆盖、保基本、低水平的新农保就是国家所负责任之一。国家肯定还要不断加大对农村基本保障的投入力度。现在的问题是，国家到底能投入多少，及如何投入才最有效。

（二）村社互助养老的两个阶段

既然中国短期内不可能将居民养老保险与职工养老保险并轨，建立农民退休制度，给农民发退休金，未来一个时期中国应对农村老龄化挑

---

① 光明网评论员：《农民工参保率低，叩问的不仅是社保》，光明网，2019 年 6 月 13 日。

战的主要对策就要建立在村社养老基础上，依托土地与村社，借国家财政补助和强有力政策支持和制度设计，建立具有中国特色和优势的农村社会保障与养老制度。

当前中国仍然有5亿多农村居民，有2亿多进城农民工。大多数进城农民工并没有参加城市职工养老保险，也就是说，当他们退休之后无法获得稳定的退休金收入。这也是当前进城农民工和他们家庭普遍保留承包地与宅基地的原因。年轻时进城务工经商，年龄大了回村养老，仍然是当前进城农民工的普遍预期。

因此，在可预期的时间内，农民养老依然要靠家庭、靠土地、靠村社，而很难靠退休金。以村社为基础的农村养老还将长期存在。

村社养老就是以村社为基地，与土地结合起来，依托村庄熟人社会资源，内靠村社集体组织，外靠国家政策支持，应对农村老龄化。如果国家支持得力，制度措施得当，各方面积极性都能调动起来，就有可能建立起一个虽然资源投入不大效果却相当良好的村社养老实践范例。在当前阶段，国家财政能力有限，农村养老资金投入水平有限，村社养老只能用有限资源来实现养老效用最大化。凭借村社养老优势，将村庄建设为中国应对老龄化的主阵地，可以助推中国高速现代化，为实现中华民族伟大复兴提供保障。

因为国家财政资源有限，无法为农民提供高水平的社会保障，将未来一个时期的养老建立在不脱离土地和熟人关系的村社基础上，这样一种村社养老只是初级阶段的应对老龄化的办法，某种意义上是无奈之举，被迫为之。

随着中国经济的持续成长，到2035年现代化基本实现，国家有了建立统一社会保障的财政能力，应对农村老龄化有了更多选择，这个时候，村社养老仍然有其独特优势，因为村社提供了稳定的地缘联系，农村与自然亲近，家乡是乡愁也是宗教，落叶归根与入土为安都使村社养老具有相对于其他方式养老的显著优势。这个时候，村社养老进入高级阶段，就不是无奈之举，而变成各种可供选择方案中的重要选项。

处于初级阶段的村社养老，即如何在国家财政投入能力有限的情况下，建立一个可以积极应对农村老龄化的村社养老机制，是一个值得讨论的问题。

二、初级阶段的村社互助养老

（一）初级阶段农村老龄化的两个层次及差异化应对

接下来讨论初级阶段的村社养老，分为三个部分，即农村老龄化的层次，应对农村老龄化的主要资源和应对农村老龄化的主要措施。

按退休的概念，当前中国 60 岁就应当退休了，妇女退休年龄甚至是 55 岁。老龄化也是按 60 岁以上人口占比来定义的。不过，从农民来讲，农民一般是没有退休概念的，他们参加农业生产的时间往往会超过 60 岁。具体而言，根据身体健康状况，可以分为三种类型的老年人：一是身体健康具有劳动能力的老年人，一般年龄在 60～70 岁；二是丧失劳动能力但生活可以自理的老年人，一般年龄在 70～80 岁；三是 80 岁以上失去生活自理能力的老年人。以上年龄只能是大概，因为不同人的身体状况不一样。农村 80 多岁仍然从事农业生产和庭院劳动的仍有人在，在 70 岁就已失能半失能的也不少见。

对于具有劳动能力的老年人来讲，与土地结合起来，不仅是要从土地上获得收入，而且是要通过生产证明自己仍然是社会主力人群，是可以为家庭做贡献的人。这个群体年龄上是老年人的，心态却仍然年轻，他们不服老。劳动是他们的必需，是体现他们价值和社会地位的重要方面。正因为有劳动能力，他们仍然有强大进取心，有梦想，要想方设法为子女减轻负担，做家庭和社会中都有用的人。生活能自理的老年人，因为生活可以自理，又不存在缺吃少穿的问题，他们的生活也很惬意。

当前农村，农业生产基本机械化了，农业社会化服务也很健全，很少再有农业劳动需要重体力劳动。目前农村已经消灭绝对贫困，农民与土地结合起来，可以获得大量自给自足的生活照料。个人积蓄、国家发的基本养老金，子女给的赡养费以及农业生产所得，农村老年人收大于支，消费不高，生活质量不算低。60多岁的农民，一般父母已去世，子女已成家立业，没有什么家庭负担，自己吃饱喝足玩好就行，所以是农村中"负担不重的人"，也是他们人生"第二春"。这些老年人在农闲时间有大量余暇，对农村文化生活十分渴求，是农村文化社会活动的积极分子。

因此，对于农村中具有生产能力，至少生活可以自理的老年人来讲，他们并非社会的负担，而是社会的财富，他们有大量的空闲时间，追求更好的文化生活。农业生产为这些低龄健康的老年人提供了生产获利机会，找到了释放生命能量的场所，从农业生产中找到了时间节奏，通过生产真正介入到主流社会中去。除此之外，他们还需要有更多丰富的文化社会活动，需要更加高级的精神生活，以及需要通过活动来参与社会建构，证明个体价值。从这个意义上讲，有生活生产能力的老年人，他们需要的是有意义的老年生活，是高级的需求。

当前农村最引人关注、问题最大也最需要解决的，应对农村老龄化最棘手的，就是失去生活自理能力高龄老年人的照料问题。在城市化的背景下，农村家庭年轻子女进城去了，年老父母留村，一旦丧失生活自理能力，他们的生活质量就会大幅度下降。跟着子女进城，短期尚能忍受，长期就成了拖累。留守农村，吃喝拉撒都成问题。子女回来照看，影响工作，年老父母认为自己是累赘。

虽然农村生活不能自理老年人只是极少数，这样极少数老年人的悲惨生活却给村庄以巨大负面影响。有老年人在家去世却无人知道，让所有老年人都对未来忧心忡忡。所以农村老年人常讲，活就好好活，死就痛快死，千万不要生病瘫痪在床上，生活不能自理，生命的最后一点尊严都没有了。因此，对于农村生活不能自理的老年人来讲，如何让他们能保持底线的生活，保留基本尊严，是个大问题。

也就是说，应对农村老龄化其实是有两个完全不同的层次：一个层次是对于具有生活自理能力的农村老年人，应对老年化主要是让他们仍然可以通过适度劳动留在社会主流人群中。让他们与土地结合起来，进行农业生产、种蔬菜水果，以及种花种草等。这个层次老年人需要更多文化生活社会活动，精神充盈，不仅老有所乐，而且老有所为。另一个层次是对于失能老年人，他们需要获得基本照料，保持生命中最后的尊严。

（二）初级阶段村社互助养老的优势、资源与风险

将农村老年人分为身体健康的低龄老年人和体弱的高龄老年人，这两类老年人就可以建立很重要的联系。一方面，所有低龄老年人都会逐步变成高龄；另一方面，低龄老年人是村庄最大的资源，村庄真正生活不能自理的高龄老年人是很少的，身体健康的低龄老年人却很多，只要每个低龄老年人花并不多的时间来照料高龄老年人，高龄老年人的照料就不是问题。通过照料高龄老年人，低龄老年人做了善事，精神上受到鼓励，且可以通过"时间银行"来为将来高龄再被照顾提供凭据，也可以获得一定的服务费。

也就是说，我们可以通过设计制度和投入一定的国家资源，同时满足村社两个群体老年人的所需。

村社养老具有很多独特的优势，大致说来有以下几点。

第一点是建立在村社地缘基础上。每家每户都有土地，有宅基地，有自己的住房，有亲朋邻里熟人社会，祖祖辈辈就住村庄，年龄大了，落叶归根，将来百年后也可以入土为安。从村庄走出去的都是乡贤，也就是村庄建设所可以利用的力量。

第二点是可以与土地结合起来。无论是种粮食，还是种瓜种菜，还是养殖或捞鱼摸虾，都是可以获得收入、产生意义感的劳动，这与无事可做是不同的。年龄大了也可以生产，也按节气进行农作，展开生产与生活。

第三点是与自然亲近。空气清新，星空浩荡，"采菊东篱下，悠然见南山"。

第四点是熟人社会，强关系，为各种养老制度的运行提供了润

滑剂。

第五点是有健全的基层组织，国家可以通过基层组织输入公共服务资源。

如上所说，农村老年人实际上有两个完全不同的部分，一是身体健康的低龄老年人，二是生活不能自理的高龄老年人。前者不是问题也不是社会的负担，而是村庄最重要的资源。他们住在自己家中继续从事农业生产，余暇时间创造自己的幸福生活。在积极老龄化过程中，对老年人个体的内在主体地位和作用"给予足够的激活、塑造、引导与开发"，非常重要[1]。需要照料的高龄老年人可以住在自己家中，由子女来照料或村庄低龄老年人通过互助形式来照料。也正因为有两类性质完全不同的老年人，村社养老应对农村老龄化就有两类不同却密切关联的措施。

从理论上讲，农村互助养老真是非常理想的模式，村庄中都是熟人，国家和村集体建幸福院，提供场地甚至部分资金，村庄老年人相互照顾。年轻的照顾年龄大的老年人，身体强的照顾身体弱的老年人。老年人已经退出生产领域，有大量闲暇时间，到幸福院一起娱乐，相互照顾，既打发了时间、提高了闲暇生活的质量，又可以帮助需要帮助的老年人，做了好事，积了德。换句话说，当前农村老年人有大量闲暇时间，利用闲暇照顾一下身体弱年龄大的老年人，花费时间精力不多，互惠获得好评，相互帮助相互照顾产生积极的意义。既然村庄中有大量低龄的身体健康的老年人无事可做，将他们组织起来互助，照顾身体弱的高龄老年人，等到低龄老年人年龄大了，再由村庄低龄老年人来互助照料，互帮互爱，互助养老，岂不很好。

不过，互助养老要能实现，就需要解决互帮互助的价值衡量问题，即低龄老年人照顾高龄老年人，这个照顾的时间是否及能否得到回报。如果互助幸福院只是村庄老年人娱乐活动的场所，娱乐活动本身就是回

---

[1] 参见刘玮：《个体积极老龄化：积极老龄化的逻辑基础与政策取向》，《云南社会科学》2021年第3期。

报,所有来参加活动的老年人都从相互交往中获得了回报:他们让自己的闲暇变得有趣,时间过得快了。如果有组织活动的责任,他们也可能愿意,因为组织活动让他们受到尊敬,成为老年人中的领袖,他们会有荣誉感、使命感。即使没有酬劳他们也愿意付出劳动。在互助养老院如果低龄老年人有照料高龄老年人的责任,偶尔一次是没有问题的,长期坚持则低龄老年人必须有高度的使命感、荣誉感,和村庄团结如一家的共同体意识。不过,在"久病床前无孝子"的语境下,指望低龄老年人长期为高龄老年人提供服务是不现实的。

因此,现实中就存在互助养老的计酬问题。有两种计酬办法,一种是即时支付,另一种是时间银行。

第一种,即时支付。即时支付相当于由互助幸福院给照顾高龄老年人的低龄老年人付费,低龄老年人或其他助老服务人员通过提供服务来获得收入。由谁来支付费用?有三个主体,一是国家补助,二是集体支持,三是高龄老年人缴费。这样一来,互助幸福院就接近一个民办非企业的托老所,而与互助养老有了显著差异。

第二种,时间银行。时间银行就是由低龄老年人为高龄老年人提供服务,服务时间记录下来成为时间券,以换取自己年老时接受服务的凭据。时间银行起源于20世纪80年代以来开展的社区互助养老实践,我国最早的时间银行出现在20世纪90年代末的上海市,进入新世纪"时间银行"实践遍布全国。不过,"时间银行"实践困难较多,全国真正成功的实践几乎没有,其难点包括:劳动成果代际接力的延期支付方式不易得到信任和认同,"时间货币"缺乏统一、规范、科学的计量标准,"时间银行"运行过程中难以做到有效的风险管理,人口流动背景下难以实现"时间银行"的转让、继承及通存通兑[1]。

简单地说,"时间银行"最大的问题是难以准确计量,无法成为标准化的通用的"时间券"或"劳动券"。

---

[1] 参见陈振华:《"时间银行"互助养老模式发展难点及应对策略》,《江苏社会科学》2020年第1期。

因此，进行互助养老其实也有三种略有差异的形式或模式。

第一种，主要依靠自愿服务的模式，低龄老年人自愿照顾高龄老年人，低龄老年人是志愿者，他们从自愿服务中获得友谊、荣誉和意义。等到低龄老年人年龄大了，他们再指望低龄老年人来为他们提供自愿服务。

第二种，主要依靠即时付费，即有偿服务的模式。低龄老年人提供服务可以获得较低水平的经济补偿（低偿服务），从而形成基于利益和责任进行的对高龄老年人的照料。低龄老年人的补偿水平比较低，因为这些低龄老年人往往有大量闲暇时间，且照料相互熟悉的高龄老年人能获得成就感。这个意义上，虽然互助幸福院也可以付费，却只需要远低于市场的付费，这样就可以形成较低成本的养老。

第三种是"时间银行"模式。通过严格的劳动时间记载，及复杂劳动与简单劳动的核算，采取劳动成果代际接力的方式开展互助养老服务，现在的问题不仅存在劳动时间标准化通用化的困难，而且很难形成对"时间券"的预期，即很难预期现在的服务付出可以在将来换回同等服务回报。

单独来看，这三种模式都存在问题，第一种靠志愿的模式必须有很高的道德水平、信任水平，在村庄社会中几乎不可能长久持续；第二种模式接近机构养老，互助程度比较低；第三种模式与第一种模式存在同样的对环境信任的高要求，因为"时间券"本质上是靠信任来兑现的。

无论是志愿服务、低偿服务还是"时间银行"，都需要有持续运转下去的村庄内部的信任和预期。从当前全国推动的互助养老模式来看，成功的并不多，互助养老远没有成为当前养老的重要补充，更没有成为主要渠道。其中一个关键原因是仅从养老角度来解决养老问题，而没有将互助养老放置在中国农村的语境中，以及没有将农村互助养老放置在村庄社会建设的大背景之下。

换句话说，当前中国农村发展互助养老的核心不在于技术性的方面，而在于必须有村庄的信任、认同、预期和价值感、归宿感，或者说关键在于培养村庄社会资本。

（三）初级阶段应对农村老龄化的两类措施

应对农村老龄化的主要阵地在村庄，主要措施是将农村老年人组织起来，以农村老年人组织为平台，国家输入资源，社会给予帮助，聚合各方面力量，完全可能低成本有效率地应对好农村老龄化问题。

因此，当前农村有两类不同的老年人群体，他们有着完全不同的养老需求，也就应当有两类不同的措施和办法。

身体健康的低龄老年人，他们养老需求是老有所乐和老有所为，有人生"第二春"的自我实现需求。具体地，这些低龄老年人迟迟不愿退出生产领域，希望仍然能有所劳动，有所作为。所谓"老有所为"，就是低龄老年人认为自己不老，还有很多余光余热可以发挥，他们要通过承担责任来体现自己价值，证明自己有用，而不只是一个消耗资源的闲人。

能与土地结合起来，参与农业生产，至少要在房前屋后搞点儿庭院经济，不仅保证自己的蔬菜供给，而且能为进城子女提供新鲜、绿色食品。这是农村身体健康老年人的基本诉求。

村庄有很多家庭经济条件不错的低龄老年人，也就是前面讲到过的"负担不重的人"，他们有钱有闲，身体又好，以往有过当干部的经历，在外面见过世面，子女在城市工作好、收入高，他们就尤其愿意在村庄有所作为。

还有一些低龄老年人家庭条件不是特别好，他们往往还要到当地劳动力市场上打点儿零工以补贴家用，村庄一些报酬很低的工作他们也愿意干。做一天小工，即使三五十元，也有很多低龄老年人争着来做。

老有所乐，就是要让老年人的闲暇时间变得有价值，有意义，生活充实，心情愉悦。

老有所乐，较为通常的状态是不让闲暇变得无聊，也不是将闲暇用在黄赌毒等感官刺激上，而是要通过人与人之间的交往，共同参加活动，形成彼此欣赏。老有所乐的高级状态则是增加对生命本身的体验，比如通过写诗来深刻体验诗意人生，通过积极的文化活动提升精神世界，让精神变得丰盈。

显然，这些身体健康的低龄老年人不是农村养老的负担，而是农村养老乃至发展中最重要的资源。将这些低龄老年人动员组织起来，将极大程度地改变村庄治理的面貌。

将低龄老年人组织起来的办法之一是成立老年人协会，并建老年人活动中心，国家和集体（当然也可以是乡贤）每年提供一定资金，来支持老年人开展各种文化活动。

从全国成立老年人协会的情况来看，文化活动开展方便，成本低，持续性强，对农村老年人具有极高动员性。笔者在湖北洪湖和沙洋成立的四个老年人协会已顺利运行20年，每年每村仅投入1万元左右，却惠及了四个村的所有老年人。老有所乐，时间过得快了，生活就变得充实[1]。

老年人协会不仅开展文化活动，而且是老年人自己的组织，他们相互关心，彼此照顾。如果将部分国家资源通过老年人协会分配给老年人，老年人协会就可以获得更大主体性，并可以发挥更大作用。

从笔者主持四个老年人协会20年的经验来看，村庄有大量老年人积极分子，不要一分钱就全身心投入老年人协会的工作中，甚至关心起村庄每位老年人生老病死（这里的生是指生日的意思）。

将农村老年人组织起来，让他们的闲暇时间变得有意义，生活更有质量，这一点是不难的。问题是，地方政府一般不关心老年人文化生活，认为创造不了GDP。实际上，经济发展的目的归根结底是为了人，让老年人的生活变得有意义，花钱很少，福利极高，因此应当是未来时期农村工作的重点。

丧失生活自理能力的高龄老年人的养老，重点则是家庭养老功能衰退情况下让他的生活得到照料，生命基本尊严得到保障。

---

[1] 参见桂华主编：《社会组织参与农村基层治理研究》，华中科技大学出版社2019年版。

丧失生活自理能力老年人养老有四种情形：一是依靠子女养老，这将在未来很长时间仍然是中国农村养老的主流模式；二是家庭养老，即仍然居家，通过社区提供一定的护理、衣食支持养老；三是在村庄内的机构养老；四是到村庄以外的机构养老。

真正到村庄以外机构养老，一是成本比较高，二是脱离村庄这个熟人社会，丧失生活自理老年人的处境就不可能好，某种意义上就相当于"等死"。离开村庄这个熟人社会，到外面机构孤苦伶仃"等死"，且还要花很多钱，当然不是好办法①。

子女养老以外的另外两种都可以与村庄养老结合起来。如果以村庄为基础，组织居家养老服务中心，同时建设集中养老服务中心，为缺少居家养老条件的老年人提供集中养老服务，主要是为老年人提供基本照料与护理，应当可以较好地应对农村高龄老年人的养老问题。

可以设想，由国家建村社养老服务中心，由老年人协会来经营，民办公助，这个民并非民营，而是由村老年人协会这个民间自治组织来经营。村社养老服务中心可以为高龄老年人做两件事情：一是为居家养老的老年人提供基本养老服务，比如送餐服务。二是为缺乏居家养老能力的高龄老年人提供集中供养，类似村社敬老院②。真正集中供养的老年人肯定不多，却有很多重要工作要做，比如谁来护理、护理质量、护理费用，以及安全责任如何分担。

村社养老不是商业性质的，而是互助性质的，是基于熟人与信任，而非基于市场与契约，因此，村庄养老制度成本可以很低，可以将安全风险与安全成本降到最低限度，真正做到风险自担（恰如在自家出现安全问题责任由自己承担一样）。

无论是居家养老的送餐服务，还是集中养老的护理投入，都存在由

---

① 参见刘林、豆书龙：《"公共的但不文明"的空间：乡镇敬老院"规训"的在场》，《中央民族大学学报》2016年第5期。
② 参见甘满堂等：《社区互助养老与村办敬老院可持续运营——以福建省晋江市萧下村敬老院为例》，《重庆工商大学学报》2020年第1期。

谁来负担成本的问题。显然，既然强调基本公共服务供给均等化，国家就有责任为村社提供基本的养老设施，甚至可以投入部分资源与经费。国家却不可能大包大揽，也没有大包大揽的实力。因此，子女得承担部分家庭养老责任。子女无法在家照料父母，就必须负担一部分费用。老年人自己可以承担一部分，还有虽然不多却也有的基本养老保险，等等。当然，如果需要村社养老的高龄老年人在之前几年承担过照料高龄老年人的义务，这些义务就可以计入"时间银行"，现在支取出来以获得其他人照料。

如果国家能建设基本养老设施，村社养老支出无非日常水电费、生活费的支出和人工成本。水电费、生活费不会很高，养老是劳动密集型产业，对人工要求比较多。在村社范围低龄老年人是很多的，可以通过制度设计，让低龄老年人愿意投入到村社养老事业中来，具体调动低龄老年人的办法可以有三种。

一是志愿服务。即村庄有大量有钱有闲的老年人，他们愿意无偿为其他人服务，从而实现或证明自己的价值。尤其在组织低龄老年人进行文化活动，这些"负担不重的人"有很高的参与积极性。丰富而深刻的村庄文化活动本身就可以调动村庄积极分子，形成志愿活动。

二是低偿服务。村庄有大量有闲低龄老年人，只需支付很低的报酬，他们就可以加入村社养老服务中。如果是通过市场化的渠道来雇用养老服务员，一个月5000元可能没有人愿去应聘，村社养老可能只用一两千元就可以聘请到大量负责任的服务人员。

三是时间银行。村庄低龄老年人投入村社养老事业中，可以记为工分，将来生活不能自理时免费接受相应照料。因为村庄是熟人社会，时间银行运行的制度成本可以很低。

借助村庄内相对丰富的低龄老年人积极性，依托村社熟人社会关系，国家再给予支持，乡贤给予鼓励，村社范围就可以建立一个成本远低于商业（市场）养老的、以互助为主的村社养老，从而为村庄生活不能自理的失能半失能老年人提供有品质的养老服务。

以低龄老年人为主的文化活动的开展，与以高龄老年人为主的生活照料，都依托于村庄内部老年人积极性的调动，组织程度的提高，以及他们对自己未来的负责任。以低龄老年人为主的文化活动为村庄积累下大量社会资本与自己人认同，从而为高龄老年人照料提供了强有力的社会基础。高龄老人的状况也调动起村庄所有人的道德激情。一个超过60岁就拿退休金从而成为社会资源消耗者的社会保障制度，与一个60岁后仍然积极投入社会生产，并对自己未来负责的社会保障制度，显然是完全不同的。中国目前阶段只是一个发展中国家，还无力建设一个高水平的、依靠国家投资和个人高积蓄（购买社会养老保险）的社会保障制度，却可能在村社土地上，凭借对村社内部力量的动员，将劳动当作社会奖励，建立起一个廉价却水平不低，人性而温暖的互助养老制度。若如此，中国就可以将村社作为应对未富先老的老龄化挑战的主阵地。

（四）村庄文化建设是初级阶段互助养老的关键

志愿服务、低偿服务和时间银行三种互助养老模式，某种意义上代表了三种互助技术，离开环境条件，这三种互助技术都很难支撑起互助养老的运转。或者说，这三种互助技术的运转严重依赖于环境条件，核心是村庄社会资本。一个具有丰富资本的村庄，即使互助技术比较粗糙，充裕的社会资本也可以填充互助过程中产生出来的各种摩擦，并使互助养老仍然可以良性运转，没有丰富社会资本的填充，粗糙的互助技术运转起来，摩擦力越来越大，终于运转不下去了。

我们先整理一下思路。

在快速城市化背景下，（1）以前主要依靠家庭的养老变得越来越困难。（2）代替家庭养老的机构养老成本太高且服务太糟，在未来很长一个时期农村养老都不可能主要依靠机构。（3）农村有大量缺少城市就业机会的老年人返回村庄居住，其中绝大多数低龄老年人从事农业生产，农忙时间有限，闲暇时间很多，低龄老年人的机会成本几乎为零，村庄失能半失能老年人数量不多处境不好。（4）如果能将村庄低龄老年人的积极性调动起来,为高龄老年人服务,高龄老年人养老问题就可以低成本解决,低龄老年人为高龄老年人服务形成"劳动券",等到他们年老失能就可以由更年轻老年人来接力服务,这样一个接力服务不仅低成本解决了养老问题而且还处处闪耀着人性的光辉。(5)互助技术很关键。不是通过市场和货币而是通过劳动力代际接力来完成村庄内低成本高质量的互助养老。当前比较常用的互助技术包括志愿服务、低偿服务和"时间银行"三种模式。(6)从目前实践来看,当前三种互助技术的摩擦力都比较大,因此都难以持续。降低摩擦力的办法是提供润滑剂,这个润滑剂就是增加村庄社会资本。(7)所以,互助养老的根本不在于技术而在于社会资本,在于村庄建设。仅从技术上来解决互助养老问题,甚至将"时间银行"规范得与货币一样精确,互助养老就不可能延续得下去。互助养老以机构养老为代表的市场养老的优势就在于其不精确,相对模糊,从而为大量未进入市场的劳动力提供了交换机会。"时间银行"比货币的优势也在于其不精确和低成本,大大降低了交易成本,促成了未进入市场劳动力的交换。

在当前中国村庄发展互助养老有很多优势。可以简单列举若干条。

第一条,当然是当前中国村庄有很多具有大量闲暇时间的低龄老年人,他们身体健康,闲暇时间很多。这些低龄老年人可以用很低成本动员组织起来照顾高龄老年人。

第二条,中国村庄都是历史形成的,村庄中不是远亲就是近邻,都是熟人,祖祖辈辈生活在村庄,而且村庄仍然是他们的归宿。这个意义上讲,村庄熟人社会互助与城市陌生人社区互助基调肯定是不同的。

第三条,村庄所有的大户都有宅基地和自有住房,都可以有庭院经济,也都有承包地。在当前农业生产力条件下,农村有劳动能力的老年人种自家承包地只需很少时间(农忙时间低于两个月),收获足以解决温饱问题,往往还有余力支援在城市生活的子女。也就是说,农村低龄老年人不仅长期生活在村庄,可以轻松与土地结合起来,而且有大量闲暇时间。如何在闲暇时间过得有意义,是农村低龄老年人的内在需要。

第四条，村庄具有良好的自然环境，与自然亲密接触可以怡养天性。无论是庭院经济还是捞鱼摸虾，既为老年人提供了收入，又为他们提供了证明自己仍然有用的证据。

在以上村庄所具备的互助养老优势下，通过志愿服务、低偿服务、时间银行等互助技术，就可能将优势变成可以持续的村庄互助养老实践。如何变成实践？可以想到的步骤有以下九步。

第一步，由国家或村集体或社会赞助建设互助幸福院，有基本的设施条件，甚至可以有一定的运转补助，民办公助项目。

第二步，组建可以满足所有村庄老年人提高闲暇生活质量的老年人协会，开展各种文化活动。因为是娱乐性质的，可以提高闲暇生活质量，村庄老年人就有参加积极性，村庄精英就有无偿出面组织老年人文化活动的动力。这些村庄精英觉得自己在发挥余热，做有意义的事情。这些事情又相对不难，责任也不大。老年人协会和文艺活动组织起来是相对容易的[①]。

第三步，互助幸福院和老年人协会为全体村庄老年人提供了更多社会交往，提高了文化娱乐机会，提高了老年人的生活质量。

第四步，可以在互助幸福院设立托老床位，接受较低缴费的村庄高龄老年人入住，同时低偿聘请村庄低龄老年人为这些托老老年人提供生活照料。老年人协会同时组织动员村庄低龄老年人为高龄老年人提供志愿服务，或可以记账的"时间银行"服务。

第五步，互助幸福院可以为其他老年人提供适当的服务如送餐服务，当然可以收取一定费用。

第六步，可以在老年人协会提供托老床位，为全村高龄老年人提供日托或全托服务，适当收取费用，国家给予必要补助。

第七步，动员全村社会力量形成自愿社会资助体系，依靠本村在外工作"乡贤"提供改善互助养老的设施和运转条件。

---

① 参见甘颖：《农村养老与养老自组织发展》，《南京农业大学学报》2020 年第 2 期。

第八步，将低龄老年人组织起来，充分动员村庄低龄老年人为高龄老年人服务，组织起来提供的服务纳入记录中，每天形成类似"时间银行"的记录，并通过村集体收入为服务时间提供一定兑现保证。

第九步，形成地方政府的政策指导体系，对区域内互助养老服务提供运营指导。

以上九步中，最为重要的有几点：一是将互助养老置于村庄环境与氛围中，尤其是置于老年人文化娱乐需求基础上，置于老年人协会和老年人活动中心基础上；二是综合运用志愿服务、低偿服务和时间银行三种技术手段；三是提供多样化、多层次却并不复杂的互助养老服务；四是强有力的国家资助和指导。

在村庄中，且将互助养老作为村庄建设的有机组成部分，依靠对村庄自身的组织动员和国家自上而下的强有力指导、支持，农村互助养老就可能运转起来，成为低成本的养老实践。

再说一句，互助养老实践的成功主要不是靠技术，而是靠村庄建设所形成的社会资本为养老技术运转时提供的润滑作用。离开村庄建设谈农村互助养老等于缘木求鱼。

三、高级阶段的村社互助养老

初级阶段村社养老的必要性在于，在未富先老的现阶段，无论是国家还是农民都缺少建立基于高水平养老保障基础上的现代养老的能力，即国家没有那么多财政投入，农民也有强烈现金收入倾向而不愿为未来养老进行积蓄。通过发展村社互助养老，中国就可能以农业为基础，以村社为基地，以对村社老年人资源的充分动员为手段的、廉价却有效的养老制度，以应对中国未富先老的困境。

这样一种初级阶段的村社养老是与中国特定发展阶段有关的，水平不一定很高，却又是实用的、有效的。

随着中国经济不断成长，现代化基本实现，乡村振兴进入高级阶段，中国农村养老制度就有了更大选择空间。其中村社养老也就有进入高级阶段的合理性。

高级阶段村社养老的关键是，村社养老不仅成本低，而且与大自然亲近，可以与土地结合起来，容易建立面对面稳定的熟人关系，可以落叶归根，百年后入土为安，从而真正将村庄变成乡愁，变成宗教，变成信念与寄托。

高级阶段的乡村振兴，"农业强、农民富、农村美"。每个从村庄出去的农民，年轻时可以在城市打拼，年老了却可以再回到村庄中来，在村庄中养老，过恬静安逸的老年生活，参与美丽家乡建设。房前屋后土地的打磨，熟人社会关系的建构，村庄事务的积极参与，让生活充满了意义和永恒。

四个与老年人连结性有关的方面包括：有某事要做；有关系，如血缘、情爱关系等；与将来有利害关系；有连续性的感觉。这种连续性提供了一种让老人生活更有意义、更积极和更有目的的机制。"这个'连续性'其实就是一种'缘'，与家庭、与社会、与未来希望的缘。""在我们的访谈中，那些老人协会的负责人和骨干分子，表面看起来更年轻更有活力。积极参与社会活动的老年人充满着成就感和幸福感。"[1]

建立在未来乡村振兴基础上的村庄养老，因为村民都可以在村庄建立起稳定的人与人之间和人与自然环境之间的关系，而将个人有限生命与无限未来建立起了紧密联系。年轻时可以进城去，让青春激情与城市各种偶然性擦出火花。年龄大了，对城市喧嚣已经厌倦，回到宁静乡村中，在自己可以把控范围内进行有意义的探索，让生活更加充实、精神更加充盈，这就是高级阶段的村社养老。

在城市，每个人都只是微不足道的一粒尘埃，在村庄，每个人都是村庄生活内在组成部分。城市是奋斗的地方，农村则是归宿，是养心的地方。在村庄重建人与自然、人与人和人与自己内心世界的和谐，就让所有中国人找到了乡村乐土。

---

[1] 参见任杰慧：《把"无缘"变"有缘"：中国农村养老模式研究》，《西南民族大学学报》2018年第7期。

结语：村社互助养老，为应对老龄化提供战略性选择

在城市化的背景下，农村人财物流向城市，之前的家庭养老难以为继。在可以预见的未来相当长一个时期，机构养老不仅存在收费昂贵，农村老年人养不起的问题，而且因为机构养老割断了农村老年人与村庄熟人社会经济、社会、心理、精神各方面的联系，将会极大降低养老质量。

因此，未来中国农村养老的出路只能建立在基于家庭养老基础上的互助养老，互助养老具有理论上的合理性和可能性，其健康运行需要通过具体技术设计来保持。志愿服务、低偿服务和时间银行是三种可能的互助养老技术，这三种互助养老技术的持续有效运行，需要有可以为其提供润滑的社会资本。仅从技术层面讨论互助养老、互助养老就很难持续。只有将互助养老置于村庄和村庄社会之中，通过村庄环境建设与村庄社会建设，才能建设一个良性可持续高质量的互助养老。

互助养老是农村养老的出路，通过互助养老充分调动农村低龄老年人资源为高龄老年人服务，低龄老年人通过服务获得了尊重、友好情感、成就感甚至一定的经济回报，以及未来预期，高龄老年人一直可以保持与村庄和老年人群体的血肉联系。村庄清新空气，与土地结合，与自然亲密接触，蓝天白云，鸟语花香，舒缓的生活节奏和宁静的乡村夜晚，都特别适合老年人生活。在村庄熟人社会中这种互助养老就不是无奈的选择，而是最优的养老模式。

中国乡村振兴战略为村庄互助养老提供了良好的基础设施条件和充分的资源支持。村庄建设使互助养老技术得到润滑，以村庄熟人社会为基础和家庭养老为基础的互助养老为中国提供了低成本高质量的养老模式，为中国应对老龄化提供了战略性选择，甚至为中国未来养老乃至全世界的养老提供了重要方案。